우리 각자는 하나의 이야기이다. 시작과 결말이 있다. 내 이야기의 주연배우는 당연히 '나'다. 주인공에는 고유한 캐릭터가 있다. 그 캐릭터를 신학과 윤리학, 소설에서는 덕, 성품이라고 한다. 내 이야기가 지금보다 더 좋아지기 위해서는, 내가 주연에 값하는 미덕을 함양하기 위해서는 좋은 이야기를 읽어야 한다. 그 이야기 속에서 나를 발견하고, 내가 나아가야 할 방향을 보고, 내가 다다라야 할 지점을 본다. 우리는 그 여정의 어느 지점에 서 있다. 지금과는 다르고 더 좋은 이야기를 살고자 하는 이들에게 이야기를 읽는 법을 안내하고 이야기 속 주인공들의 캐릭터를 탁월하게 해명한 이 책은 깊이와 실제를 갖춘 탁월한 안내서이다. 이 책을 읽은 후의 당신의 이야기는 하나님의 성품을 닮은 이야기가 되어 가고, 그 이야기를 살아 내는 또 하나의 작은 이야기가 될 것이다.

김기현
로고스서원 대표, 로고스교회 목사, 《곤고한 날에는 생각하라》의 저자

문학작품에 녹여 낸 삶과 신앙에 대한 깊은 통찰을 담은 책입니다. 인간이라는 존재는 욕망이나 명분 정도로 설명되어서는 안 되는 예술입니다. 위대한 책들로부터 길러 낸 위대한 통찰이 가득한 이 책에서 신앙 성숙에의 지혜를 얻기 바랍니다.

박영선
남포교회 원로 목사, 《하나님의 열심》의 저자

왜 문학을 읽는가? 나 자신과 내가 살아가는 세상을 이해하기 위해서이다. 소설을 읽으며 서툴더라도 다른 사람의 삶으로 들어가는 경험을 해 보면 알게 된다. 문학이 신앙을 점검하고 세워 주는 데 얼마나 탁월한 역할을 하는가를. 소설은 그저 재미난 이야기에 불과한 것이 아니다. 그것은 인류가 오랜 시간 축적해 온 공감과 소통, 지혜와 성찰, 진보와 발전의 결과물이다. 이런 소설을 읽은 경험이 신앙을 얼마나 풍요롭게 만드는가를 이 책만큼 친절하게 안내해 주는 책은 없다.

이정일
목사, 《문학은 어떻게 신앙을 더 깊게 만드는가》의 저자

"신은 이야기를 좋아하셔서 사람을 만드셨다."(엘리 위젤) 그래서 이야기는 힘이 세다. 추상적 사상이나 도덕주의적 설교로 꿰뚫지 못하는 실재계로 우리를 데려가 우리로 사람의 길道을 보게 하고 그 길을 걸을 수 있는 힘德을 우리 안에 길러 준다. 사람 사는 이야기 속에서 함께 씨름하며 울고 웃다. 영혼의 근육이 자라고, 영혼의 표정이 섬세해지는 것, 그것이 《소설 읽는 신자에게 생기는 일》이다.

이종태
한남대 탈메이지 교육교양대학 교수, 《순전한 기독교》의 공동 역자

믿음은 삶으로 열매 맺는다고 하지만 믿는 만큼 사는 성도가 흔치 않은 것 또한 사실이다. 우리 삶만으로는 믿음에 어울리는 덕의 열매를 충분히 맛보지 못할 때, 그래서 그 실체가 못내 궁금할 때 소설은 거기 이르는 좋은 통로가 될 수 있다. 삶으로 덕을 체화한 영적 거인들이 있고, 성찰을 통해 이를 정교한 언어로 풀어낸 지적 거인들이 있다. 이 책은 이들을 지렛대 삼고 그 위에 저자 자신의 통찰과 사려 깊은 해석을 더해 열두 가지 덕의 구체적인 모습을 생생하게 포착해 낸다. 이 책을 읽고 나면 소설이 읽고 싶어질 것이고, 더 좋은 삶을 살고 싶은 욕망이 생길 것이다. 일독을 권한다.

정영훈
문학평론가, 경상국립대 국어국문학과 교수, 《나니아 나라를 찾아서》의 공동 저자

트위터와 문자, 근거 없는 주장, 발췌된 짧은 어구의 지배를 받는 세상에서 책을 읽고 잘 읽으라는 촉구는 더없이 시의적절하다. 특별히 하나님의 백성에게는 더욱 그렇다. 이 중요한 말을 잘 전달하기에 캐런 스왈로우 프라이어보다 더 나은 사람이 떠오르지 않는다. 그녀는 위대한 문학이 우리 모두에게 지혜와 덕을 길러 줄 수 있다고 주장한다. 그녀 안에는 그런 지혜와 덕이 가득하다.

매트 챈들러
액츠29 대표, 댈러스주 빌리지 교회 담임 목사

자신이 책 읽기에 관한 책을 읽을 사람이 아니다 싶어도 사람을 사랑하고 일을 잘하고 인생에서 의미를 찾고자 노력하고 있다면, 이 책은 바로 당신을 위한 것이다. 프라이어는 지혜와 통찰력, 창의성과 연민을 발휘하여 우리가 위대한 책들에서 큰 질문들을 만나도록 이끌어 준다. 영성 형성에 독서가 갖는 의미를 다루는 논의를 새롭게 불러일으킬 중요하고 강력한 작품이다.

러셀 무어
미국 남침례회 윤리와 종교 자유위원회 회장

《소설 읽는 신자에게 생기는 일》은 성품을 형성하는 이야기의 힘을 탐구하고 잘 살아 낸 삶을 발굴해 내는데, 이 작업에서 캐런 스왈로우 프라이어보다 나은 가이드를 찾기는 힘들 것이다. 그녀는 위대한 책들을 사랑하고 (그에 의해 형성되었고) 성경의 부요함을 사랑하는 (그리고 그에 의해 형성된) 사람이자, 글에서 따뜻함과 확신이 모두 느껴지는 학자이다. 이야기에 잠겨서 덕과 조우하게 하는 이 책은 우리 삶의 핵심을 건드릴 만큼 충분히 실용적이면서도 영감을 일으키기에 충분한 상상력을 보여 준다.

티시 해리슨 워런
북미 성공회 사제, 《오늘이라는 예배》의 저자

캐런 스왈로우 프라이어는 생각을 자극하는 새로운 책에서 폭넓게 읽는 것만으로는 충분하지 않다고 말한다. 우리는 잘 읽기도 해야 한다. 감사하게도, 캐런은 독자의 손을 잡고 제인 오스틴부터 조지 손더스에 이르는 작가들의 작품을 꼼꼼히 (그리고 즐겁게) 읽는 일이 어떻게 우리를 좋은 삶으로 이끌 수 있는지 차근차근 드러낸다. 이해를 돕는 이 문학 개괄서는 우리가 알고 사랑하는 책들을 더 깊이 살피게 하고, 위대한 책이라는 렌즈를 통해 우리 마음과 생각을 다시 들여다보도록 이끈다.

앤 보겔
《I'd Rather Be Reading: The Delights and Dilemmas of the Reading Life》의 저자

지금은 덕이 그 어느 때보다 필요한 시기인 것 같다. 그리고 문학에는 덕을 만나기에 적합한 엄청난 보고가 담겨 있다! 프라이어는 멋지고 지혜로운 안내자이다. 이 빛나는 여행을 떠나라! 이 책을 읽으라! 당신의 삶이 더 나아질 것이다.

캐스린 진 로페즈
내셔널 리뷰 연구소 종교 문화 시민 사회센터의 선임연구원 및 센터장,
〈내셔널 리뷰〉 선임 기자

프라이어는 우리 대부분이 만나지 못했던 영문학 교수다. 이토록 명료하고 매력적이고 그리스도 중심인 교사는 드물다! 이 책은 이해하기가 쉬워서 덕스럽게 읽는 고된 일이 매력적이고 성취 가능하게 느껴진다. 이 책을 주의 깊게 읽기 바란다. 몇 달에 걸쳐 여기 실린 문학작품들을 가까이 하면서 친구와 함께 읽어 나가는 것이 바람직한 방법이다. 그러면 주의 깊은 독자로 성숙할 기회뿐 아니라 은혜와 덕에서도 성장하는 기회를 갖게 될 것이다.

저스틴 테일러
《Study Bible-ESV》 편집자

캐런 스왈로우 프라이어는 평단의 찬사를 받은 여러 권의 책을 썼지만, 내 판단으로는 책들을 다룬 이 책이 최고의 저서인 것 같다. 《소설 읽는 신자에게 생기는 일》은 문학을 향한 연애편지이자 덕, 지혜, 좋은 삶의 핸드북이다. 고전이 될 수밖에 없는 이 책은 책벌레와 책을 대충 읽는 독자 모두에게 매력을 발휘할 것이다. 지금 이 책을 읽으라. 그러면 다시는 책을 심상하게 여길 수 없을 것이다.

메리트 조너선
《Learning to Speak God from Scratch》의 저자

소설 읽는 신자에게
생기는 일

소설 읽는 신자에게 생기는 일

2022년 3월 23일 초판 1쇄 인쇄
2022년 4월 5일 초판 1쇄 발행

지은이 캐런 스왈로우 프라이어
옮긴이 홍종락
기획 강동현, 강선, 윤철규
편집 문선형, 정유진
디자인 잔
제작 강동현
경영지원 김내리
펴낸이 최태준
펴낸곳 무근검

주소 서울특별시 송파구 올림픽로 4길 17, A동 301호
홈페이지 www.facebook.com/lampbooks
이메일 book@lamp.or.kr   전화 02-420-3155
등록 2014. 2. 21. 제2014-000020호
ISBN 979-11-87506-79-9 (03230)

ON READING WELL
by Karen Swallow Prior

Revelation, Everything
That Rises Must Converge
— By Flannery O'Connor —

> The <
Adventures of
Huckleberry
Finn
By Mark Twain

THE GREAT GATSBY
By F. Scott Fitzgerald

• ON READING WELL •

소설 읽는 신자에게
생기는 일

위대한 책들을 통해 좋은 삶을 발견하기

캐런 스왈로우 프라이어 Karen Swallow Prior | 홍종락 옮김

Ethan Frome   The Road
By Edith Wharton   ◇ By Cormac McCarthy ◇

Pilgrim's
Progress
by John Bunyan

A TALE OF
TWO CITIES
BY CHARLES DICKENS

PERSUASION
BY JANE AUSTEN

THE HISTORY OF
TOM JONES,
A FOUNDLING
BY HENRY FIELDING

Silence
By Shusaku Endo

THE DEATH OF
IVAN ILYCH
By Leo Tolstoy

Tenth of December
By George Saunders

로이, 나를 정말 사랑하는 로이에게

차례

PART. 3

천국의 덕목

서문

이 서문에서 나는 독자들이 이 책을 읽기 시작할 때 꼭 알아야 할 세 가지를 간단히 소개하는 일을 자임한다. 그 세 가지는 책의 맥락, 내용, 성취와 관련이 있다.

현대의 독자들은 이 책이 대표하는 오래된 문학비평의 전통과 그 전통을 두고 현대에 펼쳐지는 논쟁을 모른 채 이 책을 즐겁게 읽을 수 있을 것이다. 문학이 도덕적 진술을 한다, 그 진술이 독자의 도덕적 삶을 강화할 수 있다, 문학비평은 문학 텍스트의 도덕적 차원을 탐구해야 한다, 이런 전제들은 고전고대(서양의 고전 문화를 꽃피운 고대 그리스 로마시대를 이르는 말—옮긴이)에 시작되었고 20세기 이전까지 큰 영향력을 발휘했다. 아리스토텔레스가 생각하는 좋은 문학의 특징은 "도덕감각을 만족시킨다"[1]는 점이었다.

이러한 고전 전통의 기독교 버전은 르네상스 시대의 작가 필립 시드니 경Sir Philip Sidney의 논문 《시의 옹호 A Defense of Poetry》(1595)에서 절정에 이르렀다. 시드니는 문학의 목적이 바로 "정신을 사악함에서 덕으로 이끌어 오는 것"이고 독자 안에 "훌륭한 삶을 살고 싶은 욕구를 불붙이는 것"[2]이라고 주장했다.

이후 계몽주의 및 근대성과 더불어 서구에서는 도덕 기준에 대한 통일감이 붕괴했다. 결과적으로, 문학이 도덕적 함의를 갖고 독자가 덕스러운 사람이 되도록 영향을 끼칠 수 있다는 생각은 시대에 뒤떨어진 것이 되었다. 도덕이라는 것 자체가 "도덕적인 일은 하고 나면 기분이 좋은 일이요, 부도덕한 일은 하고 나서 기분이 나쁜 일"[3]이라는 어니스트 헤밍웨이Ernest Hemingway의 경구로 쪼그라들었다. 이런 생각은 그보다 앞선 오스카 와일드Oscar Wilde의 진술과 맥을 같이 한다. "도덕적인 책이나 부도덕한 책 같은 것은 없다. 잘 쓴 책, 못 쓴 책이 있을 뿐이다. 그것이 전부다."[4]

비범한 문학비평가 F. R. 리비스F. R. Leavis는 문학을 판단하는 도덕적 기준을 거부하는 이런 흐름에 반발하여《영국 소설의 위대한 전통 The Great Tradition》(1948)이라는 유명한 책을 썼다. 리비스가 옹호한 이 '위대한 전통'이란 무엇일까? 그것은 도덕적 삶을 묘사하는 위대한 작가들과 작품들로 대표되는 문학 전통이자 문학의 도덕적 차원을 탐구하는 유형의 문학비평이기도 하다. 캐런 스왈로우 프라이어Karen Swallow Prior의 이 책은 정확히 이 위대한 전통에 속한다.

이렇게 나는 이 책의 내용을 이미 내비쳤다. 프라이어는 이 책의 이론적 부분에서 자신의 시도에 담긴 윤리적, 문학적 본질을 설명한다. 토의용 질문에 포함된 윤리 이론과 도덕적 사고방식에 대한 입문적 내용은 유쾌한 덤이다. 하지만 이 책의 주요 장르는 문학비평이다. 이 책의 근거가 되는 소위 "구식의 좋은 본보기 이론"은 영국 르네상스 시대에 특히나 두드러진 영향을 끼쳤다. 본보기 이론이란, 우리 앞에 본보기—본받을 미덕의 본보기와 거부해야 할 악덕의 본보기—를 제시하는 것이 문학의 본질이라는 생각이다. 우리 시대에 이르러 이런 생각은 의심의 여지없는 "지나치게 단순화된 문학관"이라는 낙인이 찍혀 있다. 여기에 대해 나는 이렇게 응수한다. "말도 안 돼요. 문학이 그렇게 작용한다는 것은 명백한 사실입니다." 문학의 이러한 자명한 본질에 대해 C. S. 루이스C. S. Lewis가 필립 시드니 경을 염두에 두고 한 말이 떠오른다. "윤리적인 것이 곧 **탁월하게** 미학적인 것이라는 … 가정은 시드니에게 너무나 기본적인 관념이라서 그는 그것을 별도로 주장하지 않는다. 그는 우리가 그 정도는 알 거라고 생각했다."[5]

이 책에서 프라이어는 서양 문학의 기념비적 작품들을 선정하여 각 작품에 구현된 덕 한 가지씩을 탐구한다. 독자가 각 작품들을 프라이어의 방식대로만 활용하고 싶어 할 거라는 주장은 찾아볼 수 없다. 프라이어가 한 도덕 분석의 결과로 덕에 대한 우리의 이해는 높아지고 덕을 실천하고 싶은 마음도 커진다. 오늘날 세속 문학계와 공립학교 교실에서는 기독교적 도덕에 대한 지속적 공격이 이루어지고 있다. 이 책은 그와는 다른 의제를 제시한다. 물론 그 의제는 다름 아닌 위대한 전통으로의 복귀이다.

《소설 읽는 신자에게 생기는 일》은 최고 수준의 성취를 이룬 책으로, 학문적 저작의 전형을 보여 준다. 저자의 주장들은 방대한 연구 자료로 뒷받침되어 있고 합당한 출처가 모두 밝혀져 있다. 정교한 사고와 표현은 프라이어의 특별한 재능이다. 독자의 문학적 감상과 도덕적 삶을 향상시킨다는 이 책의 목표는 고결하고, 훌륭한 삶을 바라도록 독자를 이끈다는 필립 시드니 경의 목표와 부합한다.

문학 연구자인 나는 늘 도덕적 문학비평에 다소 거부감이 있었음을 털어놓아야 할 것 같다. 도덕적 문학비평이 도덕주의적 비평이 될까 봐 우려했기 때문이다. 그러나 캐런 스왈로우 프라이어는 이런 우려를 처음부터 잠재운다. 그녀는 도덕적 차원이 문학의 한 가지 차원일 뿐이고, 그것이 한 작품의 미학적 형식과 별도로 존재하지 않는다고 분명히 말한다. 이 책에서 한 작품의 도덕적 관점은 추상적으로 진술되지 않고 텍스트의 구체적 요소들, 특히 캐릭터들을 통해 구현된다. 추가 내용은 본문을 참고하라.

학자는 자기 분야의 책을 읽을 때 비판적이 되기 마련이다. 그리고 책을 덮을 때 해당 주제를 좀 더 잘 다룰 수 있었을 텐데, 하는 아쉬움이 없는 경우가 드물다. 그러나 책을 읽고 나서 나는 문학에서 덕이라는 주제를 다룬 프라이어의 이 책에 부족함이 전혀 없고 본질적 내용이 전부 아름답게 기술되었다는 느낌을 받았다.

릴랜드 라이큰

잘 읽고 잘 살자

여러분 가운데서 지혜 있고 이해력이 있는 사람이 누구입니까?
그러한 사람은 착한 행동을 하여 그의 행실을 나타내 보이십시오.
그 일은 지혜에서 오는 온유함으로 행하는 것이어야 할 것입니다.

야고보서 3 : 13 (새번역)

나의 첫 번째 책《책에 빠지다: 내 영혼의 문학 *Booked: Literature in the Soul of Me*》은 사랑 이야기다. 나의 깊은 독서 사랑이 느릿느릿 여기 저기 떠돌다 하나님에 대한 깊은 사랑에 이르게 된 과정을 들려주는 이야기다.《책에 빠지다》에서 나는 폭넓고 왕성하게 무차별적으로 읽음으로써 교회나 주일학교에서 배울 수 없었던 영적 교훈들과 내가 경험한 삶의 영역에서는 결코 만날 수 없었을 정서적이고 지적인 교훈들을 배운 과정을 들려주었다. 가장 중요하게는, 온갖 작가들이 창조한 온갖 종류의 캐릭터들에 관해 읽음으로써 하나님의 창조 목적에 합당한 사람이 되는 법을 배웠다.

《책에 빠지다》의 한 가지 중심 주제는 "닥치는 대로 읽기"다. 이 표현은 나를 형성하는 데 가장 큰 영향을 준 책 중에 빠질 수 없는 존 밀턴 John Milton의 논문《아레오파기티카 *Areopagitica*》(1644)에 나온다. 서사시《실낙원 *Paradise Lost*》(1667)으로 유명한 청교도 시인 밀턴은 1644년에 출간된 이 논문에서 표현의 자유와 언론의 자유라는 현대적 개념에 한 가지 구성 요소로 자리 잡을 주장을 내세운다. 그는 사전 승인을 받지 않은 서적은 출판할 수 없도록 하는 의회의 출판허가법(이후에 '사전 억제 prior restraint'라 불리게 되는 법적 개념)을 통렬히 비판했다. 당시 권력을 쥔 세력은 밀턴의 파벌이었는데, 그가 자기편 사람들이 틀렸다고 여기고 검열을 거부하도록 설득하려 했다는 점은 의미심장하다.

《아레오파기티카》는 심오한 신학적 주장을 내세우는데, 이 주장은 오늘날의 그리스도인들, 특히 마음에 안 드는 것은 검열하는 쪽으로 초조하게 마음이 기우는 그리스도인들이 참고하면 좋을 듯하다. 밀턴은 개신교 교리(와 영국 내전을 둘러싼 양극화된 정치 상황)에 근거하여 검열을 로마가톨릭교회(영국 청교도의 교리적 대적이자 정치적 대적)와 연결하고, 자신이 물려받은 종교개혁 유산에서 지적 자유, 종교적 자유, 정치적 자유, 개인적 자유의 심오한 상호 의존성을 발견한다. 그리고 이 모든 자유가 덕에 의존한다고 주장한다. 타락 이후의 세상에는 선과 악이 모두 있기 때문에, 덕은 악을 버리고 선을 택하는 일로 이루어진다고 밀턴은 말한다. 그는 악을 모르는 순진한 자들과 악이 무엇인지 알고 선을 행하기로 선택하는 덕 있는 사람들을 구분한다. 그는 폭넓게 읽음으로써 선악 모두에 대한 지식을 얻는 것보다 선악의 차이를 배우기에 더 나은 방법이 무엇이냐고 묻는다. "그러므로 악덕에 대한 조사와 지식이 이 세상에서 인간의 미덕을 구성하는 데 필수적이고, 오류를 탐색하는 것이 진리를 확인하는 데 꼭 필요하다면, 온갖 종류의 글을 읽고 온갖 종류

> 폭넓게 읽는 것만으로는 충분하지 않다.
> 잘 읽기도 해야 한다.

의 주장을 들어 보는 것보다 죄와 허위의 영역을 좀 더 안전하고 덜 위험하게 정찰할 더 나은 방법이 있는가? 이것은 닥치는 대로 책을 읽을 때 얻을 수 있는 유익이다."[1]

그러나 폭넓게 읽는 것만으로는 충분하지 않다. 잘 읽기도 해야 한다. 덕스럽게 읽어야 한다. **덕**virtue이라는 단어는 미묘하게 다른 여러 의미가 있지만(그중 많은 것이 이 책에서 펼쳐질 것이다), 일반적으로는 아주 간단히 **탁월성**excellence으로 이해할 수 있

다. 잘 읽는 것 자체가 덕스러운 행위 즉 탁월한 행위이고 그 대가로 더 많은 덕을 기를 수 있는 하나의 습관이기도 하다.

문학이 덕을 구현하는 방식은 첫째, 행동하는 덕의 이미지를 제시하는 것이고, 둘째, 덕을 발휘하는 대리적 실천을 독자에게 제시하는 것이다. 대리적 실천이 실제 실천과 같은 것은 물론 아니지만, 대리적 실천을 함으로써 마음의 습관과 사고방식, 인식의 방식이 생겨난다.

> 읽기라는 형식 자체―
> 독서하는 모습 그 자체―에
> 덕으로 기우는 무언가가
> 담겨 있다.

덕스럽게 읽는 것은 우선, 꼼꼼히 읽고 본문과 맥락 모두를 충실하고 정확하고 통찰력 있게 해석하는 것을 뜻한다. 물론, 읽기라는 형식 자체―독서하는 모습 그 자체―에 덕으로 기우는 무언가가 담겨 있다. 깊이 읽기(뉴스를 훑어보거나 설명서를 읽는 것과 달리 문학작품을 읽을 때 실천하는 방식의 읽기)에 필요한 주의력을 발휘하려면 인내가 필요하다. 해석과 평가의 기술에는 분별력이 필요하다. 우리의 관심을 끌고자 경쟁하는 수많은 선택지가 가득한 세상에서 읽기에 시간을 떼어 놓는 단순한 결정을 내리는 일에도 일종의 절제가 필요하다.

나처럼 인터넷 이전의 삶―과 독서―을 경험한 독자라면 이제 자신의 주의력 지속 시간이 짧아졌다는 것과 한 시간 동안(또는 그 이상) 가만히 앉아 책을 읽을 수 없다는 것을 발견했을 것이다. 디지털 세계의 단절되고 파편화되고 중독적인 성질―그리고 알림음, 신호음과 함께 불빛을 번뜩이며 관심을 요구하는 기계 장치들—이 우리 정신에 미치는 영향은 잘 정리되어 있다. 니콜라스 카Nicholas G. Carr는《생각하지 않는 사람들The Shallows: What the Internet Is Doing to Our Brains》(2010)에서 이렇게 설명한다. "선형적 정신이 밀려나고 그 자리를 새로운 정신이 대신한다. 짧고 단절되고 불쑥불쑥 겹치는 방식으로 정보를 받아들이며 나누기를 원하고 또한 그럴 필요를 느끼는 정신, 빠를수록 좋다고 여기는 정신이다."[2] 우리의 뇌는 논리적 선형적 패턴으로 읽도록 훈련받을 때 작동하는 방식과 트윗에서 트윗, 그림에서 그림, 영상에서 영상으로 끊임없이 넘나들 때 작동하는 방식이 다르다. 뇌에 미치는 이런 영향은 기술 개발자들에 의해 증폭되는데, 그들이 이용자의 참여를 늘리기 위해 중독적 특성들을 프로그램에 의도적으로 집어넣는다는 사실은 일부 업계 리더들이 인정한 바 있다.[3] 잘 읽는 능력을 잃어버렸든 아니면 애초에 그런 능력을 습득한 적이 없든, 기운을 내자. 잘 읽는 데 필요한 기술은 대단한 미스터리가 아니다. 그것은 음, (쉽지는 않지만) 단순하다. 시간을 들이고 주의를 기울이기만 하면 된다.

잘 읽는 일의 출발점은 종이 위의 글을 이해하는 것이다. 나는 30년 가까이 문학을 가르치면서 많은 독자들이 해석과 평가로 재빨리 넘어가는 데 너무 익숙해진 나머지, 글이 실제로 의미하는 바를 이해하는, 기본적이지만 필수적인 과제를 종종 건너뛴다는 사실을 알게 되었다. 이런 정신 습관은 몸의 반응에서 드러난다. 학생들에게 어떤 구절이나 대목을 묘사하거나 다시 말해 보라고 하면, 종종 그들의 첫 번째 반응은 답이 있는 종이 위의 글을 내려다보는 것이 아니라 생각이나 발상을 떠올려 보려고 눈이 위로 향하는 것이다. 지면의 글에 주목하려면 신중함이 필요한데, 이것은 자꾸 읽다 보면 나아진다.

잘 읽으려면 즐기라

읽다 보면 잘 읽게 되지만, 읽기가 즐거우면 계속 읽게 될 가능성이 높아지니 즐길 만한 글을 읽으라.[4] 읽기가 고역이라 자꾸 피하게 되는 책이라면 내려놓고 즐거움을 주는 책을 집어 들라. 그 즐거움을 포기하기에는 인생이 너무 짧고 책은 너무 많다. 그뿐 아니라, 즐겁게 읽지 않고는 잘 읽을 수가 없다.

한편, 가장 큰 즐거움은 노고와 투자에서 나온다. 독자에게 아무것도 요구하지 않는 책은 텔레비전 시트콤 정도의 기분 전환은 안겨 주겠지만, 책을 덮고 나서도 오랫동안 남을 지적, 미학적, 영적 보상은 주지 못할 것이다. 그러므로 즐겁게 읽을 책을 찾되 독자에게 뭔가를 요구하는 책을 찾으라. 문장들이 매우 정교하게 구성되어 있어 여러 번 읽어야 하는 책, 친숙한 단어들이 신선한 방식으로 쓰인 책, 새로운 단어들이 아주 많은 것을 떠올리게 하여 그 의미를 찾아볼 수밖에 없는 책, 이미지와 개념들이 너무나 매력적이어서 며칠 동안 불쑥불쑥 다시 떠오르는 책을.

그리고 느리게 읽으라. 훌륭한 음식은 음미하며 먹어야 하듯, 좋은 책도 허겁지겁 읽지 말고 느긋하게 즐겨야 한다. 물론 빠르게 읽어야 할 글도 있지만, 습관적 훑어보기가 정신에 끼치는 영향은 꾸준한 패스트푸드 섭취가 몸에 끼치는 영향과도 같다. 속독은 깊이 읽기보다 수준이 떨어질 뿐만 아니라 유익보다 해가 더 많을 수 있다. 어느 비평가는 속독이 "뭔가를 배우고 있다고 생각하도록 자신을 속이는 방법"에 불과하다고 경고한다. 빠르게 읽을 때는 비판적으로 생각하지 못하고, 내용을 연결하며 읽지도 못한다. 더구나 "속독은 절대 섞여서는 안 되는 두 가지를 안겨주는데, 그것은 피상적 지식과 과신이다."[5] 읽는 속도가 느리다고 낙심하지 말라. 깊이 생각하며 본문을 상대하는 데는 시간이 걸린다. 가장 느리게 읽는 독자가 종종 가장 많은 의미를 이해하고 문학에 가장 깊이 영향을 받는 최고의 독자가 된다.[6] 17세기의 청교도 목사 리처드 백스터Richard Baxter 는 이렇게 썼다. "사람을 지혜롭거나 선하게 만드는 데 필요한 것은 많은 책을 읽는 것이 아니다. 몇 권이라도 최고의 책을 잘 읽는 일이 필요하다."[7]

펜이나 연필, 형광펜을 손에 쥐고 책에 표시하거나 종이에 메모하면서 읽으라.[8] 책에는 아무것도 써넣어선 안 된다는 생각은 초등학교 시절의 불행한 잔재다. 책을 가치 있게 만드는 요인을 오해하는 데서 나온 유언비어이다. 책의 진정한 가치는 깨끗한 상태가 아니라 글과 사상에 있다. 어느 친구가 지혜롭게 말한 대로, "독자가 책을 위해 만들어진 것이 아니라, 책이 독자를 위해 만들어진 것이다."[9] 빌리 콜린스Billy Collins 의 시 〈여백에 쓴 글 Marginalia 〉은 다른 독자가 여백에 써 놓은 글에서 발견하는 순전한 즐거움을 매우 인상적으로 표현했다.[10]

즐길 수 있는 책을 읽고, 도전적 독서를 즐길 수 있는 능력을 기르고, 깊고 느리게 읽고, 책 여백에 자신의 글을 써넣어 책이 주는 즐거움을 키우라.

위대한 책은 생각할 내용이 아니라 생각하는 법을 가르친다

문학적 캐릭터에는
성품에 대해 가르쳐 줄
내용이 많이 담겨 있다.

이 책에서 진행하는 열두 권의 위대한 문학작품 탐험은 각 작품들이 제시하는 덕에 대한 통찰을 검토함으로써 잘 읽는 것이 무엇을 의미하는지 본보기를 제시하려는 시도이다. 내가 좋아하는 문학작품 중에서 고전적 덕―기본 덕목, 신학적 덕목, 천국의 덕목(자세한 내용은 각 장에서 다룬다)―을 이해하는 데 도움이 될 만한 작품들을 골랐다. 덕목은 긍정적 사례를 통해 드러나기도 하지만, (위대한 문학작품이 가진 탐험적 성격상) 부정적 사례로 드러나는 경우가 더 많을 것이다. 문학적 캐릭터에는 **성품**에 대해 가르쳐 줄 내용이 많이 담겨 있다.

잘 읽는다는 것은 생각할 **내용**에 대한 가르침을 얻고자 책을 뒤지는 것이 아니다. 잘 읽는 것은 생각하는 **방법**이 빚어지는 것을 말한다. C. S. 루이스는 《오독: 문학비평의 실험*An Experiment in Criticism*》에서 "자기 계발의 욕망만으로" 문학작품을 가까이 하는 것은 '수용receive'이 아니라 '사용use'이라고 주장한다.[11] 위대한 책은 인생과 성품에 대한 중요한 진리를 분명히 제시하지만, 루이스는 교훈을 얻기 위한 용도로만 책을 사용하지 말라고 경고한다. 문학작품은 개인적 이익만을 위해 사용하는 도구가 아니라 그 자체로 즐겨야 할 예술 작품이다. 예술이나 문학을 수용하지 않고 사용하면 "우리 삶을 용이하게 하고 밝게 하고 긴장을 풀어 주거나 고통을 덜어 주기는 해도 거기에 무엇을 더하지는 못한다."[12] 잘 읽는 것은 우리 삶에 무언가를 더해 준다. 이것은 철물점에서 산 공구가 우리 삶에 무언가를 더해 주는 방식과는 다른데, 공구는 잃어버리거나 망가질 경우 유익이 모두 사라지기 때문이다. 잘 읽는 것은 우정과 비슷한 방식으로 우리 삶에 무언가를 더해 주어 우리를 영원히 바꿔 놓는다.

예술 작품을 미학적 경험으로 수용하는 일은 참으로 "유용하다." 그런데 이 유용함은 공리주의적 의미에서만이 아니라 인간적 의미에서 이해해야 한다. 토머스 제퍼슨Thomas Jefferson은 1771년에 친구에게 쓴 편지에서 이런 생각을 표현하고 있다.

덕의 원리와 실천을 바로잡는 데 기여하는 모든 것은 유용합니다. 이를테면 관대하거나 고마운 어떤 행위가 우리 눈앞에 또는 상상 속에 제시될 때, 우리는 그 아름다움에 깊은 감명을 받고 우리도 관대하고 고마운 행위를 하고 싶다는 강한 욕망을 느끼게 됩니다. 반대로 극악한 행위를 보거나 그러한 내용을 읽을 때는 그 추함에 역겨움을 느끼고 악덕에 대한 혐오감을 갖게 됩니다. 이런 종류의 정서를 느낌으로써 우리는 덕스러운 성질을 훈련하게 되고, 마음의 성질은 신체의 팔다리처럼 훈련할 때 강해집니다. 훈련은 습관

을 만들고, 지금 제시한 사례 같은 도덕 감정의 훈련은 덕스럽게 생각하고 행동하는 습관을 만듭니다.[13]

여기서 제퍼슨은 문학 읽기의 미학적 측면을 말하고 있다. 문학의 윤리적 요소가 그 내용(개념, 교훈, 비전)에서 나온다면, 미학적 특성은 읽기가 우리를 형성하는 방식과—처음에는 훈련으로, 그 다음에는 습관으로—관련이 있다. 물이 오랜 기간에 걸쳐 흐르다 보면 땅의 모양이 바뀌는 것처럼, 좋은 책을 잘 읽는 습관도 우리를 형성한다.

미학적 경험으로서의 읽기

문학의 덕 즉 탁월성은 문학의 형식과 별개로 이해할 수 없다. 문학을 덕스럽게 읽기 위해서는 시, 장편소설, 단편소설, 희곡, 어떤 것이든 그 형식에 주목해야 한다. 작품의 형식에 주목하는 것은 본질상 미학적 경험이다.

문학작품의 내용은 작품이 말하는 바이고, 형식은 그것이 전해지는 방식이다. 불행히도, 오늘날 우리는 형식을 무시하고 내용에 집중하도록 길들여졌다. 우리는 읽을 때(영화를 감상하거나 예술 작품을 볼 때도) 주제, 세계관, 흥미진진한 줄거리, 공감이 가는 등장인물 등은 찾으면서도 종종 형식은 무시하는 경향이 있다. 부분적으로 이러한 경향은 아름다움과 구조를 희생하고 기능과 실용적 쓸모를 강조하는 공리주의적 흐름에 영향을 받은 문화에서 자라난 열매다. 하지만 우리가 실생활의 관계와 경험을 통해 알다시피, 어떤 것이 전달되는 **방식**은 전달되는 **내용**보다 더 중요하지는 않을지라도 그에 못지않게 중요하다. 형식은 그림과 페인트칠을 한 벽을 구분하고, 문학 텍스트와 정보성 텍스트를 구분한다. 같은 재료, 다른 형식인 것이다.

사람이 문학작품의 내용과 조우하는 방식은 다양하다. 클리프노트* 요약물을 읽을 수도 있고 영화 각색물을 볼 수도 있고 실제 작품을 읽을 수도 있다. 이 세 가지 경험을 비교해 보라. 이 경험들을 통해 전달되는 관념은 본질적으로 같다고 해도, 각 경험은 서로 상당히 다르다. 덕스럽게 읽기 위해서는 형식과 내용 모두에 주목해야 한다. 문학은 정의상 지적 경험만이 아니라 미학적 경험이기도 하기 때문이다. 내용보다 더 많이는 아니더라도 적어도 비슷한 정도의 주의를 형식에 기울여야 한다. 형식은 중요하다.

아리스토텔레스의 《시학*Peri Poietikes*》은 최초의 문학적 미학—문학의 형식과 그 형식이 미학적 경험으로서 독자에게 어떤 영향을 끼치는지에 대한 연구—서적 중 하나이다. 아리스토텔레스는 이 책에서 '문학의 카타르시스 효과'라는 개념을 도입하는데, 광범

---

* CliffsNotes, 방대하고 난해해 손이 잘 가지 않는 명작이나 고전의 저명한 원작을 중고생들이 쉽게 이해할 수 있도록 핵심을 집약해 놓은 요약 학습 참고서 – 편집자

위한 영향을 끼친 이 개념은 문학이 잘 짜인 플롯 구조를 통해 감정을 불러일으키고 해소함으로써 감정을 훈련하는 것을 가리킨다. 아리스토텔레스는 문학에서 플롯을 가장 중요한 요소로 꼽았다. 그의 플롯 강조는 캐릭터에 대한 유용한 통찰이라는 결실도 맺는다. 폴 테일러Paul Taylor가 〈아리스토텔레스의 《시학》에 나타난 공감과 통찰〉이라는 에세이에서 말한 바에 따르면, 그것은 플롯의 중심에 놓인 사실 때문이다. 그 사실이란 "캐릭터들의 개별 행위는 캐릭터의 인간성, 개성, 그리고 플롯에 묘사된 상황에 대한 그들의 참여라는 조합에서 필연적이거나 개연성 있게 따라 나온다는 것이다."[14] 다시 말해, 플롯은 캐릭터를 드러낸다. 그리고 캐릭터의 성품을 판단하면서 독자는 자신의 성품을 형성한다.

> 캐릭터의 성품을 판단하면서 독자는 자신의 성품을 형성한다.

독자는 상상을 통해 캐릭터와 자신을 동일시하여 인간 본성에 대해 배우고, 대리 경험에 대한 자신의 반응을 보면서 자신의 본성도 알게 된다. 시처럼 캐릭터나 플롯이 없는 문학조차도 비슷한 방식으로 바라볼 여지는 있다. 시의 화자를 일종의 캐릭터로 보아 독자가 그의 경험 속으로 들어갈 수 있고, 시를 읽어 나갈 때 시간 순으로 내용이 전개되는 것 자체를 플롯 구성의 형식으로 볼 수 있는 것이다.

테일러의 설명에 따르면, 이것은 역사서나 논설을 읽음으로써 명제적 진리를 배우는 것과 허구적 이야기를 읽는 과정을 통해 미학적으로 지식을 얻는 것을 가르는 차이이다.[15] 작가 조지 손더스George Saunders는 "이야기의 진행 방식이 이야기의 의미"라고 썼다.[16] 문학의 미학적 경험—그 형성적formative 특성—은 지적 또는 정보적informative 특성과 다르다. 테일러는 "우리가 픽션에서 뭔가를 배울 때는 실제 삶에서 직접 배우는 것과 같은 방식으로 배운다"라고 말한다.[17] 실제 삶이 그렇듯 문학작품은 주장하지 않고 제시한다.[18] 이처럼 문학을 읽는 행위는 독자들에게 지적으로만이 아니라 미학적으로 경험에 참여하도록 초청한다. 인간으로서 우리가 가지는 욕망은 지식과 경험 모두에 의해 형성된다. 문학작품을 읽는 것은 일종의 경험을 하고 지식을 얻는 일이다. 정보 제공적일 뿐 아니라 형성적인 이런 종류의 미학적 경험은 궁극적으로 "인간 본성에 대한 이상화된 이미지를 허무는 데 도움을 줄 수 있다. 미학적 경험이 없다면 그런 이상화된 이미지는 자기기만이나 단순한 감상벽에 기대어 그대로 유지될 것이다."[19] 세계 최고의 문학에 제시된 좋은 삶에 대한 비전vision은 선에 대한 지식과 갈망을 함양하는 매개이자, 진리에 대한 지식과 갈망을 함양하는 매개가 될 수 있다. 이는 감상벽이나 자기기만으로 유지되는 비전과 다르다.

그래서 덕을 위한 읽기가 부분적으로 덕에 **관한** 읽기를 뜻한다면, 좀 더 깊고 너무 뻔하지 않은 방식으로 문학을 잘 읽는 것은 덕을 **실천하는** 한 가지 방법이다. 문학 읽기는 많은 것들(이를테면 19세기 영국

> 문학 읽기는 정보 제공을 넘어 우리를 형성한다.

사법제도의 불의함, 17세기 일본에서 일어난 그리스도인 박해, 1920년대 미국 부유층의 풍습과 도덕)에 관해 우리에게 어느 정도 정보를 줄 수 있다. 그러나 문학이 그런 문제들에 대해 역사 교과서나 강의만큼 정보를 잘 전달하는 것은 아니다. 프랑스혁명에 관한 다큐멘터리와 소설《두 도시 이야기*A Tale of Two Cities*》(1859)의 내용이 아무리 유사하더라도, 둘의 형식상 차이로 인해 독자가 둘을 경험하는 방식은 완전히 달라진다. 문학 읽기는 정보 제공을 넘어 우리를 형성한다.[20]

르네상스 시대의 시인이자 궁정의 조신朝臣이던 필립 시드니 경은 그의 중요한 저서《시의 옹호》에서 시의 힘을 지지하는 최초의 기독교적 논증 한 가지를 제시한다. 그는 시가, 본보기를 통해 가르치는 역사의 힘과 교훈을 통해 가르치는 철학의 힘을 모두 뛰어넘는다고 말한다. "그런데 비할 바 없이 훌륭한 시인은 그 둘 모두를 수행한다. 철학자가 어떤 일이 이루어져야 한다고 말한다면, 시인은 그 일을 해낸 사람을 가정하여 수행 과정을 완벽한 그림으로 제시한다. 일반 개념과 특수 사례를 결합해 내는 것이다. 내가 완벽한 그림이라고 말하는 이유는 철학자가 말로만 묘사한 것을 시인은 정신의 힘을 발휘하여 이미지로 만들어 내놓기 때문이다."[21] 시드니는 역사가 일어났던 일에, 철학이 있을 수 있는 일에 한정되는 반면, 문학은 있어야 할 일에 대한 그림을 제공함으로써 둘 다를 뛰어넘는다고 주장한다. "모든 지상 학문의 목적은 덕스러운 행동"[22]이기 때문에, 시는 철학이나 역사보다 덕을 기르는 데 도움이 될 가능성이 더 높다.

윌 듀런트 William J. Durant가 《철학 이야기 *The Story of Philosophy*》(1926)에서 아리스토텔레스를 다룬 장에는 덕 즉 탁월성과 실천의 관계에 대한 유명한 대목이 나온다. 여기서 듀런트는 아리스토텔레스의 《니코마코스 윤리학 *Ethika Nikomacheia*》을 인용한다.

> 탁월성은 훈련과 습관으로 익히는 기술이다. 덕 즉 탁월성이 있어서 올바르게 행동하는 것이 아니라 올바르게 행동했기 때문에 덕 즉 탁월성이 생기는 것이다. "이런 덕은 실천으로 사람 안에 만들어진다." 우리는 우리가 되풀이하는 행동의 결과물이다. 그렇다면 탁월성은 하나의 행동이 아니라 습관이다. "완전한 삶의 탁월성을 향해 나아가는 영혼이 인간의 선을 이루어 낸다. … 제비 한 마리나 단 하루의 화창한 날로 봄이 오지 않듯이, 인간도 하루나 짧은 시간 안에 복되고 행복해지지 않는다."[23]

"덕 이후"를 읽기

덕을 검토한다면서 고대 세계의 덕이 우리가 속한 현대 세계와 전혀 다른 상황에서 존재했다는 사실을 고려하지 않는다면 태만한 처사일 것이다. 아리스토텔레스의 덕 철학은 인간의 목적 즉 **텔로스**—다른 말로, 인간의 궁극적 목표나 목적—라는 의미와 이어져 있다. 이런 이해로 볼 때, 덕은 한 가지 목표를 지향하는 전체의 일부이다. 아리스토텔레스에게 이 목표는 잘 사는 것, 즉 (그의 그리스어 용어[에우다이모니아 eudaemonia—옮긴이]를 옮길 때 주로 쓰는 번역어로 말하면) 행복이다. 오늘날 우리는 이것을 인간의 번영flourishing이라고 부를 것이다. 하지만 그리스도인들에게 삶의 궁극적 목표나 목적은 하나님을 영화롭게 하고 영원토록 그분을 즐거워하는 것이다. 이 목적이 늘 우리의 행복이나 번영으로 나타나지는 않는다. 소설 《침묵沈默》(1966)에 나오는 그리스도인들이 입증하듯, 현실 세계의 역사에서 많은 그리스도인들의 경우는 정반대였다.

사실, 현대에 이루어지는 대부분의 토론에서 덕에 대해 한 가지 끈질긴 질문이 등장하는데, 이 내용은 1장에서 더 검토할 것이다. 이 질문은 덕이 그 자체로 목적인지 아니면 다른 목적을 위한 수단인지에 집중한다. 많은 이들이 덕을 수단으로 생각한다는 증거는 사람이 어떤 일을 바르게 하면 그가 바라는 특정 결과가 보상으로 주어질 거라는 널리 퍼진 믿음에서 볼

> 마찬가지로, 인간의 목적을 이해하지 못하고는 인간의 탁월성을 획득하기 어렵다.

수 있다. 덕에 관한 이런 사고방식의 원인은 우리에게 더 큰 목적에 대한 의식이 없다는 사실에서 부분적으로 찾을 수 있다. 자전거의 목적이 무엇인지 모르고는 자전거의 탁월성을 판단할 수 없다. 마찬가지로, 인간의 목적을 이해하지 못하고는 인간의 탁월성을 획득하기 어렵다. 인간의 탁월성은 우리의 참된 목적대로 하나님을 영화롭게 할 때만 생겨난다. 궁극적 목적이 없으면 실용적 결과를 추구하게 된다.

계몽주의의 흐름을 이어받은 현대에 와서 인류는 공통적으로

이해했던 인간의 **텔로스** 즉 목적을 박탈당했고, 그와 더불어 덕에 대해 합의하고 덕을 함양하는 데 필요한 공동의 도덕 언어도 빼앗겼다. 알래

> 궁극적 목적이 없으면
> 실용적 결과를
> 추구하게 된다.

스데어 매킨타이어Alasdair MacIntyre는《덕의 상실After Virtue》에서 이 과정을 설명하고 있다. 통합적인 전체에서 분리된 덕은 목적을 부여하던 몸에서 잘려나가 생명을 잃은 팔다리와 같다. 인간의 목적에 대한 이해와 분리된 덕은 한낱 정서주의emotivism가 되어 버린다. 매킨타이어에 따르면, 정서주의는 "도덕적 판단이 선호의 표현, 태도나 감정의 표현에 불과하다"는 믿음이다.[24] 다시 말해, 의미와 목적의 외적이고 객관적인 원천이 없으면 우리에게는 내적이고 주관적인 감정만 남을 뿐이다. 정서주의는 정서를 갖고 있고 표현하는 것만이 아니라 정서에 의해 압도적으로 규정되고 이끌리는 것을 말한다. 정서주의는 도덕의 언어를 도용하기 때문에, 덕의 진정한 토대인 초월적이고 절대적인 기준이 허물어졌음에도 덕으로 가장하여 등장한다.[25] 정서주의가 도덕의 언어를 강탈하고 우리에게 "도덕의 모조품"(실물을 대신하는 단순한 이미지나 상像)을 제공하고 있기 때문에, "덕 이후"의 삶에서 덕과 도덕에 관해 말하는 것은 거의 불가능하다.[26] 그것은 아이가 오케스트라의 베토벤 교향곡 연주를 듣고 자기가 좋아하는 만화영화 주제곡의 반주라고 생각하는 것과 같다.

문학 언어의 장점

비록 지금은 텅 비었지만, 도덕 언어"도 한때는 가득 찬 적이 있었다"(매슈 아널드Matthew Arnold가 그의 시 〈도버 해변Dover Beach〉에서 했던 말*을 따라해 보았다). 생래적으로 여러 층위의 의미와 공명하는 문학 언어는 충만한 언어가 어떤 모습인지 상기시킨다. 문학의 언어는 덕에 관한 의미 있는 언어와 덕을 말하는 척하는 공허한 시늉 사이의 간격을 메울 수 있다. 비유 언어figurative language 안에서 "단어는 그 자체이자 그와 다른 어떤 것"이 된다. 비유 언어를 이해할 능력은 인간에게만 있는 독특한 것으로, 어느 인지심리학자의 설명처럼 "우리가 생각하는 방식의 기본을 이룬다." 이 능력이 우리가 "문자적이고 즉각적인 것에서 벗어날" 수 있는 수단이라는 점에서 그렇다.[27] 이런 특성은 풍자와 알레고리에서 가장 극적으로 나타난다. 풍자 언어와 알레고리 언어는 매우 다르지만, 둘 다 두 층위의 의미를 사용한다. 문자적 의미와 의도된 의미가 그것이다. 풍자에서 의도된 의미는 진술된 글과 반대인 반면, 알레고리에서 의도된 의미는 진술된 글 안에서 찾을 수 있다. 풍자는 오류를 가리키고 알레고리는 진리를 가리키지만, 둘 다 독자들에게 표면적 수준 너머의 의미를 분별할 것을 요구한다. 이런 식으로, 알레고리와 풍자—그리고 이보다는 덜 분명하게지만, 모든 문학 언어—는 인간 조건의 초월적 본성

---

* 시의 제3연 1, 2행에 나온 "신앙의 바다는 한때 꽉 차서"(The Sea of Faith was once, too, at the full)를 가리킨다—편집자

과 바울이 로마서 7장 19절*에서 묘사한 "이중 의지의 자아"를 드러낸다.[28]

신학자 그레이엄 워드Graham Ward는 〈문학은 어떻게 세속성에 저항하는가〉라는 논문에서 인간은 "언어 안에서 살아간다"라고 설명한다. 그는 이렇게 적고 있다. "최고의 문학가들이 자신의 언어에 대한 경이로운 지배력을 보여 주긴 하지만, 그의 의도에서 벗어난 연상들이 끼어들고, 리듬은 보다 오래되고 더 신성한 패턴을 울려 대고, 단어들은 이전 용례의 기억들을 전달한다."[29] 단어들이 전달하는 공명은 논리의 한계와 의식적 사고의 한계까지 뛰어넘는다. 워드에 따르면, 문학 텍스트는 "작가의 이름 짓는 행위와 우리의 읽는 행위"로 초월의 가능성을 필연적으로 떠올리게 한다. "작가나 독자로서 우리가 사전적 정의가 아니라 경험에 주목할 때 특히" 그렇다.[30] 온전한 문학 언어에는 의미가 메아리치고 거기서 우리는 **의미**가 정말 존재함을 상기하게 된다.

가령, 에밀리 디킨슨Emily Dickinson이 "나는 가능성 속에 거한다 ―/산문보다 더 아름다운 집에서(I dwell in Possibility ― /a fairer House than Prose)"라고 쓸 때, 각 단어의 암시적이고 다층적인 의미들은 이 시구의 의미를 그저 아홉 개의 짧은 단어 너머로 확

---

* 내가 원하는 바 선은 행하지 아니하고 도리어 원하지 아니하는 바 악을 행하는도다

장한다.[31] 집이라는 은유는 "가능성"과 시를 연결한다. 이 대목에서는 시가 "산문"보다 아름다움을 나타내고, 산문은 "가능성"의 반대와 암묵적으로 이어진다. "거한다dwell"는 "**산다**live"와 "**숙고한다**ponder"를 다 의미한다. "더 아름다운fairer"은 "**아름다움**beauty"과 "**정의**justice"를 모두 암시한다. "속에in"라는 단어는 "더불어with"나 "곁에by"와 같은 선택 가능한 다른 단어와 의미가 다르다. 메아리치는 이런 의미들은 시적 언어가 열어젖히는 가능성의 시작일 뿐이다. 이 두 행과 전체 시 속에 그 뒤를 잇는 나머지 행들에서 더 많은 의미를 쉽사리 끌어낼 수 있다. 그러나 이렇게 짧게 살펴보는 것만으로도 문학적 글쓰기—시뿐 아니라 모든 문학적 글쓰기—가 해석이 필요하긴 하지만 객관적으로 입증될 수 있는, 다층적 기억, 의미, 연상에 의존하는 방식으로 언어를 사용한다는 것을 알 수 있다.

이런 식으로 문학 언어는 **텔로스**와 분리되어서는 발견할 수 없는 의미를 상기시킴으로써 덕을 함양하는 인식, 처리 방식과 사고방식, 즉 마음의 습관을 독려한다. 문학작품을 잘 읽기 위해서는 부분에만 주목할 것이 아니라 부분들이 전체를 지지하는 방식과 의미가 발생하는 방식에도 주목해야 한다. 필립 시드니 경의 말대로, 문학 언어는 "좋은 것들을 그림처럼 그려 낸다."[32] 그렇게 함으로써 문학 언어는 그 자체가 자연스럽게 덕스러워지고, 독자 안에도 덕을 그림처럼 그려 낸다. "그림처럼 그려 냄"은 상상력의 사용을 가리키는데, 상상력의 가장 문자적인 의미는 우리 마음의 눈에 보이도록 어떤 그림이나 이미지를 만들어 내는 능력이다. 우리가 몰두하는 이야기들은 우리의 상상력에다 좋은 삶의 비전과 좋은 삶을 획득할 수단을 투영한다.[33] 덕이 어떤 모습일지 상상해야 덕스럽게 행동할 수 있다.

이야기의 경우에서 가장 두드러지지만, 모든 문학의 중심에는 모종의 갈등, 불화, 결핍이 있다. 문학은 우리의 타락성에서 탄생한다. 타락이 없으면 이야기도 없을 것이다. 자크 엘륄Jacques Ellul 은 《굴욕당한 말 La parole humiliée》에서 이렇게 썼다. "욕망만이 말한다. 만족은 곧 침묵이다."[34] 이처럼 욕망을 표현하는—그리고 함양하는— 것이 문학의 본질이다. 마르셀 프루스트Marcel Proust는 이렇게 말한다. "좋은 책의 위대하고 멋진 특성 중 하나는 … 우리에게 욕망을 제시하는 것이다."[35]

그러나 책(그리고 영화, 노래, 특히 광고를 포함한 다른 형태의 이야기들)으로 길러지는 욕망은 우리를 좋은 삶으로 이끌 수도 있고, 좋은 삶에 대한 거짓된 비전(이것은 귀스타브 플로베르Gustave Flaubert가 로맨스를 읽는 주인공 엠마 보바리를 통해 보여 준 바 있다)으로 이끌 수도 있다.[36] 그리고 잘 읽으면 어떤 삶의 비전이 거짓이고 어떤 비전이 선하고 참된지 분별할 수 있고, 이런 비전들이 언어에 얼마나 깊이 뿌리내리고 있는지도 알아볼 수 있다. 마크 에드먼슨Mark Edmundson은 《왜 읽는가? Why Read?》에서 이렇게 설명한다. "글이나 글쓰기에서 그런 비전을 얻기가 좀 더 쉬운 부분적인 이유는 우리 대부분이 순간순간 사용하는 주된 표현 수단이 말이기 때문이다."[37] 에드먼슨은 수십 년간 우세했던 문학 이론의 유행에 단호히 반대하며 동료 대부분이 좋게 말해야 별나게 여길 이런 주장을 한다. "책에 대한, 또는 어떤 해석에 대한 궁극적 시험대는 그것이 삶의 행동을 어떻게 바꾸는가에 있다."[38]

물론, 위대한 책을 읽는 것이 덕을 함양하고 좋은 삶을 성취할 유일한 방법은 아니다. (내가 알고 사랑하는 많은 덕스러운 사람들이 책을 좋아하지 않는다.) 그러나 문학에는 좋은 삶에 대한 비전을 형성하는 특별한 힘이 있다. "단순한 물리적 생존의 문제를 일단 넘어서면, 인간의 삶은 느끼고 믿고 판단하는 일로 이루어진다. 이야기는 인간사의 이런 활동들 깊숙한 곳에 자리를 잡고 있다. 모든 이야기의 핵심에는 이야기가 지시하는 대로 느끼고 믿고 판단하라는 일련의 초대가 있기 때문이다." 이것이 마샬 그레고리Marshall Gregory의 설명이다.[39] 제임스 K. A. 스미스James K. A. Smith가 《하나님 나라를 상상하라Imagining the Kingdom》(2013)에서 쓴 대로, 참으로 "우리의 마음은 이야기를 거래한다. 우리는 서사적 동물이고, 세상에 대한 우리의 지향을 근본적으로 형성하는 것은 이야기이다."[40] 우리는 가장 평범하고 일상적인 순간에 삶의 이런 이야기적 측면을 본다. 사랑하는 사람이 재미있거나 흥미로운 사건을 전해 줄 때, 결과로 급히 달려가지 않고 그 상황을 재창조하여 흥미진진한 이야기의 형태로 처음부터 끝까지 들려주지 않는가.

스미스에 따르면, 우리는 세상을 먼저 미학적으로(이것은 감각 경험의 근본적 의미를 가리킨다) 이해하기 때문에 우리의 주된 정보처리 방식은 "명제 분석보다는 시 감상에 더 가깝다." 우리가 세상을 대할 때 그 물리적 모양에 가장 먼저 반응하듯, 문학을 대할 때도 그 형식이 우리의 문학적 경험을 빚어내는 방식에 가장 먼저 반응한다. 우리의 정서 또는 감정을 훈련하는 것은 곧 우리의 지각을 형성하는 한 가지 방법이요, "사람들이 '상황을 올바른 방식으로 보도록' 훈련하는" 방법이기도 하다.[41] 문학 읽기가 요구하는 지각력을 기르면 덕이 함양된다. 행동은 정서적 반응을 따라가기 때문이다. 문학적 해석과 정서적 반응 사이의 이 연관성은 한 연구 결과에서 드러났다. 이 연구에서 참가자들은 단어가 전달하는 감정에 어울리는 얼굴 표정을 지을 때 그 단어의 의미를 더 잘 기억할 수 있었다.[42] 우리의 행동, 결정, 그리고 우리 의식에 새겨지는 지각까지도 더 큰 이야기―우리 가족, 우리 공동체, 우리 문화의 이야기―로 인해 미리 준비된 것이다. 그 이야기를 들으며 우리는 자신의 모습을 상상한다.[43]

도덕철학자 마사 누스바움Martha C. Nussbaum은 문학 형식이 덕스러운 삶의 형식을 모방하여 우리가 "좋은 이야기의 선한 캐릭터들이 살아가는 방식을 배움으로써 주위에서 벌어지는 일에 관심을 갖고, 모든 새로운 일은 지혜롭게 마주하고 … 진리를 추구"하도록 가르친다고 주장한다.[44] 문학이 전달하는 내용은 삶이 아니라 "삶에 대한 감각, 가치에 대한 감각, 무엇이 중요하고 중요하지 않은지에 대한 감각 … 삶의 관계와 연관성에 대한 감각"이다.[45] 덕을 기르는 일에서 문학이 맡는 역할에 대한 아리스토텔레스의 주장을 따라하듯 누스바움은 이렇게 적는다.

우리는 충분히 살지 못했다. 픽션이 없이는 우리의 경험이 너무 제한적이고 편협하다. 문학은 그것을 확장해 주고, 문학이 없었다면 우리와 거리가 너무 멀어서 감지할 수 없었을 것들을 깊이 생각하고 느끼게 해 준다…. 삶은 곧 해석이다. 모든 행동은 세계를 무언가로 여기도록 요구한다. 이런 의미에서 어떤 삶도 "날 것"은 아니다. … 살아가는 내내 우리는 어떤 의미에서 픽션 제작자와 같다. 요점은 문학적 상상의 활동을 하면서 우리는 더욱 정확하게 상상하고 묘사하게 되고, 각 단어에 관심을 집중하여 모든 사건을 더욱 예리하게 느끼게 된다는 것이다. 반면 실생활의 많은 부분은 그런 고양된 인식이 없이 흘러가고, 그로 인해 어떤 의미에서는 온전하게 또는 철저하게 살지 못하는 것이다.[46]

위대한 책은 교훈보다는 시각을 제공한다. 문학은 우리에게 "다른 캐릭터와 상황과 사건이 다른 각도와 관점에서 어떻게 보이는지와 그럴 때에도 우리의 지식은 여전히 얼마나 부정확한지" 보여준다.[47] 문학은 구체적인 것들로 이루어진 세계를 복제하고, 그 안에서 덕에 필요한 경험적 학습이 이루어진다. 그런 경험적 학습은 기법을 통해 실현되지 않는다. "사람은 공식보다는 지도指導를 통해 배운다."[48]

널리 알려져 있다시피, 문학을 읽고 해석하는 일에 변하지 않는 확고한 규칙이란 없다. 어떤 이들에게는 이것이 문학을 신나게 만드는 특성이라면 다른 이들에게는 문학의 답답한 특성이다. 문학 텍스트를 읽는 유일하게 올바른 독법이란 없다. 물론 잘못된 독법, 좋은 독법, 탁월한 독법은 있다. 이와 유사하게, 덕 윤리는 우리가 행동을 결정할 때 (의무론적 윤리처럼) 결정의 기준으로 삼을 만한 엄격한 일련의 규칙을 제시하거나, (실용주의 윤리처럼) 어떤 결정의 가능한 결과 또는 영향을 고려하는 대신, 좋은 습관을 통해 길러진 품성에 의존하게 한다. 대부분의 경우, 이것은 가장 힘들고 가장 어려운 방식이다. 지혜를 함양하고 발휘하는 일은 규정집을 참고하는 일보다 어렵다. 아리스토텔레스가 말한 대로, "기술과 덕은 언제나 더 어려운 것에 관심을 갖는다. 더 어려운 것에서 이루는 성공이 우월하기 때문이다."[49]

인간의 덕 즉 도덕적 탁월성은 도덕적 품성의 습관이고, 습관은 그 특성상 일종의 제2의 천성이 된다. 《니코마코스 윤리학》에서 아리스토텔레스는 덕 즉 탁월성을 과도함과 부족함의 양극단 사이인 덕스러운 중용의 자리에 배치한다.[50] 덕의 부족함과 과도함 모두 악덕에 해당한다. 이를테면, 용기의 덕은 경솔함이라는 과도함(악덕)과 비겁함이라는 부족함(역시 악덕)의 중간에서 발견할 수 있다. 모든 덕은 이런 식의 중용이다. 이런 생각은 "모든 것은 적당히"라는 오래된 경구에 표현되어 있다.

철학사상의 역사 속에서 다양한 덕이 발견되고 분류되었다. 그리스인, 로마인, 초기 그리스도인들 모두 덕 전체와 구체적 개별 덕목에 대해 나름의 관념을 갖고 있었는데, 각기 다르면서도 겹치는 부분이 있었다. 이 책을 위해 나는 가장 중심되는 열두 덕목을 선정하여 전통적 범주에 따라 분류했다.

1부의 주제인 기본 덕목은 그리스와 초기 기독교 사상을 관통하는, 가장 잘 합의된 분류에 해당한다. 이 덕목은 분별, 절제, 정의, 용기이다. 이것들이 기본 덕목cardinal virtues으로 불리는 것은 **cardinal**의 원래 의미가 '경첩' 또는 '회전축'이었기 때문이다. 철학자들은 다른 모든 덕이 이 네 가지 덕에 의존하거나 달려 있다고 여긴다. 네 가지 기본 덕목 중에서도 1장의 주제인 분별 즉 실천적 지혜가 여왕이다.

신학적 덕목theological virtues인 믿음, 소망, 사랑은 성경에서 직접 가져왔다. 성경은 다른 덕들도 언급하지만, 이 세 가지 덕은 그중에서도 특별한 중요성을 갖고 있다. 고린도전서 13장 13절에서 이 세 가지 덕을 강조하는 방식 때문이기도 하고, 진정한 의미로 볼 때 이 세 가지 덕은 다른 덕들과 달리 인간 본성을 통해서가 아니라 하나님의 신적 능력에 의해 생겨나기 때문이기도 하다. 2부에서 살펴보겠지만, 성경이 다루는 믿음, 소망, 사랑의 의미는 인간이 자연적으로 보유한 능력 및 열정과는 다르다. 이 덕들은 다른 덕들과 반대로, 하나님이 그분의 초자연적인 은혜를 통해 주셔야만 얻을 수 있다.

3부에서는 소위 천국의 덕목heavenly virtues을 검토한다. 천국의 덕목은 일곱(기독교 전통에서 특별한 의미가 있는 수로, 완벽함이나 완전함을 상징한다) 가지가 있다. 이 천국의 덕목은 자선, 절제(책의 앞부분에서 논의한 바 있다), 정결, 부지런함, 인내, 친절, 겸손이다. 전통적으로, 천국의 덕목은 일곱 가지 대죄(이 목록 역시 교회사 내내 차이가 있었다)에 구체적으로 대응하는 덕의 목록으로 제시되었다.

각 장을 따로 읽을 수도 있지만, 덕목들의 연결과 비교가 줄곧 이루어지기 때문에 책 전체를 처음부터 끝까지 죽 읽는 것이 가장 효과적인 접근 방식이 될 것이다. 여러 문학작품을 다루면서 그 작품들을 읽은 독자와 안 읽은 독자가 모두 흥미와 관심을 가질 만한 방식으로 쓰려고 노력했다. 안 읽은 독자들에게 경고하자면, 스포일러가 가득하다. 하지만 선택된 작품 모두 내용뿐 아니라 형식도 주목할 만한 불후의 가치를 지녔으므로, 각 작품이 제시하는 덕의 실천과 이미지들이 그 작품을 새롭게 또는 다시 읽고 싶어지게 만들기를 바란다.

이 책이 다룬 작품들 및 기타 많은 문학작품들이 리처드 백스터의 다음 말을 확증해 주기를 소망한다. "위대한 책들은 세상에 베풀어진 아주 큰 자비이다."[51]

PART. 1

기본 덕목

The History of Tom Jones, a Foundling

By Henry Fielding

1

분별

헨리 필딩, 《톰 존스의 모험》

나 지혜는 명철과 함께 살며,
지식과 분별력도 갖고 있다.

잠언 8 : 12 (쉬운 성경)

규칙이 지배한다. 우리는 분명 규칙을 좋아한다. 엄격한 규칙이 있고, 무언의 규칙이 있다. 모두에게 적용되는 규칙이 있고, 소수에게만 적용되는 규칙이 있다. 융통성 없는 도덕 규칙을 좋아하는 이들이 있고, 정치적 올바름*과 같은 불문율을 좋아하는 이들도 있다. 어느 쪽이든, 규칙을 고수하는 것이 지혜를 발휘하는 것보다 훨씬 쉽다.

> "분별은 추구해야 할 것들과 피해야 할 것들에 대한 지식이다."

물론 법치法治 없이는 사회가 존재할 수 없다. 문명은 공식적이지 않은 일상의 기대들이 뒷받침되어야 문명 상태를 유지할 수 있다. 예수께서는 기독교 신앙의 기반이 되는 율법을 폐지하러 오신 것이 아니라 성취하러 오셨다. 하지만 규칙이나 법이 아무리 많아도 우리가 직면하는 도덕적, 윤리적 선택을 다 다룰 수는 없기 때문에, 규칙이 멈추는 지점에서 덕이 그 역할을 넘겨받는다. 규칙이 넘쳐나는 곳에서는 덕이 안 쓰는 근육처럼 위축된다.

덕은 판단력을 요구하고, 판단력은 분별력을 요구한다. 분별은 실천적 지혜다. 분별은 "모든 상황에서 진정한 선"과 "그것을 달성할 올바른 수단"을 파악하는 습관이다.[1] 다시 말해, 분별은 "응용 도덕"이다.[2] "어떤 행동 노선과 감정이 자신과 타인에게 행복을 가져다 줄 것인지 잘 추론하는 성향"이 습관이 된 사람은 분

---

* political correctness, 말의 표현이나 용어의 사용에서 인종, 민족, 언어, 종교, 성차별 등의 편견이 포함되지 않도록 하자는 주장을 나타낼 때 쓰는 말 – 편집자

별의 덕을 보유한 것이다.[3] 키케로Marcus Tullius Cicero가 이것을 가장 분명하고 간결하게 표현한 것 같다. "분별은 추구해야 할 것들과 피해야 할 것들에 대한 지식이다."[4]

분별은 다른 세 기본 덕목의 어머니로 여겨진다.[5] 절제, 용기, 정의가 도덕적 덕, 즉 행함과 관련된 덕인 반면, 분별은 지적인 덕, 즉 앎과 관련된 덕이다. 분별은 "품성의 핵심에 자리 잡는데, 우리의 도덕적 삶 전체를 형성하고 지도하고 우리를 도덕적으로 탁월한 인간으로 만드는 데 필수적이기 때문이다."[6] 분별은 다른 덕들을 측정하고[7] 무엇이 "행동을 선하게 만드는지" 결정한다.[8] 분별은 "덕들의 운전자", 다른 모든 덕의 토대이자 척도로 묘사되며, 일반 원리를 특수 사례에 적용하되 악은 피하고 선은 이루는 방식으로 적용하도록 돕는다.[9]

덕은 그 자체로 보상인가?

오늘날 우리는 덕에 대해 거의 거론조차 하지 않지만, 18세기 영국에서는 덕이 당대 최대의 문학적 논쟁의 중심에 있었다. 대단한 책들의 지면을 통해 진행된 이 논쟁은 다음의 질문과 씨름했다. 우리는 무엇인가 개인적 이득을 얻기 바라는 마음에서 덕을 실천하는가, 아니면 격언처럼 덕은 그 자체로 보상인가?

논쟁의 출발점은 1740년에 잘 알려지지 않은 인쇄업자의 조수였던 새뮤얼 리처드슨Samuel Richardson이 《파멜라, 혹은 보상받은 미덕Pamela: or Virtue Rewarded》이라는 제목의 허구적 서간집을 출간한 일이었다. 젊은 하녀의 관점에서 기록된 이 편지들은 그녀의 부유한 난봉꾼 주인이 속임수와 완력을 번갈아 구사하며 그녀의 덕(즉 정조)을 빼앗으려 시도할 때 소녀가 겪는 극심한 시련을 시시각각 전달한다. 결국 파멜라는 승리하고 주인과 결혼하기에 이른다. 이것은 당시로서는 믿기 어려운 이야기의 전개였는데, 엄격한 계급 구분이 거의 지켜지던 시절에 사회적 계급이 크게 다른 등장인물들의 결합을 다루었기 때문이다. 오늘날의 독자들에게도 이것은 (거의) 믿을 수 없는 전개이다. 비열한 구혼자와 여자가 사랑에 빠지는 것은 상상하기 어려운 일이 아닌가.

이렇듯 어떤 측면에서는 이 소설이 비현실적으로 보이긴 하지만,《파멜라》는 당대의 독자들에게 사실주의 소설로의 극적인 방향 전환을 제시했고, 몇 세기 동안 유행했던 전형적인 허구적 이야기와 결별하는 계기가 되었다. 리처드슨은 사실주의적 형식(편지)을 사용하고 사실주의적 언어(평민 하녀의 일상어)를 구사함으로써 오래된 서사시와 로맨스보다 훨씬 더 믿을 만한 이야기를 지어냈다. 그러나 이보다 더욱 선구적인 것은 새로운 종류의 사실주의와 덕에 관한 강력한 도덕적 메시지를 결합한 것이었다.

리처드슨의 문학적 성취는 매우 의미심장한 것이었고, 이제 그는 영국 소설의 아버지라고 불린다.《파멜라》는 엄청난 센세이션을 일으켰다. 마을 사람들이 다 모여서 소설을 읽었고, 어느 마을은 파멜라의 결혼 대목을 읽을 때 교회 종까지 울렸다. 설교자들은 설교단에서 이 책을 극찬했다.《파멜라》를 주제로 한 부채, 인쇄물, 그림, 카드, 밀랍 인형 등 관련 용품 산업이 일어났다. **팬픽션**fan fiction이라는 용어가 생기기 오래 전,《파멜라》에 영감을 받은 여러 권의 파생 작품, 후속편, 패러디가 나왔다.

이 패러디 중 최고의 두 권을 헨리 필딩Henry Fielding이 썼다. 필딩은《파멜라》의 도덕철학을 패러디한《샤멜라 Shamela》(1741)를 통해《파멜라》를 가차 없이 풍자했는데,《파멜라》가 세속적 이득을 위한 덕의 조잡한 상품화라고 여겼기 때문이다. 긴 패러디 작품인《조지프 앤드루스 Joseph Andrews》(1742)에서는 성 역할을 재미있게 역전하여 가난하고 덕스러운 젊은 남자가 연상의 부유한 여자에게 쫓겨 다니는 상황을 유쾌하게 묘사했다. 그다음 그는 리처드슨의 작품을 조롱하는 데 그치지 않고 그에 대항할 만한 도덕적 문학적 미학을 갖춘 작품을 썼다.《톰 존스의 모험 The History of Tom Jones, A Foundling》(1749)은 필딩의 걸작이다.

필딩과 리처드슨이 벌인 문학 논쟁은 문학의 진로를 바꿔 놓았다. 그들의 충돌은 문학 형식의 차이뿐 아니라 고전적 덕에서 현대의 개인주의적 도덕으로의 지속적인 문화적 전환을 반영하고 형성했다. 알레스데어 매킨타이어는《덕의 상실》에서 이 논쟁이 드러낸 현대의 문화적 전환에 의해 도덕이 신학에서 분리되었고 현대의 자율성 개념이 신학을 대체했다고 설명한다.[10]《파멜라》는 이전의 품행서conduct book 전통을 활용하여 매킨타이어가 말하는 "행동 규칙rules of conduct"[11]에 의거한 개인 도덕을 권장하는 반면,《톰 존스의 모험》은 당시에도 이미 허물어지고 있던 덕의 신학적 토대 위에 세워져 있다.[12] 두 소설가의 논쟁은 계몽주의 시대의 논쟁을 반영하고, 그것은 결국 현재 우리의 도덕적 담론 상태로 이어진다. 매킨타이어는 현재의 이 상태를 공유된 도덕 원칙의 초월적 토대가 한낱 개인주의적 정서주의emotivism로 대체된 것이라고 설명한다.[13] 이런 철학적 상황 전개와 병행하여 현대 기독교의 관행, 특히 미국 복음주의 관행에서는 사회학자 크리스천 스미스Christian Smith가 말하는 "도덕주의적이고 치료적인 이신론" 이 정통 교리를 거의 대체해 버리는 결과를 가져왔다.[14]

덕 윤리의 학교: 《톰 존스의 모험》

《파멜라》가 모더니즘과 개인의 발흥에 관한 많은 것을 드러내는 반면, 《톰 존스의 모험》은 신고전주의의 교과서적 사례이다(말 그대로 그렇다. 나는 이 책을 교과서로 사용한다). 또 《톰 존스의 모험》은 덕 윤리의 참된 학교이기도 하다. 책을 여는 헌사에서 필딩은 "인류의 존경을 끌어낼 수 있는 덕의 아름다움을 보여 줌"으로써 "종교와 덕의 대의"를 증진하는 것이 이 책의 목적이라고 설명한다. 철학자들이, 덕은 실천을 통해 개발된다—실천에 의해 습관은 성향이 되고, 성향은 본능이 되고, 본능은 본성이 된다—고주장하는 것이 옳다면, 문학은 덕을 대리적으로 실천하는 본을 제공한다. 결국, 필딩이 《톰 존스의 모험》의 헌사 뒷부분에서 설명한 대로, "귀감이 되는 사람은 미덕을 눈으로 확인하게 해 주는 그림과 같고, 플라톤이 주장한 대로 사랑스러움이 무엇인지 적나라하게 알려 주는" 역할을 한다.[15]

필딩이 자기 소설에 부여한 고상한 도덕적 목적이 이야기가 펼쳐지는 내내 여러 방식으로 드러나는데, 그중 가장 두드러지는 방식은 그의 서술 기법이다. 소설 각 권을 시작할 때마다 대단히 참여적인 화자가 줄곧 끼어들어 노골적 논평과 유머러스한 방백을 내놓는다. 한 학자의 설명에 따르면 이 개입적 화자는 영리한 서술 장치 이상의 의미가 있는데, 그 화자가 인류사에 개입하고 활동하는 신의 속성, 다시 말해 하나님의 섭리에 대한 필딩의 신학을 구현한다는 점에서 그렇다.[16]

사실, **분별**prudence이라는 단어는 **섭리**providence라는 단어에서 나왔는데, 섭리의 문자적 의미는 예견 능력이다.[17] 신고전주의자인 필딩이 높이 평가했던 고전고대의 웅변가 키케로는 "동물에게 본능이 있다면 인간에게는 분별이 있고, 인간에게 분별이 있다면 신들에게는 섭리가 있다"라고 말했다.[18] **섭리**는 예견함을 의미하기 때문에 모든 것을 보시고 모든 것을 아시는 능력에 의거한 하나님의 행위를 가리키게 되었다. **분별**이라는 단어는 인간의 영역 안에서 이와 유사한 의미로 발전했다. 즉, 분별은 어떤 행동 노선의 결과에 대한 예견과 그에 따른 선택에 근거해서 이루어지는 행동을 가리킨다. 인간사에서 분별은 온 창조 세계에 미치는 하나님의 주권과 비슷한 역할을 한다. 《톰 존스의 모험》에 나타나는 분별은 하나님의 무한한 전지하심을 유한한 인간의 수준에서 보여 주는 그림이다.[19] 적절하게도, 《톰 존스의 모험》은 능수능란한 작가-화자가 뜻밖의 일들과 여러 다채로운 (때로는 야한) 실들을 함께 엮어서 짠 책이다. 그런 화자의 두드러진 존재감은 저자이신 하나님이 인간 세상에 적극 임재하신다는 믿음에 뿌리내린 세계관을 반영한다.

분별력 획득을 전체 주제로 하는 이 소설의 분량이 서사시에 근접하고, 다양하게 등장하는 주연 캐릭터 및 조연 캐릭터와 함께 주인공이 시골에서 도시로 갔다가 다시 시골로 돌아오는, 고되고 우여곡절이 있고 모험 가득한 여행의 구조를 취한 것은 적합하다. 톰의 이야기는 시골 귀족 올워디(사회적 계급이 귀족인 데다 품성도 고귀하다)가 업둥이(foundling, 버려졌다가 주운 유아를 가리키는 당시의 용어)를 발견하고 아이를 아들처럼 기르기로 결정하는 일에서 시작된다. 사생아들이 친절한 대접을 받지 못했던 시대에 올워디의 자비는 놀라운 것이었다. '톰 존스'라는 이름을 받은 사내아이는 열정이 넘치고 활기차지만 대단히 착한 청년으로 자란다. 하지만 톰이 성장함에 따라, 집안의 다른 구성원들은 올워디가 톰에게 베푸는 관대함을 질투하게 되고 톰이 올워디에게 안 좋은 인상을 줄 만한 기회를 절대 놓치지 않는다. 분별이 없는 톰은 그들의 시도가 성공할 빌미를 잔뜩 제공한다. 결국 톰은 자신의 나쁜 행동과 적대자들의 과장된 고발로 인해 올워디의 호의를 잃게 되고, 은인인 올워디는 분별을 배우라고 훈계한 후, 톰을 '파라다이스홀'이라는—적절한 이름이 붙은—저택에서 내쫓는다.

분별은 지혜의 한 형태이다. 고대인들은 지혜를 두 종류로 구분했는데, 추상적 관념의 세계와 관련된 사변적 **지혜**sophia와 특정한 행위가 이루어지는 구체적 세계와 관련된 실천적 **지혜**prudentia가 그것이다. 톰은 이야기의 여주인공이자 그가 사랑하는 소피아

(지혜)에게 다가가면서, 응용 지혜인 분별에도 다가가야 했고 그 것을 획득해야 했다.

오늘날에는 지혜가 너무나 드물기에 사변적 지혜와 실천적 지혜의 구분이 지나치게 세분화된 것처럼 보인다. 그러나 처음에 들었을 때는 그럴듯하게 들리는데 구체적 상황에서 적용하기 곤란한 조언이나 원리를 다들 들어본 적이 있을 것이다. 이론적으로는 지혜롭게 들리지만 실제 상황에 적용하면 처참한 결과를 낳는 진부한 말들을 쏟아 내는 전문가들과 평론가들이 종종 있다.

다른 남자를 찾아 떠난 아내와 이혼한 후, 선교단체 리더를 돕는 일자리에서 해고된 한 사람이 생각난다. 그 선교단체 리더는 '가정 중심 사역'이라는 가치 기준에 미치지 못한 사람과 가깝게 일함으로써 단체의 평판을 훼손하는 것이 지혜롭지 않다고 생각했다. 하지만 몇 년 후 그 리더의 가정에서 이혼이 남의 일이 아니게 되었을 때, 이혼에 대한 그의 생각은 누그러졌고, 이론적으로는 지혜로워 보였던 자신의 견해가 현실의 시험대를 통과할 수 없음을 깨달았다. 그러나 너무 늦은 깨달음이었다. 그에게 억울하게 해고당한 사람은 쉽게 낫지 않을 상처를 받고 원통함을 품게 되었기 때문이다. 또 다른 사례는 일부 남자 리더들이 채택하는, 혼자서는 여자와 만나지 않는다는 규칙이다. 도덕적이고 지혜로운 규칙으로 보이지만, 무례나 차별 같은 다른 오류를 범하지 않고서 이 규칙을 실천하기는 대체로 불가능하다.

분별은 현장에서 작동하는 지혜이고, 실제 상황에서 선을 행하고 악을 피하는 것을 말한다.

하지만 오늘날 이것을 분별 있는 규칙이라 여기고 제대로 따져 보지도 않은 채 받아들이는 이들이 많다. 분별은 현장에서 작동하는 지혜이고, 실제 상황에서 선을 행하고 악을 피하는 것을 말한다.

한편, 분별은 그 실천적 본질 때문에 너무나 쉽게 왜곡된다. 분별은 목적을 이루는 수단에 관심을 갖기 때문에[20] 실용주의와 쉽게 혼동되고, 목적으로 수단을 정당화함으로써 쉽게 부패한다. 분별에 대한 이런 오판에서 비롯한 반발로 기본 덕목이 **"대가를 바라고 하는 일**quid pro quo"(필딩은 《파멜라》에서 리처드슨이 "보상받은 덕"을 이런 식으로 묘사했다고 보았다)로 저속하게 제시되기도 한다. 연관 단어 **prude**내숭쟁이에 대한 경멸을 생각해 보라. 이 단어에는 긍정적 느낌이 전혀 없다. **prudery**내숭, **prudence**타산성, **prudent**타산적인, 모두 그렇다. 오늘날의 용례에서 이 단어들은 모두 편협하고 영혼이 빈곤하고 가슴 졸이는 낙천가를 암시한다. (나이가 있다 보니, 나는 이 단어들을 들으면 〈새터데이 나이트 라이브〉에서 데이나 카비가 성대모사한 조지 H. W. 부시의 대사가 떠오른다. "수지 타산이 안 맞겠는데요!Wouldn't be prudent!")

《톰 존스의 모험》이 출간되던 그 옛날 1749년에도 사람들은 prudence분별라는 단어를 냉소적으로 바라보았다. 이 단어의 모호한 위상은 필딩이 소설에서 prudence를 진지하게도 쓰고 유머러스하게도 쓰는 데서 드러난다. 이 단어의 이런 이중적 용례는 도덕적 표현이 실용적이고 위장용으로 쓰이기 시작하여 개인적 취향에 따른 결정을 덕의 언어로 은폐하고 도덕적 선택이 자의적이

고 자율적인 근거로 이루어지고 있음을 가리는 변화가 일어나고 있다고 보여 준다.[21]

덕의 힘이 전반적으로 약해지고 있음은 덕의 정의가 좁아져서 《파멜라》에서처럼 덕이 종종 처녀성의 동의어로 쓰이는 데서도 볼 수 있다. 이런 단어의 융합이야말로 필딩이 리처드슨의 도덕적 비전에 반대하는 근거의 상당 부분을 차지했다. (덕을 의미하는 단어 **virtue**의 라틴어 어근이 문자적으로 '남자' 또는 '남자다움'을 뜻한다는 것을 고려하면, 이것은 어원적으로 흥미로운 발전이다.) **덕**이 **처녀성**동정,童貞의 완곡어로 쓰이면, 덕의 개념이 고갈되고 덕의 실천이 줄어들고 그것이 의미하는 동정이 상품화되고 집착의 대상이 되는 것을 피할 수 없다.

이것은 오늘날 일부 기독교 분파에서 유행하는 순결 문화의 문제를 보여 준다. 결혼 전까지 동정을 지키도록 신자들을 격려하기 위한 그 선의의 운동은 불행히도 핵심을 놓치고 있다. 성적 순결을 그 자체의 미덕으로 제시하지 않고, 다른 목적(이를테면 좋은 결혼 상대를 만난다거나 결혼 후에 멋진 성생활로 보상을 받는 것)을 이루기 위한 수단으로 무심코 만들어 버렸기 때문이다. 뿐만 아니라, 덕에 대한 총체적 관념이 없고 특히 정결의 덕(8장의 주제) 관념이 결여되어 있다면, 동정을 지키는 것 자체는 별 의미가 없다. 성적 순결은 전혀 유지하지 않으면서도 동정은 유지하는 창의적인 방법들에서 그 증거를 볼 수 있고, 정부情婦와 온갖 짓을 벌이고도 성관계는 안 했으니 간통이 아니라고 주장한 전직 미국 대통령의 사례도 이것을 반증한다. 성폭행을 당해 동정(정결이 아니라)을 잃는 상황들도 이에 관한 추가적인 증거를 제시한다.

　그러므로 필딩의 견해에 따르면, 리처드슨이 《파멜라》를 통해 전하는 메시지는 덕이 그 자체로 선한 것이 아니라 결혼, 부, 신분 상승, 칭찬(파멜라의 경우, 네 가지 전부) 같은 보상을 받음으로써 그 가치가 증명된다는 것이다. 《파멜라》가 내놓는 그림은 필딩이 생각하는 것보다 더 복잡하지만, 그 책에 대한 필딩의 해석은 도덕이 얼마나 쉽게 도덕주의로 미끄러지고, 율법과 율법주의를 가르는 구분선이 얼마나 미세하며, 축복의 약속이 얼마나 쉽게 물질적 번영의 계약으로 오인되는지 잘 보여 준다.

풍자와 덕

이런 미끄러짐은 풍자의 좋은 먹잇감이다. 《톰 존스의 모험》은 서사적이고 희극적일 뿐 아니라 풍자적이기도 하다. 풍자는 교정을 목적으로 악덕이나 어리석음을 조롱하는 일이다. 풍자가 가혹한 방법이기는 해도 그 목적은 진리를 가리키는 것—먼저 오류를 지적함으로써—이다. 풍자는 조롱하되 도덕적 목적을 가지고 그 일을 한다. 그런데 합의된 예절 또는 규칙이 거의 없는 시대에는 그것이 문제가 된다. 램푼lampoon*이나 패러디, 다른 형태의 소극笑劇

---

* 구절이나 신문의 풍자 형태로 때로는 사람, 기관, 또는 활동에 대한 악의적이거나 부당한 공격을 이르는 말―편집자

과 달리, 풍자는 사회가 공유하는 도덕 기준과 그 기준에 이르고자 하는 공통의 갈망에 의존한다. 그래서 풍자는 두 가지 이유로 까다로워진다. 첫째, 도덕 기준에 대한 합의는 시대마다 다르다. 둘째, 어떤 이들은 다른 사람의 행동을 '교정'하는 것이 누군가가 해야 할 일이라고 믿지 않는다. 이 두 가지 이유로 풍자가 어려운 시대가 되었다. 악덕과 심지어 어리석음조차도 점점 더 '보는 사람 눈에 달린 문제'로 여겨지고 있다.

이런 문제들에 대한 합의가 없으니 풍자는 비열하게 보일 뿐이다. 표면적으로 볼 때, 물론 조롱은 친절해 보이지 않는다. 그러나 더 많은 사악함이나 어리석음이 방지되기를 바라며 사악하거나 어리석은 대상을 조롱하는 것은 그 대상이 즐겁게 제 길을 가다 파멸하도록 방치하는 것보다는 훨씬 친절한 일이다. 더욱이, 풍자의 신랄함에 주목한 어떤 이들은 그것이 비관적이고 염세적인 행위라고 생각한다. 하지만 진실을 말하자면, 풍자가는 세상을 더 낫게 만들려고 힘껏 노력하는 사람이고, 사람들을 아주 사랑하는 것이 분명하다고 나는 생각한다. 영감된 하나님의 말씀에도 반어와 풍자가 가득하다. 욥은 세속적 방식으로 지혜로운 친구들이 자신의 믿음을 비웃자 이렇게 말한다. "참으로 자네들만 사람이로군. 그러니 자네들이 죽으면 지혜도 죽겠군!"(욥 12:2, 우리말성경). 풍자가는 하나님의 방식을 사

> 풍자가는 하나님의 방식을 사랑하고, 하나님은 그분이 사랑하는 이들을 징계하신다. 징계 받는 것보다 나쁜 일은 단 하나, 징계 받지 않는 것뿐이다.

랑하고, 하나님은 그분이 사랑하는 이들을 징계하신다. 징계 받는 것보다 나쁜 일은 단 하나, 징계 받지 않는 것뿐이다.

모든 풍자가 그렇듯, 《톰 존스의 모험》의 독자는 화자의 반어적인 목소리와 참된 목소리를 구분해야 한다. 이 소설은 때로는 분별에 대한 반어적인 그림을 제시하고 때로는 참된 그림을 제시한다. 가짜 분별은 반어법처럼 일종의 오도誤導이며, 이 경우는 지식이 부당한 목적에 쓰이는 것을 보여 준다. 진실한 것과 반어적인 것을 구분하여 참된 덕의 구성 요소를 파악하는 부담은 독자의 몫이다. (필딩은 거침없이 나서는 재미있는 화자를 활용하여 이 부분에서 독자에게 상당한 도움을 준다.) 이런 오도는 최고 수준의 현대적 풍자극 〈사인펠드Seinfeld〉의 선배 격으로 보면 될 듯하다. 〈사인펠드〉는 제리, 조지, 일레인, 크레이머의 얄팍하고 자기중심적이고 보잘것없는 인격을 긍정하지 않고 풍자한다. 유머는 분별과 긴밀히 연결되는데, "도덕만으로는 덕을 이루기에 충분하지 않기" 때문이다. "덕에는 지성과 맑은 정신도 필요하다. 유머는 덕을 떠올리게 하고 분별은 덕을 규정해 준다. 도덕에만 주목하는 것은 무분별한 일이고, 무분별한 것은 부도덕한 일이다."²² 풍자는 우리에게 분별을 제대로 이해하고 적용했는지 시험해 볼 수밖에 없는 기회를 줌으로써 역설적이게도 우리가 분별을 더욱 깊이 이해하게 해 준다.

분별을 찾아서

분별이라는 단어는 《톰 존스의 모험》 곳곳에 수십 번 등장하고, 독자는 각 용례의 어조를 신중하게 파악해야 한다. 화자의 말을 액면 그대로 받아들일 수 있는 경우가 많지 않아서다. 대부분의 경우 이 단어는 여러 형태의 가짜 분별을 교정하기 위해 풍자적으로 쓰인다. 필딩은 "나쁜 사람을 선하게 만들기보다 선한 사람을 지혜롭게 만드는 것이 훨씬 쉽다"고 믿었다.[23] 참된 분별이 무엇으로 이루어지는지 알아내려는 노력은 "선한 사람을 지혜롭게 만들려는" 필딩의 소망을 실현하는 데 도움이 된다.

이야기의 초반부에 나오는 사례는 책 전체로 이어지는 아이러니를 잘 보여 주기에 주의 깊은 독자는 그 앞에 멈춰 서서 지금 이 사례가 진짜 분별인지 아니면 가짜인지 살피게 된다. 소피아의 고모는 조카에게 결혼에 대해 늘어놓으면서 상류사회 여성들에게 있어서 "결혼은 남자들이 공직을 받는 것과 같아서 그들은 재산을 불리고 출세하는 수단으로만 여긴다"라고 말한다.[24] 이것은 분명 덕스러운 분별이 아니라 분별의 과도함이 부른 교활함, 빈틈없음, 자만심의 악덕이다. 그 반대의 악덕인 태만이나 성급함은 분별의 부족으로 만들어진다.[25] 분별은 다른 모든 덕과 마찬가지로 과도함과 부족함 사이의 중용으로 이루어진다.

소설의 가장 희극적인 캐릭터인 가정교사 스웨컴과 스퀘어가 이 악덕들을 구현한다. 스웨컴Thwackum은 (그의

> 지식이 불의하거나 악한 목적에 쓰이게 되면 분별의 덕은 교활함의 악덕으로 바뀐다.

이름{thwack은 '때리다, 치다'라는 의미-옮긴이}이 암시하는 것처럼) 경건한 율법주의자이다. 그는 바라보는 모든 곳에서 결점과 부패를 포착하는데, 놀랄 것도 없이 그 모든 것은 본인의 악덕(교활함)을 다른 모든 사람에게 투사한 결과이다. 반면, 태만한 스퀘어는 결국 톰의 첫사랑의 침실에서 (문자 그대로) 바지를 내린 다소 무분별한 모습으로 발각되는 처지가 된다.

"이성을 사용하여 자신을 다스리고 훈련하는 능력"은 분별력의 일부이다.[26] 자치는 분명히 긍정적인 특성이다. 자치는 자신과 세계 모두에 대한 일종의 지식을 요구하는데, 분별은 본질적으로 바로 그 지식을 드러낸다. 그러나 그 지식이 불의하거나 악한 목적에 쓰이게 되면 분별의 덕은 교활함의 악덕으로 바뀐다. **교활함**cunning이라는 단어의 어원이 **지식**knowledge과 이어져 있다는 것은 우연의 일치가 아니다. 지식의 정당한 사용은 분별력을 구성하지만, 그 지식이 부당한 목표에 쓰일 때는 한낱 교활함의 도구가 된다.

올워디의 조카이자 상속 예정자이며 톰과 정반대의 인물인 블리필은 과도한 분별이라고 할 만한 교활함과 자만심이 구현된 캐릭터이다. 이름처럼 활기 없는 성격에 말을 더듬는 블리필은 원기왕성하고 쾌활하고 너그러

악덕은 의도적인 것일 가능성만큼이나 우연적인 것일 가능성도 높다는 것이다. 이렇듯 덕은 도덕적 내용뿐만 아니라 습득 방식도 악덕과 반대된다. 타락한 상태의 인간들에게 악덕은 자연스러운 것이다. 그러나 덕은 훈련하고 습관으로 익히고 그 안에서 살아야 탁월함에 이를 수 있다.

운 톰과 모든 면에서 대조를 이룬다. 소설이 블리필을 "분별 있다"라고 묘사할 때는 분명히 나쁜 방식, 반어적 방식으로 그렇다는 의미이다. 톰과 블리필이 마음을 얻기 위해 경쟁하는 대상인 소피아는 블리필이 "분별은 있지만" 그의 관심은 "단 한 명의 이익에만" 쏠려 있다고 말한다. 화자에 따르면, "그 한 사람이 누구인지는 우리의 도움 없이도 독자 여러분께서 추측할 수 있을 것이다"[27]라고 귀띔해 주었다. 덕스러운 분별의 특징은 "순수함, 정직함, 솔직함, 단순한 성격"인 반면, 거짓 분별은 뭔가 다른 목적을 위한 전략으로 이런 요소들의 외양에 기댄다.[28] 블리필은 이 부분에서 뛰어나다.

그가 소피아와 결혼하려는 목적 중에는 가산을 늘려 보려는 점도 있지만, 그렇다고 블리필의 교활함을 탐욕의 악덕과 혼동해서는 안 된다. 탐욕은 "자신의 중요성과 지위를 확보하는 데 필요하다고 생각하는 모든 것을 과도하게 추구하는 것"이다.[29] 하지만 블리필은 너무나 냉랭하고 어떤 포부도 없어서 그의 이기적인 목적들—가정교사들의 인정, 올워디의 총애, 소설 속 여주인공인 사랑스러운 소피아의 애정—조차 우연한 것으로 보일 정도이다.

이 사실은 악덕의 흥미로운 특성을 가리킨다. 악덕은 의도적인 것일 가능성만큼이나 우연적인 것일 가능성도 높다는 것이다. 이렇듯 덕은 도덕적 내용뿐만 아니라 습득 방식도 악덕과 반대된다. 타락한 상태의 인간들에게 악덕은 자연스러운 것이다. 그러나 덕은 훈련하고 습관으로 익히고 그 안에서 살아야 탁월함에 이를 수 있다.

톰의 결함이라 할 악덕은, 블리필과 반대로 성급함과 부주의이다. 톰은 자비와 관대함을 넉넉히 갖추고 있지만, 부주의와 성급함 때문에 선의에도 불구하고 그의 덕스러운 특성들이 무가치해진다. 그는 무분별에 이끌려 밀렵과 간음을 저지르고, (어려운 이웃을 돕기 위해서였지만) 올워디에게 받은 선물들을 팔아 버린다. 뿐만 아니라, 왕성한 성욕에 이끌려 극도로 무분별한 정사에 빠진다. 무절제한 정신에 휩쓸려 과음을 하고 기타 난폭한 짓을 저지르기도 한다. 분별이 없다 보니 선의가 부질없어지고 오히려 자신과 타인에게 해를 끼치기도 한다. 분별 있는 사람은 톰과 반대로 "번영하는 삶의 전반적 궤적을 현명하게 판단하고 그것을 달성할 방법도 정확히 판단"한다.[30]

그러나 톰은 여러 악덕을 가졌음에도 분별이 자비 즉 사랑에 의해 형성된다는 것을 보여 주는 인물이다.[31] "분별은 사랑을 방해하는 것과 돕는 것 사이에서 현명하게 선택하는 사랑이다."[32] 톰은 분별을 기르기 위해 자신의 모든 열정을 절제해야 했고, 여기에는 너그러움도 포함되었다. 아우구스티누스Augustinus가 《기독교 교양De Doctrina Christiana》에서 설명한 것처럼 타인에 대한 사랑조차도 정의로운 것이 되려면 적절한 균형을 유지해야 하기 때문이다.[33] 다른 사람들을 잘 사랑하기 위해서는 균형 잡힌 자기 사랑이 필요하다. 올워디는 톰에게 이렇게 설명한다. "분별은 인간이 스스로에게 져야 할 의무란다…. 우리가 분별을 소홀히 하고 스스로의 적이 된다면, 세상이 우리에게 마땅히 행해야 할 의무를 다하지 않는다고 해도 놀랄 게 없단다. 파멸을 부르는 기초

공사를 우리 손으로 해 놓으면, 주위 사람들이 기다렸다는 듯이 그 위에다 건물을 쌓아 올리는 법이니까."[34] 톰의 분별력 결핍은 그가 "자기 자신 외에는 누구도 적으로 삼지 않는다"는 소피아의 관찰을 입증한다.[35]

"현실에 맞게 결정을 내리는 완벽한 능력"[36]인 분별력prudence을 갖추려면 세상에 대한 모종의 지식이 있어야 한다. 고전 예술에서 프루덴티아Prudentia 여신은 종종 거울(자기 지식 또는 양심을 상징), 뱀(지혜에 대한 고대의 상징)과 함께 그려진다. 이 이미지는 분별력을 갖기 위해서는 보편적 원리와 주어진 구체적 상황을 모두 알아야 한다는 인식과 함께 아퀴나스Thomas Aquinas의 말대로 "분별 있는 사람은 멀리서 바라보는 자"라는 생각을 전달한다.[37] 분별의 관심사는 "공동의 구체적 역사 안에서 겪어 낸 삶의 현실과 행동에 앞서는 지혜"이다.[38] 분별은 "각 사람의 도덕적 삶에 고유의 결을 부여하는 구체적 관계와 선善들의 조합 안에서" 발휘되고 "따라서 삶의 구체적 특수성에 딱 맞게 반응한다."[39] 다시 말해, 지혜를 적용하려면 진리를 파악한 다음 그것에 근거하여 바르게 행동할 수 있는 능력이 필요하다. 그래서 존 밀턴은 이 책의 도입에서 살펴본 대로 덕과 단순한 순수함을 구분한다. 요제프 피퍼Josef Pieper는 분별과 현실의 관련성을 이렇게 설명한다. "거짓되고 비뚤어진 방식들로 올바른 목표에 이르기도 한다. 하지만 분별이라는 덕이 갖는 주된 의미는 인간 행위의 목적뿐 아니라 그것을 실현하는 수단도 실재의 진리와 일치해야 한다는 것이다. 이것은 결국 사람의 자기중심적 '이해관계'를 따지지 말아야 한다는 것을 말해 준다. 그래야 실재의 진리를 인식할 수 있고, 실재 자체에 이끌려 목표 실현을 위한 적절한 수단을 찾을 수 있을 것이다."[40]

> 이상적인 것만이 의미가 있다면 선은 결코 실현되지 못할 것이다. 완벽주의는 분별을 망친다.

톰의 분별력 함양은 그가 태어난 시골을 떠나 길을 다니며 도시 생활을 경험하고 그 과정에서 복잡한 상황들과 기만적인 사람들을 만나면서 세상에 대한 지식이 자라는 것과 병행하여 이루어진다. 그가 자초하는 곤경들은 분별이라는 지적인 덕이 이성적 능력을 토대로 한다는 것을 보여 준다. 이성적 능력은 먼저 경쟁 관계에 있는 좋은 것들(톰에게 이것들은 여자인 경우가 많다)을 구별하고, 가능한 행동들의 결과를 예견하고, 그에 따라 최선의 행동 노선을 택하는 능력이다. 독자는 톰의 이야기를 읽으면서 그와 함께 세상에 관해 배우게 된다. 분별은 "현실에 대한 지식을 선의 실현으로 바꾼다."[41] 그러나 현실 세계에서 선한 것은 실제적인 것을 의미한다. 그것이 이상에 미치지 못한다 해도 말이다.[42] 옛말에도 있듯, 선의 적수는 최선이다. 이상적인 것만이 의미가 있다면 선은 결코 실현되지 못할 것이다. 완벽주의는 분별을 망친다.

톰이 분별을 배우는 한 가지 방식은, 실생활에서 우리가 그렇듯, 분별이 부족한 다른 사람들을 지켜보는 것이다. 현실을 바라봄으로써 그는 "사람들이 어리석음을 자초한다는 것과 그 주된 원인은 신성한 관심사에 반대되는 … 부차적인 선 또는 악에 고의적으로 관심을 기울이는 것"임을 배운다.[43] 톰의 친구 나이팅게일이 연인을 임신시키고는 그녀가 평판을 잃었다는 이유로 (자기 때문에 그렇게 된 것은 생각도 하지 않고!) 그녀와 결혼하기를 거부하자, 톰은 나이팅게일에게 올바로 행동하기를 촉구하며 이렇게 훈계한다. "결혼을 약속한 순간 그녀는 자네 아내가 된 거야. 그녀에게 잘못이 있다면 덕(정조)을 지키지 못한 것이 아니라 분별이 없었던 것이지."[44] 이것은 톰이 정말 고생스럽게 얻은 조언이다. 톰은 이야기의 앞부분에서 비슷한 곤경에 처한다. 자신이 한 여인을 임신시켰다고 믿은 그는 겸손하게 책임을 인정하고 그녀를 공정하게 대하려 한다(운명처럼 뜻밖의 다른 비밀이 드러나 사정이 달라지기는 하지만). 분별은 사실 관대함의 개방적 특성과 관련이 있다. 관대함과 달리, "음흉함, 속임수, 계교 그리고 사욕은 마음이 옹졸하고 영혼이 작은 사람의 피난처다."[45] 처음에 톰은 지나칠 정도로 훤히 펼쳐진 책과 같았다.

책은 펼쳐 놓더라도 표지는 수선이 필요하다. 톰은 타고난 내면의 선함이 외면적 관습과 도덕에도 반영되어야 함을 배워야 한다. 겉모습과 평판은 불필요한 장식이 아니라 외적 행동과 도덕을 내면의 상태와 일치시키는 신중함이다. 이야기 속의 유용한 화자가 말하는 것처럼 말이다.

아무리 선량한 사람이라도 분별과 신중함은 반드시 필요하다. 이 두 덕목은 이른바 선의 호위병이다. 이들이 없다면 선은 결코 안전하지 못하다. 의도나 행동이 본질적으로 선하다는 사실만으로는 충분하지 않다. 그것들이 선으로 보이도록 세심한 주의를 기울여야 한다. 내면이 아무리 훌륭하다 해도 외면 또한 아름답게 가꾸어야 한다. 외면에 신경을 쓰지 않으면 악의와 질투가 어떻게든 그 외면을 헐뜯을 것이다. 올워디 씨처럼 지혜롭고 선량한 신사도 그 외면을 꿰뚫고 내면의 아름다움을 식별해 내지 못한다. 젊은 독자들이여, 어떠한 선인이라도 분별이라는 원칙을 무시할 수 없으며, 아무리 선으로 똘똘 뭉쳐 있어도 품위와 예절이라는 장식으로 겉모습을 꾸미지 않으면 결코 아름다워 보이지 않는다는 말을 부디 가슴에 깊이 새겨두기 바란다.[46]

성장소설

《톰 존스의 모험》은 전통적 빌둥스로만Bildungsroman 즉 성장소설이다. 따라서 소피아에 대한 톰의 사랑이 자랄수록 그의 분별력도 성장한다. "분별의 덕은 자아를 얼마든지 무시할 수 있는 지속적 의지에 의존하기"[47]때문에, 톰이 자기 이익보다 소피아의 이익을 앞세울수록 분별력은 더욱 자란다(가령, 적극적으로 구애하는 부유하고 속된 여인들을 거부함으로써). 톰은 지혜의 모든 구성 요소인 조언을 구함, 숙고, 판단, 결심, 행동을 두루 추구함으로써 결국 지혜를 적용하게 된다.[48]

이 소설은 심성이 고운 영혼이 덕을 기르면 큰 선을 행할 수 있다는 필딩의 믿음을 생생하게 그려 낸다. 인간 본성에 관한 질문—그것은 본질적으로 선한가, 부패했는가—은 필딩과 리처드슨이 벌인 큰 논쟁, 그리고 당대 사람들 사이에서 오간 논쟁 속에 존재한 큰 흐름이었다. 필딩의 보다 진보적인 신학은 《톰 존스의 모험》에서 톰의 본질적으로 선한 본성을 강조하는 데서 드러나고, 그의 선한 본성은 도덕적 실패를 이겨 낸다. 필딩의 고교회파* 성공회적 입장과 달리, 인간 본성에 대한 리처드슨의 신학적 견해는 존 웨슬리John Wesley와 조지 휫필드George Whitefield가 이끈 감리교의 영향을 받았고, 인간 부패의 교리를 반영한다. 인간 본성이 본질적으로 선한가, 악한가는 영국 철학자들 사이에서 무시하기 힘든 문제였고, 놀랄 것도 없이 당대의 가장 영향력 있는 문학에도 모습을 드러냈다. 이 철학적이고 본질적으로 신학적인 논쟁은 이 소설들의 형성(이를테면 양측의 문체와 전반적 메시지의 차이)뿐 아니라 새롭게 등장하던 소설이라는 장르 일반의 발전에도 중요한 역할을 했다. 이런 내재하는 질문들 때문에 소설은 여러 면에서 현대의 조건을 가장 잘 대표하는 장르가 되었다.

인간 본성의 본질적 선함이나 부패성을 둘러싼 논쟁은 오늘날까지 이어졌고, 신학과 정치에서 보수와 진보를 가르는 근본적 차이로 자주 거론된다. 하지만 인간 본성이 본질적으로 선한가, 악한가 하는 것보다 훨씬 더 의미심장한 질문이 등장했는데, 그것은 본질적인 인간 본성이라는 것이 과연 존재하는가이다. 그런 것이 존재하지 않는다면 인간이라는 존재와 탁월성이 지향해

---

* 영국 성공회 3대 교파(고교회파, 저교회파, 광교회파) 가운데 하나로서, 가톨릭의 전승을 강조하고 교회의 권위와 예배의식을 중시하는 교파ー편집자

야 할 **텔로스** 즉 참된 목표는 있을 수 없다. 그리고 인간 존재에 어떤 목적도 없다면, 도덕이나 덕의 통합된 초월적인 토대도 사라지게 된다. 매킨타이어는 이렇게 해서 현대 인류가 "덕 이후"의 시대에 놓이게 되었다고 주장한다.[49]

그러나 톰이 사는 세상은 덕의 토대가 무너지기 시작했으나 여전히 건재한 곳이다. 이 이야기는 톰의 행복한 결말로 마무리되는데(결국 희극이니까), 그것은 그가 자기 행실의 오류를 인식하고 고백했기에 가능한 일이었다. 톰의 변화를 본 올워디 지주는 기뻐하며 그에게 말한다. "이제 너도 알 게다, 톰. 분별없음만으로도 선량한 사람이 얼마나 큰 위험에 빠지게 되는지를 말이다. 네가 덕을 대단히 사랑한다는 사실을 이제 의심하지 않는단다."[50] 전지적 화자가 알려 주는 것처럼, 톰은 "지난날의 어리석은 행동들을 반성함으로써, 그처럼 쾌활한 기질을 지닌 사람에게는 보기 드문 신중함과 분별력을 갖추게 되었다."[51] 이렇게 해서 이 소설은 참으로 분별의 덕이 "탁월한 인간의 삶을 지향하는 올바른 이성"[52]이며 인간의 활기찬 부분들을 보존한다는 훌륭한 목표에 필수적인 동시에 흔치 않은 덕임을 보여 준다.

THE GREAT GATSBY

By F. Scott Fitzgerald

2

절제

F. 스콧 피츠제럴드, 《위대한 개츠비》

그러므로 여러분은 열성을 다하여
여러분의 믿음에 덕을 더하고,
덕에 지식을 더하고, 지식에 절제를 더하고,
절제에 인내를 더하고, 인내에 경건을 더하고,

베드로후서 1 : 5 – 6 (새번역)

몇 년 전, 나는 두 친구와 함께 체중 감량 프로그램에 참여했다. 그들과 함께 시간을 보내면서 그들의 노력을 지지하고 싶은 마음이 컸다. 또한 나도 몇 파운드 정도 빠지는 유익이 있을 거라고 생각했다. 체중 감량 프로그램이 허용하는 빠듯한 하루 음식 수치 할당량을 넘지 않으려고 좋아하는 세 가지를 포기했다. 중국식 뷔페, 아이스크림, 커피에 넣는 크림. 처음에는 힘들었다. 나는 배고픈 상태에 익숙하지 않았고―한 번도― 그런 상태로 지내려니 짜증이 늘었다. 그래서 허기를 면하기 위해 건강식품을 보충했다. (다행히, 나는 먹을 것이라면 다 좋아한다. 몸에 좋은 음식도 예외는 아니다.)

그렇게 습관을 바꾸기 위한 두어 달이 지났을 때 이상한 일이 벌어졌다. 어느 날 저녁, 평소처럼 허기가 찾아왔다. 바로, 뭔가를 간절히 먹고 싶어졌는데, 그건 포도였다. 포도라니! 볶음면도 아니고 곰 젤리도 아니고 아이스크림도 아니고 **포도**였다. 나는 몸에 좋은 음식을 다른 무엇보다 실제로 **원하고** 있었던 것이다. 기적처럼 느껴졌다. 그러나 기적이 아니었다. 나는 습관을 바꿈으로써 적어도 이 한 영역에서는 절제의 덕을 길렀던 것이다.

절제는 여러 덕목 중에서도 특별하다. 압박 속에서 드러나는 다른 덕들과 달리, 절제는 "예외적 상황에서가 아니라 통상적으로 실천하는 평범하고 작은 덕"이다. 그것은 "모든 때를 위한 덕이지만 호시절에 더욱 필요하다."[1] 절제는 행동이 아니라 욕망에 초점을 맞춘다는 점에서도 다른 덕과 다르다. 절제는 즐거운 것을 원하는 우리가 "즐거움을 제대로 원하고 잘 누리는 쪽으로 기울게 해 주는 덕"이다.[2] 또한 우리가 쾌락을 합당한 방식으로 원하게 도와준다.[3] 절제는 쾌락을 너무 많이 원하지도 너무 적게 원하지도 않게 해 주는 덕이요, 방종과 무감각이라는 악덕의 중용에 해당한다.[4]

아리스토텔레스는 이 덕이 우리가 동물들과 공유하는 육체적 욕구와 관련이 있다고 본다. 먹을 것과 마실 것에 대한 욕구 및 성욕 말이다.[5] 인간과 동물 모두에게 이 욕구들은 생명의 존속에 필요(개인적으로도, 인류라는 종種으로서도)할 뿐 아니라 즐거움의 원천이기도 하다. 가톨릭교회는 아리스토텔레스의 생각을 따라 절제는 "의지가 본능을 지배하게 하고 욕구가 명예로운 것의 범위 안에 머물게 해 준다"고 가르치면서도, 절제의 역할을 "창조된 선들의 사용"을 주관하는 것으로 확장한다.[6]

절제는 유혹에 저항하는 것만이 아니다. 절제는 단순한 억제 이상의 것이다. 아퀴나스는 비용 때문에 사치를 삼가는 구두쇠의 예를 든다. 그는 절제하는 사람이 아니다.[7] 절제하는 사람은 사치를 아예 원하지 않을 것이기 때문이다. 사람이 가진 여러 욕구가 제대로 빚어져 적절한 순서와 비율로 균형을 이루게 되었을 때 절제의 덕을 갖추게 된다.

우리는 하나님이 얼마나 놀라운 방식으로 절제의 한 형태인 균형을 자연 질서의 일부로 만들어 넣으셨는지 관찰함으로써 그분

> 사람이 가진 여러 욕구가
> 제대로 빚어져
> 적절한 순서와 비율로
> 균형을 이루게 되었을 때
> 절제의 덕을 갖추게 된다.

의 경륜, 그분의 본성, 그리고 인간 번영에 이르는 길에 관해 많은 것을 배울 수 있다. 밤이 낮을 진정시킨다. 물이 뭍을 완화시킨다. 사계절은 생의 각 단계인 출생, 풍요, 쇠퇴, 죽음에서 서로를 상쇄하는 두 쌍의 짝을 구성한다. 하나님의 형상을 가진 존재를 남자와 여자로 창조하신 것(인간을, 박테리아와 달리 홀로 생식이 가능하게 만들지 않으셨다)은 우리가 어떻게 살아야 하는지에 관한 중요한 사실을 드러낸다. 하지만 인간사에서는 균형이 부자연스러워 보일 때가 많고, 우리는 개인으로나 사회 속의 집단으로서 한쪽 극단에서 다른 극단으로 내달리곤 한다. 고대인들은 절제가 인간의 탁월성에 얼마나 중요한 기초가 되는지 이해하는 지혜를 보여 주었다.

절제라는 덕은 우리가 동물적 본성을 넘어서게 도와주어 우리 안에 있는 하나님의 형상이 더욱 환히 빛나게 해 준다. 동물과 달리 인간은 이해력으로 즐거움을 진정시킨다. 선을 향한 욕망을 기르기 위해서는 이해력이 필요하다. 인간은 이성적이고 영적인 피조물이기에 즐거운 활동에 육체적으로만 접근하지는 않는다. 절제하는 사람은 "육체적 즐거움과 그보다 더 큰 인간의 선과의 연관성을 이해하고 그런 이해는 욕망과 즐거움을 실제로 진정시킨다."[8] 절제가 해방을 안겨 주는 것은 절제 "덕분에 우리가 즐거움의 노예가 되지 않고 즐거움의 주인이 될 수 있기" 때문이다.[9]

그러나 이해력만으로는 절제의 덕을 얻는 데 충분하지 않다. 바울은 욕망을 제어하는 이해력의 한계를 인정하여 이렇게 썼다. "내가 행하는 것을 내가 알지 못하노니 곧 내가 원하는 것은 행하지 아니하고 도리어 미워하는 것을 행함이라"(롬 7:15).

무절제의 역사

즐거움의 과도함과 부족함 사이에서 균형을 잡는 일의 어려움은 현재뿐 아니라 인류 역사의 도처에서 여러 방식으로 분명히 드러난다. 육체적 쾌락과 관련된 과도함과 부족함의 극단을 잘 보여 주는 고대 사상의 두 학파인 스토아학파와 에피쿠로스학파는 좋은 삶으로 가는 길로 각각 억제와 방종을 옹호했다. 오늘날 우리는 그들의 극단적 주장을 엄밀한 철학적 방식으로 받아들이지는 않겠지만, 이런 접근 방식의 영향력은 도처에 있다. 우리가 동물적 욕구를 채움에 있어서 과도함과 부족함 사이를 이렇게 오가는 모습은 오늘날 미국 문화에서 끝을 모르는 방식으로 나타난다. 무제한 뷔페와 디톡스 다이어트, 포르노그래피와 순결 문화, 패스트푸드와 슬로푸드, 성 혁명과 성관계의 죽음,[10] 호화 주택과 협소 주택, 번영 복음과 자기 부인self-denial의 복음. 미국 역사를 좀 더 멀리 되돌아볼 때도 진자의 요란한 움직임이 드러난다. 오늘날 만연해 있는 과도함은 진자가 미국이라는 나라 초기의 청교도적 뿌리에서 반대쪽으로 이동한 상태로 볼 수 있다. 미국 문화를 언제나 규정했던 이런 지속적 긴장이 본질적으로 더없이 미국적인 소설 《위대한 개츠비The Great Gatsby》(1925)의 중심에 놓여 있다.

　개츠비의 삶을 규정하는 특징은 과도함이다. 제목에 있는 '**위대한**'이라는 단어까지 이 사실을 확고히 한다(물론 반어적 의미임이 드러나지만). 우리는 일인칭 화자 닉 캐러웨이의 눈으로 개츠비의 위대함을 바라본다. 아등바등 살아가는 평범한 회사원 닉은 개츠비의 호화로운 대저택 옆의 소박한 작은 집에 세 들어 살고 있는, 모든 면에서 개츠비와 대비되는 인물이다. 닉이 제이 개츠비에 관해 서서히 밝혀내는 진실은 한 사람의 초라한 출신뿐 아니라(알고 보니 그의 실명은 제임스 개츠다) 그런 자신의 출발점을 극복하고 자신의 과거와 정체성을 억누르려는 과도한 노력이다.

그러나 자연nature은—인간 본성human nature을 포함해서—풍선과 같다. 한쪽 끝을 누르면 그 안의 공기가 다른 쪽 끝으로 옮겨간다. 너무 세게 누르면 풍선은 터진다. 극단적인 것은 결국 터지기 마련이다. 절제의 덕은 어느 쪽으로도 터지지 않게 막아 준다.

《위대한 개츠비》는 억제의 충동이 특징이던 금주법 시행 시대를 배경으로 한다. 적절한 선택이다. 이 이야기의 역사적 배경 자체가 한 방향으로의 과도함이 어떻게 다른 방향으로의 똑같은 과도함으로 이어질 수 있는지 보여 주는 전형적 사례이다.

금주법Prohibition은 절주 운동Temperance이라 불린 온건한moderate 운동에서 나왔다. 미국절주협회는 1826년 과도한 알코올 소비의 억제(또는 완화)를 요구하며 설립되었지만, 결국에는 절대 금주teetotalism를 주장하게 되었다. 절대 금주를 추진하는 흐름은 또 다른 과도함에 대한 반작용으로 생겨난 것이다. 그것은 산업혁명과 함께 커져 가는 주취酒醉(이것은 종종 가정폭력과 가정을 소홀히 하는 결과로 이어졌다) 문제였다. 이전 시대에는 아침 식사부터 밤까지 별 문제없이 순한 포도주, 벌꿀주, 맥주를 마시는 일이

흔했고, 이런 모습은 일부 청교도들 사이에서도 볼 수 있었다. 하지만 오랫동안 건전하고 비교적 무해했던 이런 사회적 미각적 관습은 많은 이들에게 중독적이고 위험한 습관이 되었는데, 현대 알코올 생산 기술의 발달로 주류의 도수가 높아진 탓이었다.[11] 여기에 더해, 산업혁명으로 노동 시스템이 점점 더 혹독해지고 비인간화됨에 따라 더 많은 노동자들이 알코올에서 더 많은 위안을 찾게 되면서 하나의 유행병이 시작되었다. 19세기 초 수십 년간 알코올 소비가 어찌나 만연했는지 미국인은 일 년에 평균 26.5리터의 순수 알코올을 소비했다(2014년에는 일 인당 평균 8.8리터를 소비했다).[12] 이 문제에 대처하기 위한 노력은 1920년 미국 수정 헌법 제18조의 통과로 절정에 달했고, 그로 인해 주류의 생산, 유통, 판매가 불법이 되었다. 이 법은 너무나 과도해서 악덕만 낳을 뿐이었다. 금주법은 불운하지만 오래가지 못한 사회적 실험이었고, 사실상 덕을 대체하는 결과를 낳았다. 1933년 미국 수정 헌법 제21조는 금주법을 폐지했다.

타락한 아메리칸드림

이상이 《위대한 개츠비》의 배경이다. 금주법이 제정되고 아직 폐기되기 전이던 1925년에 집필된 이 소설은 1922년을 배경으로 중용이 양극단의 과도함으로 대체된 사회를 보여 준다. 많은 이들이 미국이라는 사회적 실험의 토대로 여기는 자치가 줄어들면서 그와 연결된 절제의 덕도 약화되었다. 《위대한 개츠비》는 금주법이 시행되던 기간에 미국인의 삶에 나타난 무모할 정도의 과도함을 오싹하고 예언적으로 추궁한다. 그 과도함은 몇 년 후에 나타나는 경제적 붕괴에 일조했고 대공황의 발발과 아메리칸드림의 추락을 가져왔다.

물론 아메리칸드림은 다양한 형태로 나타나고, 완전히 사라지지 않았다. 그러나 그 고귀한 이상의 일부는 개츠비의 이상처럼 타락했다. 개츠비의 삶은 본질적으로 거짓이다. 왜곡된 꿈에 봉사하느라 지어낸 거짓이다. 이 잘못된 꿈은 개츠비의 목숨을 앗아 갔을 뿐 아니라, 생전에도 그가 진실하게 살아가지 못하도록 막았다. "무절제는 젊은 시절부터 그를 사로잡아" 마음과 정신이 "끊임없이 폭풍처럼 들끓게" 만들었다. 그러나 그의 영혼을 가득 채운 나쁜 꿈과 욕망은 "요정의 한쪽 날개 위에 안전하게 놓여 있을" 뿐이다.[13]

그의 성욕 역시 젊은 날부터 무절제했다. "여자를 일찍 알았지만, 여자들이 그를 다 받아 주어 망쳐 놓았기 때문에 그는 여자를 경멸하게 되었다.

무절제한 삶은
그 중용조차도 무절제하다.

젊은 여자들은 무식하다고 경멸했고, 다른 여자들은 지독한 자기도취에 빠져 있던 그가 당연하게 여기는 일들에 신경질적으로 반응했기 때문에 경멸했다."[14] 하지만 개츠비는 정사에 있어서는 자신이 "신중하다"고 생각한다. 친구의 아내에게는 눈길도 주지 않기 때문이다.[15] 무절제에 이끌린 그는 여자를 남자의 소유물이나 마음대로 골라잡을 수 있는 물건처럼 여기게 된다.

무절제한 삶은 그 중용조차도 무절제하다. 아메리칸드림을 대표하는 인물인 젊은 개츠비는 자신에게 찾아올 희미한 "미래의 영광"을 상상한다. 대학 잡역부로 열심히 일해서 성공을 꾀하기에는 참을성과 겸손이 없던 그는 부유한 백만장자의 환심을 사서 그의 상속자가 되는 쪽을 선택한다.

개츠비는 부자가 되어 자신을 재창조한 후, "세상에서 처음 만난 '멋진' 여자였던" 데이지를 다시 만나는데, 그녀는 처음부터 개츠비의 욕망에 기름을 부은 장본인이다.[16] 개츠비는 그녀와 첫 키스를 하면서 그것으로 자신이 지닌 불멸의 꿈이 그녀라는 필멸의 존재와 "영원히 결합되고", 그 결과 "그의 마음이 다시는 신의 마음처럼 질주하지 않게 될 거라고" 선언한다.[17]

과시적 소비

하지만 데이지를 향한 개츠비의 정욕은 성적인 것만이 아니다. 상류층 남부 아가씨인 데이지가 속한 세계는 개츠비가 들어가고 싶어 하는 곳이지만, 그는 결코 그곳 출신이 될 수 없다. 개츠비의 세계관은 소비 자본주의라는 새로운 문화의 산물이다. 소비 자본주의에서는 "부나 정치권력이나 경제력이 아니라" 욕망이 민주화되었다. 이 시기에 발흥한 소비 지상주의의 여파로 욕망이 "노력에 박차"를 가하여 "사람들을 몰아붙여 미래의 쾌락을 위해 경쟁하고 자신을 절제하고 현재의 안락을 거부하게 만들었다."[18] 그래서 개츠비는 부와 권력을 지닌 유서 깊은 집안 출신의 남자에게 데이지를 빼앗겼을 때, 그녀를 되찾을 희망을 품고 그보다 더 많은 부를 축적하는 데 인생을 바친다. 그로부터 5년 후, 그는 터무니없다고 말할 수밖에 없을 정도로 이 목표에 성공한다.

그의 엄청난 대저택의 "목적 없는 호화로움"[19]은 음악실, 살롱, 당구실, 드레스룸, 고풍스러운 침실, 우묵한 욕조가 있는 욕실들을 자랑한다.[20] 주말 파티 준비는 여덟 명의 하인들과 한 명의 정원사가 동원되어 한 주의 노동이 시작되는 매 월요일에 개시된다. 금요일마다 도시에서 몇 상자의 과일이 배달되고, 월요일이 되면 "반쪽으로 쪼개져 즙이 다 빠진 껍질들이 피라미드처럼" 쌓인다. 연회업자들이 뷔페 테이블에 전채 요리, 고기, 샐러드, 페이스트리를 잔뜩 차려 놓는다. 오케스트라의 연주가 흘러나오는 가운데 손님들이 타고 온 차량은 찻길에 다섯 겹으로 주차된다. 최신 유행으로 꾸민 사람들이 방을 채우고 "잡담과 웃음소리, 무심코 던지는 농담, 듣자마자 잊어버리는 소개말이 오가고, 서로 이름조차 몰랐던 여자들끼리 어울리면서 분위기는 점점 활기를 띠어 갔다."[21]

개츠비의 과도한 물질주의는 수십 년째 이어지는 미국 역사의 절정을 반영한다. 남북전쟁1861-1865이 끝난 뒤부터 20세기 초까지 자본가들이 벌인 모험적 사업들로 미국에 새로운 분위기가 탄생했다. 이 "소비 자본주의"는 "과거와 전통을 극렬히 적대시하는 문화, 좋은 삶을 재산과 혼동한 미래 지향적 욕망의 문화 … 공화주의와 기독교적 미덕이라는 이전 전통의 흐름에 대체로 역행하는 문화"를 만들어 냈다.[22] 전통, 공동체, 종교에 근거한 가치관에 토대를 둔 옛 문화가 "행복을 이루는 수단으로 획득과 소비"를 부추기는 새로운 문화로 대체되었다.[23] 《위대한 개츠비》의 시대보다 몇 년 앞서 '과시적 소비'라는 용어가 만들어졌는데, 이 용어는 이 새로운 문화의 가치관을 묘사하기 위해 경제 이론 분야에서 제시된 것이다. 산업혁명이 제공한 기회를 통해 부자가 된 사람들은 물질적 부를 획득하고 그 부를 새로운 경제력의 상징으로 뽐냈다. 지난 세기의 마케팅 선구자 존 워너메이커John Wanamaker의 말대로 미국은 "욕망의 땅"이 되었다.[24]

오늘날에는 과시적 소비가 미국 문화 전역으로 더욱 퍼졌다. 최근 4년간의 연구는 중산계층의 삶이 비축된 물자, 잡동사니, 장난감으로 "주체할 수 없을 정도"라는 것을 밝혔다. 차고 네 개 중 셋은 물건으로 가득 차서 차가 들어갈 수 없다. 미국에는 세계 어린이의 3.1퍼센트가 살지만, 세계 장난감의 40퍼센트가 있다.[25] 소비 지상주의는 물질적인 것들이 우리를 행복하게 해 줄 거라는 생각을 전파한다. 이런 과도함에 대응하여 미니멀리즘 산업은 물건에 빠져 허덕이는 이들을 구해 주겠다고 약속한다. 하지만 이렇게 남아도는 물건의 부정적인 면은 물질적이거나 재정적인 것에 그치지 않는다. "경제적 풍요는 상상력에 물질만능주의의 한계를 부과하는 듯 보이고 사람들은 오락, 유흥, 육체적 쾌락에 몰두한다. 그 결과로 자유는 하찮은 것이 된다…. 모두가 거의 비슷한 방식으로 살고, 다른 방식을 떠올리는 것조차 어려워진다."[26]

무절제한 소비와 축적은 내가 싸워야 하는 문제이기도 하다. 나의 외할머니와 외할아버지는 대공황 시기를 겪으셨고 평생 가

소비 지상주의가 낳은 문화에서 자란 우리 많은 이들에게 절제는 얻기 어려운 덕이다.

난하게 살아오셨기에 물건을 절대 버리지 않으셨다. 쓸모없는 물건이라도 잠재적 가치가 있으면 가지고 있을 충분한 이유가 되었다. 나의 어머니는 안락한 중산층으로 올라섰지만, 이런 가정교육이 몸에 배어 있어서 싸게 나온 물건을 찾아서 구입했다. 나 역시 어릴 때부터 이런 본을 따랐고 그 습관은 계속 이어지다 못해 필요하거나 유용한 정도를 훌쩍 넘어섰다. 좋은 가격으로 구매할 기회가 생겼을 때 이를 활용하지 않는 것은 필요한 물건이든 아니든 손해라는 비이성적 생각을 요 몇 해 사이에 와서야 서서히 떨치기 시작했다. 필요한 정도보다 훨씬 많은 물건을 소유하는 것이 큰 부담이 되었기 때문이다. 하지만 행동을 바꾸는 것은 사고방식을 바꾸기보다 훨씬 어려웠다. (그래도 집에 화장지가 떨어질 일은 없을 테니 좋긴 하다.) 소비 지상주의가 낳은 문화에서 자란 우리 많은 이들에게 절제는 얻기 어려운 덕이다.

소비는 참으로 우리를 소모시킨다.

《위대한 개츠비》는 과도함 때문에 통제 불능 상태에 빠진 삶을 과장된 그림으로 제시한다. 절제가 "자기를 비운 자기 보존"이라면, 개츠비는 무절제의 전형이다. "자기 보존을 추구하는 힘이 자기 본위로 타락하여 찾아온 자기 파멸"[27]인 것이다. 닉은 이 무절제한 세상의 치명적 본질을 인식하고, 그 세상에는 "쫓기는 자와 쫓는 자, 바쁜 자와 지친 자가 있을 뿐"이라고 말한다.[28] 소비는 참으로 우리를 소모시킨다.

소설 앞부분의 한 장면에서 과소비가 지닌 숨 막히는 무게가 드러난다. 데이지의 남편 톰 뷰캐넌이 빌린 뉴욕시의 아파트에서 소규모의 술 파티가 벌어진다. 뷰캐넌은 그곳에서 유부녀 머틀 윌슨을 정기적으로 만난다. 아파트는 사람들과 물건들로 가득했다. "태피스트리로 장식된 가구 한 벌이 문간까지 꽉 들어차 있었는데, 방에 비해 가구들이 너무 커서 거실을 이리저리 돌아다니다 보면 계속 뭔가에 발이 걸렸다." 이 대목에는 "큰", "가득 찬"처럼 과포화 상태를 암시하는 단어들이 가득하다. "확대한 바위 위에 앉아 있는 암탉"을 "지나치게 확대한 사진"까지 있다. 어느 날, 톰은 닉을 그리로 데려가고, 닉은 그의 인생에서 두 번째로 과하게 술을 마신다.[29] 그 아파트는 개츠비가 사는 더 큰 세계, 즉 물질주의, 간음, 술 취함, 조직범죄, 가정 폭력 등의 악덕이 가득한 세계의 소우주다.

절제와 시간

하지만 절제는 단순히 악덕을 행하지 않는 것 이상이다. 억제는 절제의 한 측면이다. 그러나 절제에는 단순한 부정 이상의 것이 있다. 절제에는 균형이 내재한다. 이런 의미를 잘 보여 주는 고대영어 (5세기부터 1150년까지 쓰인 영어—옮긴이) 단어 **temprian**은 '어떤 것을 다른 것과 섞어 필요한 조건에 이르게 하다'라는 뜻이다.[30] 그래서 금속을 경화硬化하는 과정을 '담금질tempering'이라 부른다. 다양한 요소를 섞어서 얻은 균등함이나 균형은 많은 영역에서 볼 수 있다. 사랑으로 말하는 진리, 해와 비를 모두 받아서 잘 자라는 식물, 한 남자와 한 여자의 결혼으로 형성되는 한 몸 관계, 짭짤한 스낵을 먹은 다음 달콤한 음료를 마실 때 찾아오는 독특한 만족감.

Temprian의 어원인 라틴어 temperare는 '적절한 척도를 지킴, 온건함, 자제함' 또는 '올바로 섞음, 적절한 비율로 섞음, 규제함, 통치함, 다스림, 관리함'의 뜻을 가지고 있다. 이 단어 또한 다른 어근 tempus에서 나왔을 가능성이 있는데, 그 단어에서 시간, 계절과 관계된 단어인 temporal이 나온다.[31] (흥미롭게도, tempus의 원래 의미는 '뻗다'나 '측정하다'일 가능성이 높다. 따로 표시되고 구별되어 신성해진 장소를 뜻하는 단어인 temple신전, 성전이 여기서 나왔다.[32])

《위대한 개츠비》에서 시간 즉 템포의 모티프는 두드러지고, 몇 가지 방식으로 소설 전체에 계속 메아리친다. 첫째, 템포는 때로는 과장되고, 때로는 경제적이고, 종종 정확히 잰 듯한 박자로 강력한 효과를 만들어 내는 이 소설 언어의 특징이다. 상징을 과다하게 사용하거나 이와 유사하게 몇 단어에 많은 의미를 욱여넣어 시간을 압축한다. 템포는 이 소설의 여러 양극성에서도 작용한다. 이상과 현실, 신화와 진리, 영웅과 반反영웅, 상류계급과 노동자 계급, 전통적 부자와 벼락부자, 이스트에그와 웨스트에그,* 유럽의 구세계와 미국의 신세계, 물질주의적인 아메리칸드림과 초

---

* 소설의 무대. 뉴욕 롱아일랜드의 만을 사이에 둔 동쪽과 서쪽 지역. 전통적 부자 동네 이스트에그에는 데이지가, 신흥 부촌 웨스트에그에는 개츠비가 산다 ─ 옮긴이

월적인 아메리칸드림, 미국 서부와 미국 동부. 등장인물들이 이 쌍들 안에 내재한 양극성에서 오는 긴장을 조화하는 데 실패하는 것이 그 사이에 낀 모든 사람이 파괴되는 데 일조한다.

이 여러 양극성 중에서 가장 의미심장한 짝은 과거와 현재일 것이다. 사실 시간관념은 이 소설에서 아주 두드러지는 주제이고 소설 속에 나오는 유명한 대사가 이를 보여 준다. 이 대사는 닉이 데이지와의 재결합을 바라는 개츠비의 기대를 누그러뜨리려고 시도할 때 등장한다.

"나라면 데이지한테 너무 많은 걸 요구하지 않을 겁니다." 나는 과 감하게 말해 보았다. "과거를 되돌릴 수는 없어요."

"과거를 되돌릴 수 없다고요?" 그가 믿을 수 없다는 듯이 소리쳤 다. "천만에, 얼마든지 되돌릴 수 있어요!"[33]

소설은 많은 대목에서 이처럼 분명하게 시간을 언급한다. 닉은 개 츠비가 과거를 자주 거론하며 지나간 것에 대한 갈망을 드러냈다 고 말한다. "그는 무언가를, 아마도 그 자신에 대한 어떤 관념을 되찾고 싶어 하는 것 같았다."[34] 개츠비는 "잠시도 가만히 있지를 못하고 항상 어딘가를 발로 툭툭 차거나 초조한 듯 손을 쥐었다 폈다 했다."[35] 닉은 그를 짓누르는 시간의 무게를 느끼며 이렇게 말한다. "가차 없이 내리쬐는 더위로 머리가 혼란스러워졌다."[36] 물론 소설의 마지막 대목도 이 주제를 다룬다. "그렇게 우리는 물 결을 거스르는 배처럼, 끊임없이 과거로 떠밀려가면서도 계속 앞으로 나아가는 것이다."[37]

자기 계발

그러나 시간은 개츠비의 편이 아니다. 이 소설은 시간이 끝나 가는 이야기다. 개츠비가 죽었을 때, 극소수의 사람들만 장례식에 참석한다. 그 자리에 나타난 이들 중에 개츠비의 아버지가 있다. 그는 개츠비가 어릴 때 갖고 있던 옛날 책을 닉에게 보여 준다.

그는 뒤표지를 펼친 다음, 내가 볼 수 있도록 책의 방향을 돌려 주었다. 마지막 면지에 '일과표'라는 낱말과 함께 '1906년 9월 12일'이라는 날짜가 적혀 있고, 그 아래로 이런 내용이 쓰여 있었다.

〈일과표〉

기상 … 오전 6:00

아령 체조와 담벼락 타기 … 오전 6:15-6:30

전기학 공부 등등 … 오전 7:15-8:15

일 … 오전 8:30-오후 4:30

야구와 스포츠 … 오후 4:30-5:00

연설 연습, 자세 훈련 … 오후 5:00-6:00

발명에 관한 공부 … 오후 7:00-9:00

〈결심〉

새프터스 또는 (알아볼 수 없는 이름)에 시간 낭비하지 말자

담배를 (씹는담배도) 끊자

이틀에 한 번은 목욕하자

유익한 책이나 잡지를 매주 한 권씩 읽자

매주 ~~5달러~~ 3달러씩 저축하자

부모님께 더 잘하자

개츠비의 아버지는 그 책을 우연히 발견했다고 말한다. "이 책을 당신에게 그냥 보여 주는 거요." 그리고 닉에게 이렇게 설명한다. "지미는 성공할 수밖에 없었소. 늘 이런저런 결심을 하고 있었으니까."[38]

이런 자기 계발 관념은 순례시조*의 도착과 그들의 청교도적 노동 윤리를 시작으로 미국 문화의 구조에 깊이 엮여 있다. 이것은 벤자민 프랭클린Benjamin Franklin이 스무 살에 시작해서 거의 평생 동안 계속했던 유명한 '도덕적 완성' 프로그램으로 발전했다. 프랭클린은 자서전에서 이렇게 설명한다. "나는 어떤 경우에도 일체의 과오를 저지르지 않으며 살고 싶었다. 타고난 성질이나 습관, 친구 때문에 빠지기 쉬운 잘못은 다 극복하고 싶었다. 나는 무엇이 옳고 무엇이 그른지 알았다. 또는 안다고 생각했다. 그래

---

* 巡禮始祖, Pilgrims, 1620년 신앙의 자유를 찾아 메이플라워호로 신대륙 뉴잉글랜드에 도래, 플리머스 식민지를 개척한 영국의 분리파 청교도 — 옮긴이

서 항상 옳은 일을 하고 그른 일을 피하는 것이 불가능하지 않다고 보았다."[39] 프랭클린은 열세 가지 도덕적 덕목을 간결하게 묘사하고 나열한다. 그 목록의 첫 번째가 절제이다. "배부르도록 먹지 말라. 취하도록 마시지 말라."[40] 프랭클린의 계획은 한 주에 하나의 덕에 집중하여 평생에 걸쳐 모든 영역에서 나아지는 것이었다. 가난하게 태어나 정규 교육을 거의 받지 못했지만 당대에 가장 존경받는 지성인의 반열에 오른 프랭클린의 이야기는 자기계발의 학교에서 최고의 성공담일 것이다.

순례시조 청교도들에게 덕은 하나님과 별도로, 특히 그리스도에 대한 믿음과 별도로 존재할 수 없었다. 그러나 프랭클린에게 그리스도는 덕의 원천이라기보다는 소크라테스와 다를 바 없는 모방할 만한 본보기였다. 개츠비에 이를 무렵이면 하나님, 또는 종교, 믿음은 완전히 지워지고 물질주의와 자아라는 신들로 그 자리가 대체된다. 개츠비에게 덕의 원천, 동기, 목표는 자기 자신이다. 데이지를 얻는 일에서도 그녀가 아닌 자기 자신이 중심이다. 참으로, 개츠비가 추구하는 대상은 진짜 데이지가 아니라 그녀의 환상일 뿐이다.

현실이 아닌 환상

개츠비는 데이지를 되찾는 일에 5년 동안 매달렸다. (그녀가 결혼했다는 사실은 고려 대상이 아니다. 따지고 보면 그녀가 그의 친구와 결혼한 것이 아니니까.) 그는 데이지의 이름을 발견할지도 모른다는 희망을 품고 몇 년 동안 신문을 꾸준히 읽었다. 개츠비의 호화로운 집, 성대한 파티, 화려한 생활 방식은 결국 그녀와의 재회라는 개츠비 자신의 환상을 이루기 위한 수단이었다. 그러나 개츠비가 사랑한 대상은 여자가 아니라 이상理想이다. 그가 사랑한 것은 피와 살이 있는 존재가 아

개츠비에게 데이지는 그의 서재 책장을 가득 채운 많은 책과도 같다. 낱장을 자르지도 읽지도 않은 그 책들의 가치는 그 내용이 아니라 그것들이 상징하는 바에 있다.

니라 관념―데이지라는 상을 타는 것은 그에게 꿈의 완성을 상징한다―이다. 개츠비에게 데이지는 그의 서재 책장을 가득 채운 많은 책과도 같다. 낱장을 자르지도 (옛 책들은 종이를 접어서 제본했기 때문에 처음 읽을 때 낱장을 잘라 가며 읽어야 했다―옮긴이) 읽지도 않은 그 책들의 가치는 그 내용이 아니라 그것들이 상징하는 바에 있다. 데이지, 사랑, 삶 자체에 대한 개츠비의 꿈은 현실과 단절되어 있다. 그 단절은 젊은 날에 시작되었다. 당시에 그는 "주변머리도 없고 실패한" 부모를 수치스러워하다가 결국 자신과 자신의 출신을 새로 지어냈고 "그 이미지에 끝까지 충실했다."[41]

이런 거짓 꿈에 충실한 개츠비의 모습은 데이지와의 위태로운 재회 내내 그리고 그 너머까지 이어진다. 그가 욕망하는 대상은 존재하지도 않는 것이었고, 실제로 존재하는 것에는 관심이 없다. 이 모든 시간이 지나고 두 사람이 결국 만나 그녀가 그의 팔짱을 끼었을 때, 개츠비는 그녀와 이어진 것을 즐기지 못한다. 대신에 그는 "방금 자기가 한 말에 정신이 팔려" 있다. 놀랄 것도 없이, 그

그가 욕망하는 대상은
존재하지도 않는 것이었고,
실제로 존재하는 것에는
관심이 없다.

가 오랫동안 기대했던 데이지와의 재회는 실망스럽기 짝이 없다. 데이지가 떠난 후, 닉은 이렇게 알려 준다.

작별 인사를 하러 다가가 보니 개츠비의 얼굴에 또다시 그 당황한 표정이 떠올라 있었다. 지금 누리고 있는 행복의 본질에 대해 희미한 의혹을 느낀 것 같았다. 5년에 가까운 세월! 그날 오후에도 데이지가 그의 꿈에 미치지 못한 순간이 분명히 있었을 것이다. 그것은 데이지의 잘못이 아니라 그의 거대하고 생생한 환상 때문이었다. 개츠비의 환상은 그녀를 넘어섰고 모든 것을 넘어섰다. 그는 창조적 열정을 가지고 그 환상에 몰두했고, 환상을 끊임없이 키웠고, 자기 앞에 떠도는 화려한 깃털을 모두 모아 그것을 장식했다.[42]

개츠비는 평범하고 이차원적 캐릭터인 데이지를 캔버스로 삼아 그 위에 자신이 상상한 거짓된 환상을 그린다. 하지만 데이지라는 실제 존재는 그녀를 상징하던 것—개츠비가 그녀의 집을 보기 위해 구입한 대저택 남쪽 건너편 선착장 끝에 있는 초록색 불빛—의 "크나큰 의미"를 산산조각 냈다. 그 상징은 "이제 영원히 사라져 버렸다." 개츠비를 "마법처럼 사로잡았던 것이 하나 줄어든 것이다."[43] 무절제는 "상상의 질병"[44]이기 때문이다.

데이지는 개츠비와 출신이 다르지만 그와 마찬가지로 물질주의적이다. 개츠비처럼, 실질적이거나 현실적인 어떤 것에도 발을 딛지 못한다. 닉은 데이지와 그녀의 친구 조던 베이커(곧 닉의 연인이 된다)를 처음 보았을 때 이 세상에 속하지 않은 요정 같은 그녀의 특성을 포착한다. "그 방 안에서 고정된 물체라고는 커다란 소파뿐이었고, 두 젊은 여자가 땅에 매인 기구에 타고 있는 것처럼 그 소파 위에 둥실 떠 있었다. 둘 다 하얀 옷을 입고 있었는데, 마치 집 주위를 잠깐 날아다니다 바람에 실려 방금 방으로 들어온 것처럼 옷자락이 여러 갈래로 물결치며 하늘거리고 있었다."[45] 데이지의 천박함은 소설의 가장 유명한 대목 중 한 곳에서 절정에 이른다. 개츠비가 처음으로 그녀에게 자신의 웅장한 집을 구경시켜 주는 대목이다. 언젠가 그녀를 되찾겠다는 유일한 목적을 위해 구입하고 꾸민 집이었다. 개츠비와 데이지가 닉을 대동하고 마침내 개츠비의 침실에 도착했을 때, 개츠비는 두 개의 옷장 문을 열어젖힌다.

그는 셔츠 더미 하나를 꺼내더니 셔츠를 한 장씩 우리 앞에 던졌다. 얇은 리넨 셔츠, 두꺼운 실크 셔츠, 고급 플란넬 셔츠…, 부드러운 셔츠 더미는 점점 더 높이 쌓여 갔다. 산호색, 풋사과색, 라벤더색, 옅은 오렌지색의 줄무늬, 소용돌이무늬, 격자무늬 셔츠들에는 푸른색으로 그의 이름의 머리글자가 새겨져 있었다. 데이지가 별안간 소리를 지르며 셔츠에 얼굴을 묻고 격렬하게 울기 시작했다.[46]

데이지의 반응은 침실에서 마침내 재회한 연인치고는 특이하다. 그러나 물질주의에 사로잡힌 사람에게는 적절한 반응이다. "'정말 아름다운 셔츠들이에요.' 그녀가 흐느끼며 말했지만, 목소리는 겹겹이 쌓인 셔츠 더미에 묻혀 잘 들리지 않았다. '이렇게… 이렇게 아름다운 셔츠는 본 적이 없거든요. 그래서 슬퍼요.'"[47] 개츠비가 비싼 셔츠들을 공중에 무심하게 던지고 데이지가 그것들을 붙잡고 황홀해하는(기원이 영적이기보다 물질적인) 이 장면은 놀랍고도 불가피한 것이다.

그 셔츠들에 대한 데이지의 반응은 기 드보르Guy Debord*가 《스펙타클의 사회La societe du spectacle》(1992)에서 제시한 관점으로 이해할 수 있다. 소비 지상주의가 만들어 낸 사회에서는 겉모습이 존재와 소유를 모두 대체했다고 드보르는 주장한다.[48] "풍족한 상품들을 사용하는 데서 더 이상 얻을 수 없는 만족을 이제 그 상품의 가치를 알아보는 데서 찾는다." 드보르의 설명이다. 결과적으로, "소비자는 상품이 주는 최고의 자유를 추구하는 파도 같은 종교적 열정으로 가득 찬다."[49] 데이지가 그 셔츠들을 황홀하게 숭배하는 모습은 상품이 신이 되어 버린 사회를 반영한다.

소비 지상주의라는 신

현대 미국의 이 거짓 신은 이 소설 안에서 이름도 적절한 "재의 골짜기"를 굽어보는 T. J. 에클버그 박사의 안경 쓴 눈이 그려진 광고판으로 그 모습을 드러낸다. 소비 지상주의적 자본주의가 발흥하

* 1931-1994, 프랑스 철학자 – 옮긴이

기 전, 그러니까 이 소설의 배경이 되는 시대보다 조금만 앞선 시기였다면, 그런 노골적 광고판은 "서커스와 P. T. 바넘P.T.Barnum*의 수작"[50]에 불과한 물건으로 조롱을 받았을 것이다. 광고판과 하나님의 상징적 연관성은 데이지가 개츠비의 차로 남편의 정부를 치어 죽이는 사고를 낸 후 노골적으로 드러난다. 죽은 여자의 넋이 나간 남편 조지 월슨은 친구 마이클리스에게 아내에 대해 말한다.

> "마누라한테 말해 줬지. 나를 속일 수 있을지는 몰라도 하나님을 속일 수는 없다고. 마누라를 창가로 끌고 갔어." 그는 간신히 일어나 뒤쪽 창문으로 걸어가더니 유리창에 얼굴을 눌러 댔다. "그리고 말했지. '하나님은 당신이 무슨 짓을 하고 있는지 알아. 당신이 하고 있는 짓을 다 안다고. 나를 속일 순 있을지 몰라도 하나님은 못 속여!' 하고 말이야."

그 말을 하면서 월슨은 "T. J. 에클버그 박사의 눈을 바라보고" 있다.[51] 그러나 개츠비의 세계에서 '하나님'은 보기만 할 뿐 행동하지 않는다. 그래서 월슨은 자기 손으로 정의를 실현한다. "하나님은 모든 것을 보고 계셔"라는 말을 반복하면서 월슨은 자신이 본 것에 근거하여 잘못된 결론을 내리고 개츠비의 목숨을 빼앗는다. 그리고 그 과정에서 자신도 목숨을 잃는다.

---

* 1810~1891, 쇼 비즈니스의 창시자, 홍보의 귀재라 불리는 인물 – 옮긴이

이야기를 들려주는 방식

《톰 존스의 모험》에 나오는 전지적이고 권위 있는 화자는 헨리 필딩의 신神 관념을 반영하는 반면,《위대한 개츠비》의 화자는 인간사에서 행동하고 개입하는 신을 생각할 수 없는 현대적 세계관을 구현한다. 역설적이지만, 신을 비인격적이고 동떨어진 존재로 보는 견해도 인간사의 전개에 영향을 끼친다. 이 역설은 닉 캐러웨이라는 신뢰할 수 없고 수동적으로 지켜보는 화자가 이야기의 경로를 바꾸는 것으로 이 소설에 반영된다.

하나님과 달리, 닉은 모든 것을 보지 못한다. 더욱이, 독자는 그가 실제로 본 것을 전하고 있다고 신뢰할 수도 없다. 잘 전하기 위해서는 잘 판단해야 하는데, 닉은 판단을 삼간다. 이 소설은 닉이 다른 사람들을 성급하게 비판하지 말라는 아버지의 충고를 소개하면서 시작한다. 그 결과 닉은 "모든 판단을 유보하는 버릇"을 갖게 되었다. 판단을 유보하는 이런 '습관' 때문에 닉은 남들이 "은밀한 고민거리"를 털어놓는 사람이 되었는데, 제이 개츠비도 그에게 자신의 고민거리를 들려주게 된다.[52]

닉은 판단을 유보하는 무고한 관찰자의 자세를 취하지만, 소설 속 이런 도입은 독자에게 그를 신뢰하지 말라는 신호를 보낸다. 판단을 내리지 않는 사람을 어떻게 신뢰할 수 있단 말인가?

더 나아가, 목격자의 존재만으로도 사건의 경로가 바뀔 수 있다. 이 개념은 물리학 연구의 한 요소인 **관찰자 효과**에서 잘 드러난다. 이 효과는 어떤 현상을 관찰하는 행위만으로도 그 현상이 달라진다는 것을 말해 준다. 우리가 봤다시피, 관찰자인 닉의 존재가 개츠비의 삶에서 일어나는 사건들을 (그와 더불어 다른 이들의 삶도) 변화시킨다. 하지만 이것은 '수동적 관찰자'가 개츠비의 인생에 끼친 효과의 한 가지 층위에 불과하다. 몇 년 후 닉이 개츠비의 이야기를 들려주기 위해 현장으로 돌아갈 때 또 다른 층위가 더해진다. 닉은 두 가지 방식으로 개츠비 인생의 증인이 된다. 첫째, 이야기에 나오는 사건들이 펼쳐지는 동안 그 자리에 있음으로써, 둘째, 자신이 관찰한 바를 증언함으로써.

소설 끝부분에 나오는 한 미묘한 장면은 닉 특유의 소극적 방식으로도 이야기에 적극적인 영향을 미친다는 것을 잘 드러낸다. 닉은 개츠비가 죽은 지 얼마 후, 비어 있는 대저택으로 돌아갔을 때 있었던 일을 알려 준다. "하얀 대리석 계단 위에는, 어떤 개구쟁이가 벽돌 조각으로 낙서한 상스러운 욕설이 달빛에 뚜렷이 드러나 보였다. 나는 돌바닥을 구둣발로 북북 문질러 그 낙서를 지워 버렸다."[53] 닉이 낙서를 지운 행동은 모든 이야기를 전하는 데는 판단이 필요하고 무엇을 집어넣고 무엇을 뺄지, 무엇을 기억하고 무엇을 잊는 것이 최선일지 선택해야 한다는 사실을 떠올리게 한다. 개츠비에 대한 모욕을 지우는 닉의 선택을 보여 줌으로써 이 소설은 우리도 우리 이야기의 신뢰할 수 없는 화자임을 상기시킨다. 그러므로 우리의 제한된 시각으로 내린 판단 역시 모든 것을 보는 하나님의 눈을 염두에 두고 조절해야 한다.

A TALE OF
TWO CITIES

BY CHARLES DICKENS

3

정의

찰스 디킨스, 《두 도시 이야기》

말들이 바위 위에서 달릴 수 있느냐?
사람이 소를 부려 바다를 갈 수 있느냐?
그런데도 너희는 공의를 뒤엎어 독약을 만들고,
정의에서 거둔 열매를 쓰디쓴 소태처럼 만들었다.

아모스 6 : 12 (새번역)

"나의 할머니는 노예였습니다." 이것은 내가 들은 말 중 가장 충격적인 말이다. 이 말을 한 사람은 목사인 내 친구인데, 나보다 연상이지만 **많은 나이는 아니었다.** 머릿속으로 빨리 계산을 해 보니 미국의 노예제가 고대 역사가 아님을 알 수 있었다. 아니, 역사라고 말할 수도 없었다. 나는 나의 할머니를 역사로 여기지 않는다. 내가 그 친구와 이 대화를 나눌 무렵, 나의 할머니는 아주 정정하셨고 그로부터 25년에서 30년 정도를 더 사셨다. 나의 할머니가 노예인 모습은 도무지 상상할 수 없다. 내 생활, 습관, 세계관은 할머니의 영향을 매우 직접적으로 깊이 받았기에, 할머니가 노예로 살았다면 나의 이해와 경험도 지금과는 전혀 달랐을 것이다. 내 삶의 모든 것이 변했을 것이다. 나는 윌리엄 포크너William Cuthbert Faulkner의 유명한 말이 더없이 옳다는 느낌을 강하게 받았다. "과거는 죽지 않는다. 지나가지도 않는다."[1] 우리가 어떤 공동체 안에서 태어날 때, 그 공동체의 현재뿐 아니라 과거의 영향도 받게 된다.

정의와 공동체

정의는 공동체의 도덕이다. 공동체의 도덕은 개인의 생각, 가치관, 행동을 형성한다. 아리스토텔레스는 정의를 "도시 공동체를 위한 행복과 그 요소들을 만들어 내거나 보존하는 모든 것"이라 부른다.[2] 플라톤Plato 은 《국가Politeia》에서 개인의 덕을 "영혼의 건강, 아름다움, 좋은 상태"라고 표현한다.[3] 그러므로 정의는 공동체의 덕, 공동체를 형성하는 모든 영혼의 조화로 이해할 수 있다.

정의가 공동체 안에서 실현되기는 하지만, 각 공동체는 함께 그 사회를 정의롭게 하거나 불의하게 만드는 개인들로 구성된다. 정의로운 사회란 사람들에게 선을 행할 자유를 주는 사회이다. 다시 말해, 정의로운 사회는 그 구성원들이 정의의 덕을 기르게 해 준다. 개인윤리조차도 개인이 사는 공동체의 "정신에 많은 영향을 받기" 때문이다.[4]

정의의 덕은 정당한 일을 원하고 행하는 습관이다.[5] 시인 제라드 맨리 홉킨스Gerard Manley Hopkins는 그의 시 〈물총새에 불이 붙듯As Kingfishers Catch Fire〉에서 "정의로운 이가 정의롭게 행한다"[6]라고 간단히 말한다. 언뜻 보기에 둘 다 순환적 규정이고, **정의로운 사람이 정의롭다**"는 말인 것 같다. 하지만 이 말은 20세기 위대한 철학자 중 한 사람인 포레스트 검프의 엄마가 지닌 지혜와 맥을 같이 한다. 그녀는 지적장애자인 아들에게 이렇게 조언했다. "바보짓을 하니까 바보인 거야." 이런 의미에서 볼 때 정의는 그 자체의 척도이다.

> 정의는 '자기 본위'와 '자기 비움' 사이의 중용이다.

그러나 정의의 또 다른 척도는 하나와 다른 하나의 관계이다. 일레인 스캐리Elaine Scarry는 《아름다움과 정의로움에 대하여On Beauty and Being Just》(1999)에서 정의를 "모든 상호 관계가 이루는 대칭"으로 규정한다.[7] 정의는 "그 자체로 절대적 선"이고 다른 덕들의 척도이다. 분별, 용기, 절제는 정의로운 목표를 지향할 때만 덕스러울 수 있기 때문이다.[8] 모든 외적 행위는 사회적 결과를 초래하기에 모종의 방식으로 정의와 연결된다.[9] 아리스토텔레스에 따르면, 참으로 정의는 "덕 전체"이다. 가장 탁월한 사람은 다른 사람들과의 관계에서 덕이 완전해진 사람이고, 정의는 언제나 "다른 사람과의 관계에서" 표현된다.[10] 정의는 '자기 본위'와 '자기 비움' 사이의 중용이다. 그 중용은 영혼의 내적 삶뿐 아니라, 정치적, 경제적, 사회적, 인종적 영역에도 의미하는 바가 있다. 정의는 사람의 내면에 그리고 다른 사람과 함께하는 삶에 질서를 부여한다.[11]

불의한 두 도시

찰스 디킨스Charles Dickens의 걸작 《두 도시 이야기A Tale of Two Cities》(1859)는 불의가 판칠 때 개인, 공동체, 국가에 벌어지는 일을 다룬 무서운 이야기이다. 《두 도시 이야기》에는 악당이 없다는 말이 있고, 어떤 이들은 역사 자체가 악당이라고 말한다. 그러나 이 이야기에는 과거의 사건들에 한정되지 않는 악당이 등장한다. 인간사에서 떠날 줄 모르는 이 악당은 과도함이라는 악덕이다.

　《두 도시 이야기》는 극단極端들에 대한 이야기이자 그것들이 초래한 파괴의 이야기이다. 이 점은 이 책의 유명한 도입부에 나와 있다. "최고의 시절이자 최악의 시절, 지혜의 시대이자 어리석음의 시대였다. 믿음의 세기이자 의심의 세기였으며, 빛의 계절이자 어둠의 계절이었다. 희망의 봄이면서 곧 절망의 겨울이었다. 우리 앞에는 모든 것이 있었지만 한편으론 아무것도 없었다. 우리는 모두 천국을 향해 가고자 했지만 엉뚱한 방향으로 걸어갔다."¹² 다시 말해, 그것은 양극단의 시대였다.

이 소설은 과도함이 그 시대가 가진 위험성의 원인이자 징후였음을 보여 준다. 최상의 것들의 시대, 불균형의 시대, 절대적인 것들의 시대, 절대 권력의 시대였다. 절대 권력은 본질상 불의한데,¹³ 정의를 규정하는 관계적 비례성이 없기 때문이다. 《두 도시 이야기》는 이렇듯 불의가 가득한 시대를 배경으로 삼아 정의가 너무 오랫동안 지연될 때 따라오는 끔찍한 결과를 극화한다.

소설 제목에 등장하는 두 도시는 런던과 파리다. 각 도시가 나름의 방식으로 불의하지만, 영국인 디킨스가 한 세기 전에 벌어진 사건에 대해 쓰면서 말하고자 한 요점은, 경쟁국 프랑스가 이전 시대에 저지른 더 심각한 불의를 영국도 저지를 수 있다는 것이었다. 다시 말해, 이 소설은 불의를 경고하는 역할을 한다.

이야기가 시작되는 1775년, 런던의 일상에는 절도와 살인이 넘친다. 이곳에서는 귀족이나 시장도 안전하지 않다. 이야기의 후반부에 나오는 프랑스의 경우처럼, 여기서도 군중이 감옥 안팎을 다스린다. 악명 높은 뉴게이트 감옥은 정의의 도구가 아니라 "방탕과 악행", "심각한 질병"의 온상이다. "핼쑥한 여행자들이 끊임없이 그곳을 떠나 마차나 수레를 타고 저세상으로 가는 험난한 여행길에 올랐"고, 그중 많은 이들이 그에 앞서 형틀이나 태형 기둥에 매달렸다.¹⁴ 그리고 자선 학교에서 불에 탄 오트밀 죽을 내놓듯 극형—죽음—이 범죄자들에게 분배되었다. 그것은 "크게 유행하는 처방이었다." 사형에 해당하는 범죄가 수백 가지에 달했다. 서류 위조범, 위조지폐 사용자, 도둑, 말을 훔친 사람, 은

화 위조자. 이 모두가 죽음의 형벌을 받았다.[15] 사형집행인은 "늘 바쁘다…, 쭉 늘어선 잡범들 목을 매다느라, 이제는 화요일에 체포된 좀도둑을 토요일에 사형하느라, 이제는 뉴게이트에 투옥된 죄수 열두 명의 손에 낙인을 찍느라, 이제는 웨스트민스터홀 문에 붙은 벽보를 불사르느라 바쁘다. 오늘은 극악무도한 살인자의 목숨을 처리하고, 내일은 농부 아들한테서 6펜스를 빼앗은 가련한 좀도둑의 목숨을 처리하느라 바쁘다."[16] 하지만 그런 극형은 범죄를 예방하는 데 도움이 되지 않는다. 참으로, "사실은 정반대였다."[17]

범죄와 처벌 사이에 놓인 법정 ─ 정의를 상징하고 정의가 시행되어야 할 장소 ─ 은 별다른 희망을 주지 못한다. 낮에는 심부름꾼으로, 밤에는 도굴꾼으로 일하는 제리 크런처는 어느 날 법정에서 그날 반역죄를 다룬다는 사실을 알고 그에 뒤따를 형벌을 곰곰이 생각한다.

제리가 말했다. "거열형이군요. 아이고 끔찍해라!"

"그게 법이니까." 늙은 행원은 놀란 얼굴로 돌아보며 말했다. "법은 법이니까."

"사람 몸을 엉망으로 만들다니 잔인한 법입니다. 사람을 죽이는 것도 잔인하지만, 신체 손상은 더 잔인해요, 나리."

"쓸데없는 소리." 늙은 행원이 말했다. "법에 대해 그렇게 말하면 안 되지. 법이야 어떻든 알아서 하라고 두고 자네 가슴과 목소리에나 신경 쓰게. 내 조언이네."[18]

여기서 행원은 법이 언제나 정의롭다는 데에 의문을 품지 않는다. 그러나 이야기가 (역사와 더불어) 입증하듯, 정의로워야 할 법이 늘 공정한 것은 아니다. 더욱이, 크런처가 여기서 사람을 죽이는 일보다 "신체 손상"(여기에 해당하는 용어 spiling은 1870년까지 합법이던 거열형을 통한 신체 훼손spoiling the body 또는 장기 적출spilling the innards을 나타내고, 둘 다를 가리킬 수도 있다)에 더 반대하는 것이 이타적 판단만은 아닐 수도 있다. 크런처는 시체 도둑질로 파낸 시체의 일부를 의학 실험용으로 파는 일을 부업으로 한다. 사심이 전혀 없는 상태란 불가능하기 때문에 정의는 달성하기 가장 힘든 덕으로 여겨지고, 그래서 아리스토텔레스는 개인이 아니라 법이 정의이며 개인은 법에 복종해야 한다고 선언했다(우리 현대인이 볼 때는 순진한 소리다).[19] 이에 아우구스티누스는 좀 더 지혜롭게 "정의롭지 않은 법은 내가 볼 때 법이 아니다"라고 말했다.[20]

〈버밍엄 감옥에서 보낸 편지Letter from Birmingham Jail〉에서 마틴 루터 킹 2세Martin Luther King Jr.는 불의한 법은 법이 아니라는 아우구스티누스의 유명한 금언과 맥을 같이 하되 거기서 좀 더 나아가 불의한 법을 이렇게 정의했다. "어떤 법이 정의로운지 불의한지 어떻게 결정하는가? 정의로운 법은 도덕법 또는 하나님의 법과 일치하는 인간의 법이다. 불의한 법은 도덕법과 불화하는 법이다. 이것을 토마스 아퀴나스의 용어로 이렇게 표현할 수 있을 것이다(이것도 아우구스티누스에게서 가져온 것이다). 불의한 법은 영원한 법과 자연법에 근거하지 않는 인간의 법이다. 인간성

오락의 한 형태가 된 사법제도는 틀림없이 불의하다.

을 드높이는 법은 정의롭다. 인간성을 떨어뜨리는 법은 불의하다."[21]

1780년, 디킨스의 런던 법정은 프랑스인 찰스 다네이를 첩자 혐의로 재판에 넘긴다. 프랑스에서 온 망명자 다네이의 재판은 반역이라는 죄목의 심각성과 유죄 판결이 날 경우 내려질 형벌의 혹독함으로 인해 많은 관심을 끈다. "수송 도구에 실려 가 목매달릴 거야. 거반 죽은 상태가 되면 교수 형틀에서 끌어내려 산 채로 배를 가르고 내장을 끄집어내어 불태우지. 그다음엔 목이 잘릴 테고 사지가 절단될 거고." 방청객 한 사람이 이렇게 열심히 설명하고는 유죄판결이 확실하다고 덧붙인다.[22] 다네이는 무고하지만 배심원단은 피를 보고 싶어 한다. 아닌 게 아니라, 많은 방청객이 돈을 내고 그 자리에 들어와 있다. 오락의 한 형태가 된 사법제도는 틀림없이 불의하다. 고대 로마의 콜로세움, 20세기 미국의 공개 처형, 오늘날 소셜 미디어의 망신 주기식 여론 재판도 여기에 해당한다.

하지만 다네이는 뜻밖에도 무죄 방면된다. 그를 꼭 닮은 사람이 법정에 앉아 있는 바람에 그의 신원 확인에 의문이 제기되었기 때문이다. 그를 닮은 사람, 시드니 카턴은 몇 년 후에 다네이의 목숨을 또다시 구하게 된다.

그러나 이 소설은 한 도시 이야기가 아니라 두 도시 이야기이다. 영국해협 건너 파리에서 벌어지는 불의는 방식은 달라도 본질이 이와 같고, 정도는 다르지만 종류가 같다. 프랑스도 영국처럼 과도하고 잔인한 불의를 "즐겼다." 이를테면 "한 젊은이의 손목을 자르고 집게로 혀에 구멍을 내는 것도 모자라 산 채로 불태워 죽이는 형을 내렸는데, 비 오는 날 더러운 성직자의 행렬을 50-60야드 떨어진 거리에서 보고도 예를 갖춰 무릎을 꿇지 않았다는 이유에서였다."[23]

마리 앙투아네트가 농민들이 굶주린다는 말에 "케이크를 먹으라고 하라!"라고 말했다는 것은 허구일 가능성이 높지만, 디킨스의 이 소설은 〈도시의 후작 나리〉라는 절묘한 장에서 귀족들 사이에 널리 퍼진 비뚤어진 정서의 진상을 포착해 낸다. 치안판사 justice of peace로 봉사하는 것이 귀족계급의 역할이어야 하지만, 이 후작은 정의 justice 따위는 전혀 개의치 않는다.

나리에게는 일반 공무에 관해 참으로 고결한 생각이 한 가지 있었으니, 모든 것은 저절로 굴러가게 내버려 둬야 한다는 것이었다. 특수한 공무에 관해서도 고결한 생각을 갖고 있었는데, 모든 것이 반드시 그에게, 그러니까 그의 권력과 주머니를 향해야 한다는 것이었다. 그가 일반적이든 특수하든 자신의 만족에 대해 갖고 있던 또 하나의 참으로 고결한 생각은 온 세상이 자신의 쾌락을 위해 존재한다는 것이었다. 그가 속한 계급의 성스러운 경전은(원본에서 많이도 아니고 대명사만 살짝 바꿨다) 이렇게 시작되었다. "나리께서 이르시되, 땅과 거기 충만한 것은 모두 나의 것이니라."[24]

후작이 시골에 도착했을 때, 그가 지나가던 길가에 위치한 매장지에서 남편의 죽음을 애도하던 농부 아낙이 마차를 세우고는 이렇게 간청한다.

"나리, 제 말 좀 들어 보세요! 나리, 제 청을 들어주세요! 제 남편은 먹을 것이 없어서 죽어 갔어요. 많은 사람이 제대로 못 먹어서 죽었고요. 앞으로 더 많은 사람이 굶주림으로 죽을 거예요."
"그래, 그래서? 나더러 그들을 먹여 살리기라도 하란 말인가?"
"나리, 제 말이 그게 아니라는 사실은 하나님이 아실 거예요. 제 청은 남편이 묻혀 있는 곳을 표시하도록 남편 이름을 새긴 작은 돌이나 나무토막이라도 주십사 하는 거예요. 그렇게 하지 않으면 저 자리는 금세 잊힐 거예요. 저 또한 굶어 죽으면 아무도 저 자리를 찾지 못할 거예요. 저도 풀 더미조차 변변치 않은 곳에 묻히겠죠. 나리, 저런 무덤이 너무나 많고 빠르게 늘어나고 있어요. 지독한 굶주림 때문이에요."[25]

그러나 후작의 마차는 그녀의 말이 끝나기도 전에 떠나 버렸다.
불의의 바퀴가 말 그대로 농부들을 짓밟고 지나가도록 귀족들이 허용하던 시절, 악랄한 에버몽드 후작은 도시를 빠른 속도로 무모하게 달려가다가 아이 하나를 치어 죽인다. 사람들의 무리가 미약하게나마 보복해 보려고 마차를 세우자 그는 극도로 잔혹하게 반응한다. "개자식들!" 코 위의 반점들만 빼고 표정 하나 바뀌지 않은 후작이 침착하게 말했다. '네까짓 놈들은 얼마든지 치어 이 땅에서 없애 버릴 수 있다. 어떤 놈이 마차에 던졌는지 알아내기만 해 봐라. 그 도둑놈이 근처에 있기만 하면 마차 바퀴에 깔려 죽을 줄 알아라.'"26

그런 잔혹함과 불의가 너무나 만연했고 도처에 두루 퍼져 있어 농민들에게 너무나 익숙했기 때문에 그들은 무용한 분노를 느끼면서도 그것을 당연한 일로 여긴다. 화자는 이렇게 설명한다. "사람들은 굴종에 익숙했다. 이런 자가 법의 테두리 안에서, 또는 법을 무시하고 자신들에게 어떤 짓을 저지를 수 있는지 오랜 경험을 통해 터득한 터라 찍소리도 못했다. 손 한번 쳐들지 못했고 눈도 치켜뜨지 못했다. 남자들 중에는 하나도 없었다." 한 여인만 감히 후작의 얼굴을 똑바로 쳐다본다. 하지만 "그 모습에 반응하는 것조차 후작의 위신에는 맞지 않는 일이었다. 그는 여인에게 멸시에 찬 시선을 던진 뒤 쥐새끼 무리를 훑어보았다. 그리고 다시 마차에 기대어 앉아 소리쳤다. '어서 가자!'"27

믿기 어렵지만, 후작은 이 장면이 보여 주는 것보다 훨씬 더 타락했다. 겹겹이 쌓인 불의는 하나를 걷어 내면 또 다른 하나가 거듭해서 모습을 드러내고, 그 중심에는 흔히 오래전에 잊힌 최초의 상처가 있기 마련이다. 《두 도시 이야기》에 나오는 수많은 불의의 한복판에는 한 젊은 농민 여인의 목숨을 앗아 간 잔혹한 강간 사건이 있다. 그것을 촉매로 하여 소설의 모든 사건과 관계가 생겨난다. 강간범은 후작의 동생이고, 그는 소설의 여주인공인 루시의 남편 찰스 다네이의 아버지다.

불의의 소용돌이

이야기가 시작되기 십수 년 전에 일어난 잔인한 강간 사건을 소설의 중심 사건으로 설정한 것은 여러 면에서 의미심장한 예술적 조치다. 우선, 그것은 철저히 빅토리아 시대—성에 대해 점잖을 빼고 억압적 태도를 취한 것으로 널리 알려진 시대—에 속한 작품과 작가에게는 직관적으로 생각하기 어려운 구조다. 교묘한 문학적 장치에 가려져 있기는 하지만, 이 사건은 상징적이고 구조적으로 불의의 소용돌이를 형성한다. 큰 줄거리를 보자면, 그 강간 사건으로 먼저 피해자가 목숨을 잃고, 그다음에는 그녀의 남편과 남동생까지 목숨을 잃는다. 이후 결국 가해자의 가족이 파괴되고, 피해자의 여동생은 장성하여 반동 혁명의 일부로서 수많은 다른 이들을 향해 죽음의 복수를 감행한다.

또, 구체제Ancien Régime의 일원이 농민 여성을 강간하여 목숨을 잃게 만든 사건은 정의의 덕이라는 큰 주제 안에서도 의미심장하지만, 프랑스혁명이라는 상황 속에서 상징적으로 중

> 불의는 더없이
> 사적인 것으로 보여도
> 늘 공적인 결과가 따라온다.

요한 의미를 지닌다. 이 끔찍한 강간과 그로 인한 결과는 모든 불의가 작동하는 방식을 고스란히 보여 주기 때문이다. 한 사람이 다른 사람에게 저지르는 불의는 그들만의 사건으로 축소될 수 없다. 불의는 더없이 사적인 것으로 보여도 늘 공적인 결과가 따라온다. 대중은 그런 과도한 타락에 맞서 곧 봉기했고, 1793년에 시작된 공포정치Reign of Terror시대를 거치며 또 다른 과도함으로 대응

했다.

정의의 덕에 반기를 드는 악덕은 분노다. 물론 분노 자체가 잘못된 것은 아니다. 성경은 '분을 내어도 죄를 짓지 말며'(엡 4:26)라는 말씀을 통해 분노 자체가 죄는 아님을 명확히 하고 있다. 그러나 지나친 분노는 정의를 왜곡하고 그것을 복수로 대체한다.

《두 도시 이야기》는 공포정치에 기름을 끼얹는 복수vengeance의 정신을 드파르주 부인이라는 캐릭터로 형상화하는데, 그녀는 가까운 동지(방장스Vengeance라는 딱 맞는 별명의 소유자)와 함께 군중의 손에 처형당할 운명에 놓인 모든 사람의 이름을 전부 뜨개질로 맹렬히 엮어 낸다. 소설은 당시의 군중이 "무엇으로도 제지할 수 없는 무시무시한 괴물이었다"[28]라고 말한다. 제멋대로 움직이는 차를 바로잡으려다가 도가 지나쳐 치명적 사고가 나듯, 오랜 세월 억눌렸던 혁명가들은 그들을 학대했던 이들보다 더 불의한 모습을 드러낸다. "남자들은 잔인했다. 창밖으로 내다보던 이들이 피를 보고야 말겠다는 분노에 사로잡혀 닥치는 대로 무기를 들고 거리로 쏟아져 나왔다. 그러나 여자들의 모습은 아주 대담한 사람이 보기에도 몸이 떨릴 정도였다. 그녀들은 가난한 형편 때문에 붙들고 있던 집안일을 내려놓고, 굶주리고 헐벗은 채로 바닥에 웅크리고 있는 아이들과 노인들과 병자들을 뒤로하고 머리카락을 날리며 뛰어나갔다. 그 과정에서 거친 괴성과 몸짓으로 서로 다그치고 스스로를 몰아붙여 광기를 드러냈다."[29]

군중은 민중에게 잘못을 저지른 것으로 확인한―또는 그렇게 의심하거나 상상한, 심지어 그렇게 상상하지도 않은―힘 있는 자들을 살해한다. 굶주린 농민들을 향해 풀을 먹으라고 말했던 귀족 풀롱은 군중의 특별한 표적이 된다. 결국 그는 붙잡혔고, 아직 살아 있다는 소식이 전해지자 사람들은 사악한 후렴구를 되풀이한다. "우리에게 풀롱의 피를 달라. 우리에게 풀롱의 머리통을 달라. 우리에게 풀롱의 심장을 달라. 우리에게 풀롱의 몸뚱이와 영혼을 달라. 풀롱을 갈기갈기 찢어 땅에 파묻고 거기에서 풀이 자라게 하자!"[30]

디킨스의 탁월한 산문은 사정없이 터져 나오는 군중의 외침과 복수를 부채질하는 에너지와 힘에 사로잡힌 그들의 잔인한 모습을 사실적으로 그려 내어 불의가 만들어 낸 혼란 한가운데로 독자를 데려간다.

포로는 엎어졌다가 일으켜졌다가 건물 계단에 머리를 박았다. 어느 순간 무릎을 꿇는가 싶더니 바닥에 드러누웠다가 이제는 질질 끌려다니며 걷어차이고 있었다. 이어서 수많은 손이 그의 입에 풀잎과 지푸라기를 쑤셔 넣어 숨통을 막았다. 그는 찢기고 멍들고 헐떡이고 피를 흘리면서도 자비를 베풀어 달라고 계속 애원하고 간청했다. 하지만 맹렬한 분노의 행동이 난무했고, 죄수의 모습을 보려고 사람들이 뒤로 물러날 때만 주위에 작은 틈이 생길 뿐이었다. 그때 사람들의 빽빽한 다리들의 숲 사이로 나무 널빤지가 들어왔다. 그리고 그는 교수대가 설치된 근처 길모퉁이로 옮겨졌다. … 여자들은 계속 그를 향해 맹렬히 악을 썼고, 남자들은 그의 입에 풀을 처넣어 죽이라고 준엄하게 명령했다. 그는 공중에 매달렸다.

그러나 곧 밧줄이 끊어졌고 비명을 지르며 떨어지는 그를 사람들이 받았다. 두 번째로 공중에 매달렸지만 밧줄이 바로 끊어졌고 비명을 지르며 떨어지는 그를 사람들이 받았다. 세 번째는 자비롭게도 밧줄이 그의 몸을 버텨 냈다. 풀을 잔뜩 입에 문 그의 머리통이 창끝에 매달렸다. 생탕투안 주민 전체가 그 모습을 보며 춤을 추었다.[31]

군중이 포로들을 대하는 방식은 말이 안 되고 이치에도 맞지 않다. 체포된 이들 중 몇몇은 풀려나서 돌아가다가 마음이 바뀐 군중에게 난도질당해 사지가 토막 났다. 한 포로는 풀려나 나

> "인내의 잔이 넘쳐흐르고 사람들이 더 이상 절망의 심연에 빠져들기를 거부하는 때가 옵니다."

가는 길에 칼에 찔렸다가, 자신들이 죽인 이들의 시신 더미 위에 앉아 있던 사람들의 도움을 받았다. "이 끔찍한 악몽 같은 상황에서 무엇보다 무서운 것은 이런 일관성 없는 처사였다."[32] 군중은 나흘 동안 남녀노소 가릴 것 없이 천백 명의 죄수를 살해했다.[33]

이것은 이 소설이 분명히 밝히는 중요한 점이다. "애초에 모든 법과 형식, 의식을 무분별하게 남용하지 않았으면 이런 혁명도 일어나지 않았을 터였다. 자멸로 이끈 혁명의 복수심은 그 모든 것을 바람에 날려 보냈다."[34] 혁명을 불러온 것은 단순한 불의가 아니라 과도하고 비인간적이고 오랫동안 이어진 불의였다. 한 세기 후, 마틴 루터 킹 2세는 정의를 얻으려면 더 오래 "기다리라"는 사회의 훈계에 맞서 이렇게 선포한다. "인내의 잔이 넘쳐

흐르고 사람들이 더 이상 절망의 심연에 빠져들기를 거부하는 때가 옵니다."[35]

절망의 심연

18세기 프랑스의 사법제도는 너무나 깊은 절망의 심연이었기에 혁명이 시작될 무렵 기요틴을 처형 수단으로 도입한 것이 이전 처형법보다는 좀 더 인도적인 조치로 여겨졌다. 이전에는 교수형, 화형, 팽형, 거열형, 고문 수레바퀴형, 칼에 의한 참수형이 있었다. 기요틴은 실제로 매우 '현대적'인 처형법으로 받아들여졌고 프랑스에서는 1977년까지 유지되었다. 하지만《두 도시 이야기》는 불의한 판결을 집행하면서 더 친절하고 부드러운 처형법을 시행하는 것이 가짜 자비에 불과함을 드러낸다.

디킨스는 좀 더 문명화된 외양을 갖춘 자신의 나라 영국도 비판한다. 소설을 여는 영국 군중들의 모습은 프랑스에 찾아온 공포정치의 전조이다. 영국의 공개재판과 처형은 위에서 밝힌 것처럼 국가적 형태의 야만적 오락거리로 전락했다. 디킨스가 태어나기 직전과 생전에 시작된 영국 최초의 형벌 개혁을 주도한 상당수가 그리스도인들이었던 것은 우연의 일치가 아니다. 그리스도인들은 온갖 범죄를 사형으로 처벌하는 관행과 그것을 대중적 오락거리로 취급하는 행태에 의

소설의 시각적 이미지는 체계적 불의가 지속되면 폭력의 쓰라린 열매를 맺을 수밖에 없다는 진실을 폭로한다.

문을 제기한 최초의 사람들 사이에 있었다. 디킨스 본인도 그런 과도한 형벌의 타락성과 하류계급에서 범죄 분자 양산의 원인이 되는 불의에 대한 인식을 높이는 데 기여했다. 디킨스는 19세기 영국의 불의가 방치되면 지난 세기 프랑스에서 방치되었던 불의가 초래한 결과가 재현될 것이라고 우려했다. 《두 도시 이야기》는 그가 보내는 경고음이었다.[36]

소설의 시각적 이미지는 체계적 불의가 지속되면 폭력의 쓰라린 열매를 맺을 수밖에 없다는 진실을 폭로한다. 《두 도시 이야기》는 피와 폭력에 대한 고딕풍 집착으로 디킨스의 다른 작품들과 구분되지만(이것은 일부 비평가들이 이 작품을 열등하게 여기는 한 가지 이유이다), 피와 폭력에 대한 집착은 소설의 메시지를 전달하는 주요 수단이다. 가령, 기요틴에게 먹이를 제공하는 과도한 복수는 소설의 서사 속에서 생생한 생명력을 얻어 그 자체로 거의 별도의 캐릭터가 된다.

파리의 거리를 따라 죽음의 수레가 둔탁하게 덜컹이며 냉혹하게 지나간다. 호송 마차는 하루에 여섯 번씩 기요틴에게 포도주를 실어 나른다. 상상을 기록할 수 있게 된 이래 등장한 온갖 탐욕스럽고 게걸스러운 괴물들이 하나로 합쳐져 만들어진 것이 바로 기요틴이다. 안정된 조건에서라면 프랑스의 비옥한 토양과 다양한 기후가 잎사귀 하나, 뿌리 하나, 잔가지 하나, 후추 열매 하나까지 제대로 키워 냈을 테지만, 지금 같은 상황에서는 이런 끔찍한 괴물만 만들어 낼 뿐이다. 불의의 망치를 내려쳐서 다시 한번 인간을 망가

뜨려 보라. 그러면 인간성이 왜곡되어 똑같이 고통받는 사람들이 생길 것이다. 똑같은 무제한의 탐욕과 압제의 씨앗을 다시 뿌려 보라. 틀림없이 똑같은 열매가 각기 종류대로 열릴 것이다.[37]

아무런 제약 없이 세상에 풀려난 불의의 모습이 여기에 있다. 세부 내용이 과도하긴 해도 불필요한 것은 아니다. 과도함이 핵심이기 때문이다.

어둠 속의 등대

하지만 이런 과도한 불의도 선의 빛을 꺼뜨리지는 못한다. 광대하고 어두운 악행의 바다에서도 용기의 작은 탑, 어둠 속의 등대에서 밝은 빛이 비친다.

한 가지 예로, 여주인공 루시 마네트의 조용하고 충실한 하녀 미스 프로스는 복수심에 불타는 드파르주 부인이 루시를 노리자 맹렬한 충성심과 사랑을 순식간에 발휘한다. 고지식하고 참한 영국 여성인 미스 프로스는 그동안 길러 온 사랑의 습관에 힘입어 불끈 용기를 낼 수 있었고, "당장의 본능에 따라" 드파르주 부인과 맞서 "언제나 증오보다 더 강한 사랑의 힘으로" 온 힘을 다해 싸웠다.[38] 그리고 그 와중에 프로스는 드파르주 부인을 총으로 쏘아 죽인다. 발포의 충격으로 그녀는 "쾅 소리를

> 정의가 올바르게
> 행하는 것이라면,
> 사람들을 올바르게 보는 것은
> 정의의 한 형태이다.

들었고"그다음은 무시무시한 정적이 흘렀다. "아주 적막했다. 그 정적은 계속 이어지고 바뀌지 않을 것 같았다. 내 목숨이 붙어 있는 한 절대 깨지지 않을 것 같았다."[39] 프로스는 다시는 들을 수 없을 것이다. 그러나 그녀는 무고한 루시의 목숨을 구했고, 루시는 이 어두운 이야기의 가장 밝은 빛이자 이야기와 등장인물들을 이어주는 "금실" 같은 존재였다.[40]

정의가 올바르게 행하는 것이라면, 사람들을 올바르게 보는 것은 정의의 한 형태이다. 루시는 시드니 카턴에게서 다른 사람들이 보지 못하는 것을 보고, 그가 주목과 존중을 받을 만한 사람임을 발견한다. 큰 복선에 해당하는 장면에서 그녀는 카턴이 "선한 일, 친절한 일, 심지어 너그러운 일을 할 수 있음을 확신한다"라고 말한다.[41] 하지만 루시조차도 카턴이 어떤 일을 해낼지 상상할 수는 없었을 것이다.

카턴은 자신을 향한 루시의 "아름다운 동정심"에 감복해 그녀를 축복한다.[42] 하지만 사랑과 동정심은 "정의를 대체할 수 없다."[43] 동정심은 개인적이고 자발적인 감정이다. 동정심에는 아무런 비용이 들지 않는다.[44] 반면, 정의는 대가를 요구한다. 깨어진 세상에서 잘못된 일을 바로잡으려면 비싼 값을 치러야 한다. 다시 말해, 정의는 희생을 요구한다. 카턴은 루시를 위해 그녀의 남편 찰스 다네이의 머리를 요구하는 군중에게 자신을 희생물로 내준다. 찰스 다네이의 죄라고는 권력을 남용했던 이들의 가문에서 태어난 것뿐이고, 그는 그 권력마저도 오래전에 포기한 터였다. 복수심에 눈 먼 군중은 다네이의 무고함에는 관심도 없다.

도덕철학자들에 따르면, 정의의 영역에서 자신의 덕을 측정하는 한 가지 방법은 이렇게 묻는 것이다. "당신이 없는 것보다 있음으로 인해 공동체가 나아지기를 원하는가?"[45] 시드니 카턴은 "세상이—그리고 루시가—자기보다 찰스를 더 필요로 한다는 결론을 내린다."[46] 그는 복선을 암시하듯 루시에게 이렇게 고백한다. "전 어려서 죽은 몸이나 마찬가지입니다. 제 인생은 줄곧 그래 왔습니다."[47] 하지만 자신을 방치하고 다른 사람들을 위해 행동하는 카턴은 참으로 정의로울 수 없다. 자신의 번영을 바라지 않는 것은 악덕이다.

덕스러운 중용

정의는 자기 비움selflessness과 자기 본위selfishness를 모두 피한다. 사람은 이 덕스러운 중용을 획득할 때만 자기 자신에게 그리고 공동체 안에서 정의로울 수 있다. 정의는 자기 자신, 타인, 하나님을 비롯한 모든 이에게 합당한 몫을 주는 일이기 때문이다. 성경은 '네 이웃을 네 자신 같이 사랑하라'(마 22:39)라고 가르친다. 이 명령은 사람이 자신을 사랑해야 하고, 그 사랑 없이는 이웃을 제대로 사랑할 수 없다는 생각을 함축하고 있다. 자신을 너무 많이 사랑하거나 너무 적게 사랑하면 이웃을 제대로 사랑할 수 없다. 그렇다면 중요한 의미에서 정의의 덕은 자신을 정의롭게 대하는 데서 출발한다고 볼 수 있다.

표면적으로 볼 때 자기 비움은 순전한 선으로 보인다. 오늘날처럼 자기 본위가 만연한 시대에는 특히나 그렇다. 하지만 자기 비움이라는 선에도 한계는 있다. 비행기가 이륙하기 전에 나오는 안내 방송을 생각해 보라. 산소마스크를 써야 할 비상시에 다른 이들을 돕기 원하는 사람은 자기가 먼저 마스크를 써야 한다. 자기 비움selflessness이 극단에 이르면 자기가 **줄어드는**less 것(이것은 어느 정도까지는 대체로 좋다) 정도가 아니라 자아가 **말소**된다(이것은 각 인간의 본질적 가치를 어떻게 이해하든 좋지 않다).

플라톤은 정의가 영혼의 모든 부분 간의 적절한 균형 잡기 또는 비례 정하기라고 말한다.[48] 질서가 잡힌 영혼에 대한 기독교적 견해는 영혼의 모든 부분에 적절한 순서를 정하는 법을 밝힌다. 마음과 목숨과 뜻과 힘을 다하여 하나님을 먼저 사랑하는 것이 그 방법이다. 정의는 공동체 안에서의 관계뿐 아니라 개인 영혼을 이루는 여러 부분들의 관계에 질서를 부여하는 일에도 관심을 갖는다.

시드니 카턴은 지나치게 자기를 낮춘다. 그의 자기 비움은 건강한 자존감과 적절한 균형을 이루지 못한다. 그는 자신을 너무 적게 사랑하기에 이야기의 대부분이 보여 주듯, 다른 이들을 잘 사랑하는 데도 어려움을 겪는다. 부진한 삶을 사는 주정뱅이 변호사 카턴은 자신을 "낙담한 일벌레"[49]이자 "타락한 개, 그동안 어떤 좋은 일도 한 적이 없고, 앞으로도 절대 그럴 일 없는 사람"이라고 묘사한다.[50] 그는 "자신이 걱정할 사람도 없고 자신을 걱정해 줄 사람도 없"다고 말한다.[51] 삶으로 잘 사랑할 능력이 없는 그는 죽음으로만 사랑할 수 있었다.

물론 자신에게까지 완전한 정의를 실천할 수 있는 사람은 없다. 카턴은 소설의 끝부분에서 정의에 바싹 다가선다. 그의 영웅적 행위와 그 과정에서 얻은 자기 지식 때문이다. 이 세상의 정의에 관한 진실은 그것이 결코 상황을 정확히 바로잡을 수 없다는 것이다. 개인적으로든, 공적으로든, 우주적으로든, 결코 우리는 정교한 정의의 저울이 완벽한 대칭을 이루게 할 수 없을 것이다. 카턴의 희생은 적어도 두 가지 의미에서 정의롭지 않다. 첫째, 애초에 찰스 다네이의 체포, 투옥, 처벌은 정당화될 수 없는 일이었다. 카턴은 불의한 형벌을 자발적으로 대신 받았지만, 그것은 정의로 보이지 않는다. 다네이가 받은 사형선고 자체가 정의롭지 않기 때문이다. 둘째, 카턴의 희생은 그 자신에게 정의롭지 않다. 그의 자기 비움은 순수하게 덕스러운 것이 아니기 때문이다.

그러나 그것은 아름답다.

아름다운 정의

just 정의로운, 정당한와 **fair** 공정한, 공평한라는 단어는 종종 호환하여 쓰인다. 그러나 justice 정의는 대체로 객관적이고 보편적 판단 기준을 담고 있는 반면, fairness 공정함, 공평함는 종종 특정 상황에서의 올바른 균형감을 언급할 때 쓰이며, 다소 주관적으로 느껴진다. 완벽한 세계에서는 정의로운 것이 공평하기도 할 것이다. 하지만 타락한 세계에서는 정의가 늘 공평하게 느껴지는 것은 아니다. 타락한 인간성을 가진 우리는 하나님의 거룩함에 종종 발끈하고, 때로는 하나님의 정의가 공정하지 않다고 느낀다. 포도원 일꾼들의 비유(마 20:1-16)가 이 당혹스러운 느낌의 사례이다. 비유에서 일부 일꾼들은 다른 이들보다 더 적게 일했지만 모두가 처음에 합의한 임금을 똑같이 받았다. 공포정치라는 불의에 희생물로 바쳐진 카턴의 죽음은 정의롭지 않지만, 그가 그 죽음을 선택했을 뿐 아니라 명예롭고 고상하게 선택했다는 의미에서 그것은 fair하다. 완전한 정의가 없는 세상에서, 그는 자신이 사랑하는 사람을 위해 봉사했고 자신의 희생 안에서 구원을 발견했다. 그러나 fair라는 단어에는 '공정한'이라는 의미뿐 아니라 '아름다운'이라는 의미도 있다.[52] 카턴의 희생을 보면 이 두 번째 의미가 떠오른다. 그의 희생은 더욱 의미심장한 방식으로 **fair**하다.

정의와 아름다움은 모두 적당한 비율에 대한 표현이다. 미학에서 완벽한 비율은 황금 비율 또는 황금 분할로 알려져 있다. 13세기 수학자의 이름을 딴 '피보나치수열Fibonacci sequence'은 길이와 넓이 사이의 이상적 비율을 나타내는데, 이 비율은 아름다운 얼굴과 건물에서 보편적으로 발견된다. 우주적 규모와 미시적 규모를 통틀어 자연에서 두루 볼 수 있다. 이런 비율이 널리 일관되게 나타나는 것은 "아름다움은 보는 사람의 생각에 달렸다"라는 주관적(이고 현대적인) 개념을 놀랍게 반박한다. 아름다움은 개별 부분들의 통일성에서 나온다. 어떤 노래에서는 거슬리는 가락이 다른 노래에서는 아름답게 들린다. 해변의 오두막에서는 지나치게 화려한 빅토리아풍의 긴 의자가 20세기 초의 대저택에는 완벽하게 어울린다. 닥스훈트처럼 다리가 짧은 동물에게는 기린의 우아한

목이 터무니없을 것이다. 이와 마찬가지로, 정의는 정의가 봉사하는 사람들의 공동체와 떨어져 존재할 수 없다.

정의를 우리의 모든 상호 관계가 이루는 대칭으로 본 일레인 스캐리의 뜻매김을 기억하라. 대칭은 아름다움과 정의, 모두의 요소이다. 아름다움과 정의가 객관적 특성들을 갖고 있기는 하지만, 그것들을 인식하고 장려하려면 잘 관찰해야 한다. 스캐리에 따르면 거기에는 "지속적인 지각적 예리함"이 필요하고, 아름다움에 대한 지각은 불의를 지각하고 교정하는 데 도움이 될 수 있다.[53] "세상 곳곳에 놓여 있는 아름다운 것들이 지각을 촉구하는 작은 경종 역할을 하여 약해진 주의력이 가장 예리한 수준을 회복하도록 자극한다. 세상은 아름다움을 통해 우리가 엄밀한 수준의 주의 깊은 지각으로 끊임없이 되돌아가게 한다."[54] '엄밀한 수준의 주의 깊은 지각'은 정의를 추구하고 유지하는 데도 필요하다. 또 아름다움의 방식이 하나가 아니듯 정의를 이루는 방식도 그렇다.

정의는 균형 잡힌 교환을 요구한다. 카턴이 자신을 희생한 행위는 단순한 공평을 넘어선다. 그래서 그의 죽음은 불의하지만 아름답다. 그리스도께서 인류를 위해 십자가에 달리시고 세상의 죗값을 자신의 피로 지불하신 일도 공정하지 않았다. 그러나 그분의 희생을 통해 우리는 의롭게 되었고 그것은 아름다운 일이다.

이 세상에서의 정의는 언제나 바로잡고 균형을 맞추는 일일 테고―늘 진보하겠지만 (또는 퇴보하면서도) 결코 완벽해지지는 않을 것이다. 내 친구의 할머니가 노예로 살면서 경험한 불의는 그분의 생애에서 끝나지 않았다. 그 불의는 자녀들에게 영향을 미쳤고 내 친구를 포함한 손주들에게도 영향을 주었다. 내 친구는 그 불의를 용서했다. 그러나 용서조차도 과거가 남긴 파문을 없었던 것으로 만들 수는 없다. 그렇지 않은 척 가장하는 것은 또 다른 불의다.

끝없는 불의와 대의가 우리를 압도하는 오늘날, 마치 하나의 대의가 다른 대의와 경쟁하는 것처럼 그것들을 대립시키는 일이 흔하다. 여성의 대의냐 가난한 이들의 대의냐, 종교의 자유냐 환경이냐를 선택해야 한다. 우리는 종종 정의를 토지 구획처럼 생각하고 그 크기와 분배에 관심을 갖는다.

그러나 정의는 유한한 토지보다는, 저기서 자라나 꽃을 피우고 자생하며 끊임없이 퍼져 나가는 들꽃과 더 비슷하다. 정의는 아름다움처럼 무한에 근거한다.

카턴이 기요틴 부인의 영원한 품에 목을 맡기러 다가가면서 남긴 마지막 말은 참으로 적절하다. "예수께서 가라사대 나는 부활이요 생명이니 나를 믿는 자는 죽어도 살고 무릇 살아서 나를 믿는 자는 영원히 죽지 아니하리라." 이후, 그 불의한 광경을 목격했던 이들은 카턴에 대해 이렇게 말했다. "거기에서 봤던 죄수 중 가장 편안해 보이는 얼굴이었다."[55]

카턴은 피에 굶주린 이들의 허기를 채우고 가장 큰 사랑에 해당하는 희생을 치르러 처형대를 오르면서 환상을 본다. 소설은 그 환상을 묘사하며 끝난다. 그것은 이곳의 정의가 아니라 다가올 정의의 아름다움을 보여 주는 환상이다.

보인다. 이 깊은 심연에서 솟아난 아름다운 도시와 훌륭한 사람들이. 그들이 진정한 자유를 위해 투쟁하면서 승리와 패배를 거치고, 오랜 시간이 걸릴지언정 현재의 악행과 그것을 잉태한 예전의 악행이 스스로 속죄하고 사라지는 모습이. 보인다. 내가 생명을 내려놓음으로써 그들이 평화롭고 보람되고 번창하며 행복하게 사는 모습이…. 내가 지금 하려는 일은 지금까지 했던 그 어떤 행위보다 숭고하다. 지금 나는 이제껏 알던 것보다 더없이 나은 안식을 누리러 간다.[56]

The Adventures of Huckleberry Finn

By Mark Twain

4

용기

마크 트웨인, 《허클베리 핀의 모험》

내가 너에게 굳세고 용감하라고 명하지 않았느냐!
너는 두려워하거나 낙담하지 말아라.
네가 어디로 가든지,
너의 주, 나 하나님이 함께 있겠다.

여호수아 1 : 9 (새번역)

용기를 측정하는 기준은
어떤 위험을 감수하느냐가
아니라 어떤 선善을
보존하느냐에 있다.

용감한brave 이라는 단어는 요즘 여기저기서 많이 쓰인다. 개인적 이야기를 들려주고, 견해를 바꾸고, 흐름을 거스르는(이것 자체가 흐름인데) 사람이라면 거의 누구나 **용감하다**는 칭찬을 들을 가능성이 높다. 여자라면 더더욱 그렇다. 오늘날 **용감함**bravery과 **용기**courage는 종종 동의어로 쓰이지만, 용감한brave 이라는 단어의 역사는 **용기**courage와 흥미로운 차이를 보인다. **brave**의 옛 의미들 중에는 덕스러움과 거리가 먼 뜻도 있다. cutthroat잔인한, villain악당, crooked굽은, depraved부패한.[1] '**용감한**brave'의 현재 의미와 긴밀히 이어진 단어인 '**대담한**bold'은 덕이나 악덕과 결부되어 있지 않다. 대담함boldness은 좋은 것일 수도 있고 나쁜 것일 수도 있다. 우리 사회처럼 파편화된 사회에서 무엇인가에 대해 태도를 분명히 하면 거의 누구나 어디선가는 지지를 발견할 수 있다. 옳든 그르든, 대담한 사람은 모두 누군가에게 용감하다고 여겨질 것이다.

그에 반해 덕스러운 용기는 대담함을 위한 대담함 그 이상의 것이다. 용기를 측정하는 기준은 어떤 위험을 감수하느냐가 아니라 어떤 선善을 보존하느냐에 있다.

용기의 덕은, 2015년 파리행 고속열차에 타고 있다가 총을 휘두르는 테러리스트를 공격 직전에 제압한 세 명의 승객에 대한 뉴스 보도에서 잘 드러난다. 이 영웅 중 하나였던 미 주방위군 병사의 인터뷰는 그런 용기가 우발적인 것이 아니라 군사훈련으로 새겨진 습관의 결과였음을 암시한다. 그는 이렇게 설명했다. "처음에는 대체로 생존 본능이었습니다. 싸우다 보니 훈련의 효과가 나타나더군요."[2]

덕스럽게 용기 있는 사람은 단 한 번의 용기 있는 행동뿐 아니라 용기의 습관도 보여 준다. 도덕철학자들과 신학자들이 내린 간결한 정의에 따르면, 용기 — 또는 흔히 하는 말로 꿋꿋함 — 는 사람으로 하여금 어려움에 잘 맞설 힘을 주는 습관이다.[3] 이것은 단순해 보이는 정의이지만, 그 안의 세 용어 '어려움에 잘 맞선다'에는 많은 의미가 들어 있다. 무언가에 '맞선다'는 것은 무슨 뜻일까? 어떤 것을 '어렵게' 만드는 것은 무엇일까? 어려움에 '잘' 맞선다는 것은 무엇을 의미할까? 용기의 덕이 이런 요소들과 어떻게 연결되는지 이해하면 '용기'와 '단순한 용감함'의 차이를 알 수 있다.

용기와 심장

용기courage라는 단어는 '심장/마음heart'을 뜻하는 어근에서 나왔다. 용기를 얻는다는 것to be encouraged은 마음에 힘을 얻거나to be heartened 강하게 되는 것을 말한다. 누군가에게 "마음을 다잡으라take heart"라고 권할 때는 강하게 버티고 용기를 내라는 뜻이다. 우리가 **heart**라는 단어를 사용하여 욕망과 열정을 알린다는 것은 주목할 만하다. 누군가가 어떤 이를 두고 "가난한 사람들에 대한 마음a heart for the poor이 있다"라고 말하는 것은 그가 가난한 사람들의 유익에 열렬한 관심을 갖고 있다는 의미이다. 성경이 "네 보물 있는 그 곳에는 네 마음도 있느니라"(마 6:21)라고 말할 때의 **마음**heart도 열정과 욕망을 의미한다.

용기는

더 큰 선을 작은 선보다

우선시할 것을 요구한다.

처음에는 용기와 욕망의 연관성을 알아보기가 어려울 수도 있지만, 용기는 결국 누군가의 욕망들에 제대로 순서가 정해져서 중요한 것을 우선시하는 것임을, 심지어 더 큰 가치를 위해 자기 목숨을 내줄 정도에 이르는 것임을 알게 된다. 불타는 건물 안에 있는 아이를 구하기 위해 그 안으로 들어가는 사람은 아이의 목숨을 자기 목숨보다 더 귀하게 여기는 것이다. 보다 일상적인 용기 있는 행위에서도 이와 유사한 적절한 순서 매김을 볼 수 있다. 사람들 앞에서 말을 더듬는 상황을 어떻게든 피하고 싶어 하던 이가 신혼부부에 대한 큰 사랑으로 두려움을 누르고 그들을 위해 건배를 제의할 수 있다. 내가 아는 가장 용기 있는 어떤 사람은 신혼 생활이 처참한 파경을 맞은 이후에도 매일(음, 거의 매일) 침대에서 떨치고 일어나 출근한다. 그녀는 하루하루 계속 살아가기보다는 그냥 죽어 버리고 싶었을 것이다. 용기는 더 큰 선을 작은 선보다 우선시할 것을 요구한다. 용기는 장애물을 딛고서 적절한 시간에 적절한 장소에 마음을 두는 것이다.

허클베리 핀은 마음이 정말 따뜻한 소년이다. 《허클베리 핀의 모험 The Adventures of Huckleberry Finn》(1884)은 헉이라는 소년이 자기 욕망들을 올바로 정렬하는 법을 배우면서 올바른 곳에 마음을 두게 되는 이야기다.

헉이 처음부터 용감했던 것은 아니다. 사실, 이야기의 앞부분에 나오는 가엾은 헉은 외롭고 버림받은 꼬마, 의지가 강한 친구 톰 소여에게 휘둘리는 만만한 아이다. 헉은 짧고 불행한 생애의 상당 부분을 자신을 끊임없이 따라다니는 다양한 곤경으로부터 달아나면서 보냈다. 역경밖에 몰랐던 헉에게는 균형 감각이 없다. 자신을 학대하는 주정뱅이 아버지의 잔인한 "매질"에서 달아나고 자신을 "문명인으로 만들려는" 과부댁 더글러스 부인에게서도 한사코 달아난다.[4]

그러나 이야기의 끝부분에서 헉은 여러 상황을 겪으며 우연하게나마 용기를 발견한다. 그런 상황 중에는 본인이 한 일의 결과도 있었고 순전히 운이 나빠 벌어진 일도 있었다. 자기 행동의 결과와 우연의 일치의 결합으로 덕을 얻는 것을 묘사하는 대목은 우리 대부분의 사람들에게 일상적으로 삶이 펼쳐지는 방식을 반영한다. 우리가 마주하는 어떤 선택은 우리가 한 일의 결과이고, 어떤 선택은 우리의 통제력을 완전히 벗어나 있고, 대부분은 이 둘의 모종의 조합이다. 어려움을 전혀 만나지 않는다면 얼마나 좋을까? 그러나 그것은 불가능한 일이므로 용기의 덕을 가지고 힘든 상황에 맞서는 것이 차선이다.

이야기 앞부분에 나오는 유머러스한 대목은 헉이 살던 사회의 공허한 종교성(마크 트웨인의 풍자 소재로 자주 등장한다)을 조롱하며 헉의 소년다운 마음을 소개한다. 위선적인 미스 왓슨은 다양한 방식으로 헉에게 종교를 불어넣으려고 시도하는데, 기도를 가르치려는 것도 그중 하나였다. 그녀의 가르침을 받고(이와 비슷한 가르침이 대대로 많은 사람들에게 전해졌다) 헉은 기도의 목적이 원하는 것을 얻는 것이라고 생각하게 된다. 헉에 따르면 왓슨 아주머니는 "매일 기도해라. 그러면 네가 구하는 모든 것을 얻게 된다"라고 말했다. 실망스럽게도 헉은 "그렇지 않다"는 사실을 발견한다. 그는 포기하지 않고 기도가 효과를 발휘하게 하려는 노력을 계속하지만 이렇게 탄식하게 된다. "한번은 낚싯줄은 있는데 낚싯바늘이 없었다. 낚싯바늘이 없으니 낚싯줄이 아무 쓸모가 없었다. 그래서 서너 번 낚싯바늘을 주십사 하고 시험삼아 기도했다. 그러나 웬일인지 전혀 효과가 없었다." 그는 마침내 이런 결론을 내린다. "기도한 대로 원하는 것을 다 얻을 수 있다면, 교회의 윈 집사님은 돼지고기 때문에 잃어버린 돈을 왜 되찾지 못하는 걸까? 과부댁은 도둑맞은 은제 코담배 상자를 왜 도로 찾지 못하는 것일까? 왓슨 아줌마는 왜 살이 찔 수 없는 걸까? 나는 혼자 중얼거린다. 그래, 기도란 건 아무 쓸모없는 거야."[5] 재미있는 그림이다. 그러나 정직하게 말하면, 우리 대부분이 공감하는 그림이기도 하다. 미국의 모든 기독교에는 번영 복음이 조금씩은 들어 있다. 소위 아메리칸드림이라는 행복 추구 개념 위에 이 나라가 세워진 이래로 늘 그러했다.[6]

기도의 효과

강 아래로 달아난 이후 헉은 자신을 위한 기도가 아니라 다른 사람을 위한 기도라면 효과가 있을지 모른다고 인정하게 된다. 이 시점에서 그는 엄청나게 배가 고픈 상태였는데, 수색하는 사람들이 익사한 시체(사람들은 헉이 그런 상태라고 여긴다)를 찾아내려고 수은을 채운 빵 덩어리를 물에 띄우던 관습을 기억해 낸다. 헉은 곧 그 빵(게다가 양질의 빵)을 찾아내어 배부르게 먹고 나서 이런 생각을 한다. "과부댁이나 목사나 누군가가 이 빵이 나를 찾아내도록 기도를 올렸을 것이고, 과연 빵이 떠내려와 이렇게 나를 찾아냈다. 그렇다면 그 기도에는 효능이 있는 게 틀림없다. 과부댁이나 목사 같은 사람이 기도를 올리면 효능이 있는 것이다. 하지만 내가 기도를 하면 아무 효력이 없으니 기도가 통하는 사람들은 따로 있는 거구나."[7]

기도의 부분적 효력을 마지못해 인정하지만, 기도의 핵심은 상황을 변화시키는 것이 아니라 사람의 마음을 변화시키는 것임을 헉은 여전히 알지 못한다. 과부댁 더글라스 부인은 기도해도 소용이 없다는 헉의 말을 듣고 이 사실을 그에게 설명하려 했다. "우리가 기도로 얻을 수 있는 것을 '영적 은사'라고 하는 거란다." 헉은 과부댁의 설명을 기억해 낸다. "기도에 힘입어 다른 사람들을 돕고, 다른 사람들을 위해 할 수 있는 일을 전부 하고, 그 사람들을 항상 돌봐 주고, 나 자신에 대해서는 절대로 생각하지 말아야 해."[8] 다시 말해, 헉의 욕망—그의 마음 또는 용기—은 다른 사람들을 자신보다 우선시하는 것이 되어야 했다. 그런 일은 어린 헉에게 불가능해 보인다. 그러나 기도의 이런 효과는 이야기의 끝에서 실현된다.

군중 속에는 용기가 없다

이 소설에서 용기를 가장 분명하게 다루는 대목은 갑작스럽고 놀라운 장면에 나온다. 표면적으로 이 장면은 잠시 이야기에 등장했다가 다시는 나타나지 않는 등장인물들이 계속 이어지는 연속적 모험 중 하나인 것 같다. 하지만 이 장면의 심각함은 소설의 나머지 대목들의 특징인 희극성과 너무나 날카롭게 대조를 이루기에 그 중요성이 두드러진다.

혁과 짐(미스 왓슨의 도망 노예)은 불행히도 두 명의 사기꾼과 얽혀 같이 다니게 되고, 그들 무리는 소란스러운 어느 마을에 들른다. 그곳에서 술 취한 부랑자가 마을 사람 하나를 마구잡이로 모욕하는데, 모욕을 당한 사람이 불쑥 그 주정뱅이를 쏘아 죽인다. 마을 사람들은 살인자를 직접 처벌하기로 결정하고 그의 집으로 몰려간다. 그는 집에서 나와 군중을 천천히 바라보고는 놀랄 만큼 진지한 달변으로 연설을 한다. 그의 말은 이렇게 시작된다. **"네놈들이** 누굴 린치하기로 생각했다 이거지! 정말 놀랍군."

네놈들이 진짜 **사나이**를 린치할 정도로 배짱이 있다고 생각했다 이거로군! 이 동네까지 흘러온 가난하고 친구도 없는 여자들한테 타르칠을 하고 깃털을 붙여서 혼낼 만큼 네놈들이 용감했으니까, 이제 **사나이**한테 손을 대도 될 만한 배짱이 생겨났다고 여기는 건가? 웃기네. 네놈들 같은 녀석들이야 만 명이 몰려와도 진짜 **사나이**한테는 손 하나 까딱 못 할 거다. 백주 대낮에, 그것도 정면으로 승부하면 말이야… 평범한 인간이란 다름 아닌 겁쟁이니까… 신문에서 네놈들을 용감한 사람들이라고 늘상 불러 주니까 네놈들이 다른 어떤 이들보다도 '정말로' 더 용감한 줄 생각하는 거지. 하지만 네놈들은 네놈들끼리 고만고만하게 용감할 뿐, 그 수준을 넘지 못해. 네놈들의 배심원은 왜 살인자를 목매달아 죽이지 않지? 그야 그 살인자의 친구란 놈들이 나중에 등 뒤에서, 한밤중에 총을 쏠까 봐 겁이 나서지. 그들은 실제로 그렇게 하니까 말이야. 그러니 살인자들도 항상 석방되는 거지. 그러다가 진짜 **사나이**가 한밤중에 앞장서서, 백여 명이나 되는 복면을 쓴 겁쟁이들을 뒤에 거느리고 그 악당을 린치하는 거지. 오늘 네놈들의 실수는 그렇게 앞장설 진짜 사나이를 데려오지 않았다는 거야. 그것이 한 가지 실수고, 또 한 가지 실수는 네놈들이 한밤중에 복면을 하고 쳐들어오지 않았다는 거지….

  네놈들은 사실 여기 오고 싶지 않았겠지. 평범한 인간은 귀찮은 일과 위험한 일을 싫어하거든. **네놈들은** 귀찮은 일과 위험한 일을 싫어하지. 하지만 … 네놈들은 뒤로 물러서는 것을 겁을 내지. 혹시 그러다가 네놈들의 본색이 드러나고 **겁쟁이**라는 사실이 들통 나면 어쩌나 겁이 나는 거야. 그래서 네놈들은 고함을 지르고 저 반편밖에 안 되는 놈의 뒤꽁무니에 달라붙어서 무슨 대단한 일이라도 할 것처럼 호언장담하며 여기까지 와 분통을 터뜨리는 거지. 세상에 가장 꼴사나운 것이 오합지졸이야. 군대라는 것도 다른 게 아니야. 오합지졸일 뿐이지. 타고난 용기를 가지고 싸우는 게 아니라, 자기네 머릿수와 상관에게서 빌려 온 용기를 갖고 싸우는 거니까. 하지만 선두에 진짜 사나이가 없는 오합지졸은 **꼴사나운 수**

준에도 못 미치지.[9]

이 긴 연설(그나마 많이 줄여서 소개했다)에 용기의 한 가지 핵심 요소가 등장한다. 아이러니하게도 연설의 주체는 냉혹한 살인자이다. 그는 자기를 찾아온 사람들의 외적 당당함에 속지 않고 그들 내면 속의 비겁함을 꿰뚫어 본다. 그것은 모든 오합지졸 안에 내재한 비겁함이다. 오합지졸의 거짓 용감함을 용기라 볼 수 없는 것은 그들의 본질이 구성원 개개인들에 대한 위험을 분산하는 데 있기 때문이다. 그들의 '용기'는 '머릿수에서 빌려온' 것이다. 위험이 없다는 것은 어려움이 없다는 뜻이다. 어려움이 없는 자리에는 용기도 없다. 어떤 행위가 진정 용감한 것이 되려면 거기에 알려진 위험 또는 잠재적 상실이 따라와야 하기 때문이다.[10]

이번 장을 쓰고 있는 지금은 우연히도 소규모의 오합지졸 ─ 큐클럭스클랜KKK단의 회원 50명 ─ 이 우리 집에서 한 시간도 안 떨어진 곳에서 시위를 벌인 바로 다음 날이다. 낡아 빠진 가운을 걸치고 지금은 고갈된 야만적 과거의 감정을 품은 채 모인 그 무리는 울타리로 두른 영역 안에서 경찰의 보호를 받으며 45분 동안 고래고래 고함을 질러 댔다. 천 명의 반대 시위자들과 수많은 카메라, 기자들이 그 주위를 에워싸고 있었다. 6주 후, 더 큰 오합지졸이 다시 모였고, 그들이 해산할 무렵 그중 한 사람이 차를 몰고 반대 시위자들인 군중을 향해 돌진하여 한 사람이 죽고 많은 사람이 다쳤다.

오합지졸의 비겁함을 보여 주는 이 장면과 반대로, 2년 전에 등

산복과 헬멧을 갖춰 입은 한 여성이 9미터가 넘는 주 의회의 깃대에 올라 인종차별적 과거를 상징하는 남부연합기 깃발을 가지고 내려왔다. 용기 있는 이 여성 브리 뉴섬Bree Newsome은 땅에 발을 디딘 직후, 자신을 체포하려고 기다리는 당국자들에게 자발적으로 고개를 똑바로 든 채 투항했다.

용기는 용기 자체보다는 다른 것과의 관계에서만 존재한다. 용기는 "자신을 신뢰"[11]하지 않고 외부의 객관적 선의 기준을 참조한다. 용감한 행동이 용기의 덕에 해당하려면 고귀한 목표를 위한 행동이어야 한다. 아리스토텔레스는 "용감한 사람이란 고귀한 일을 위해 굳게 버티는 사람"이라고 말한다.[12] 비열한 목적을 위해 저지른 과감한 행동은 대담한 것일 수는 있지만 참으로 용기 있는 것은 아니다. 암브로시우스Ambrosius는 "정의가 없는 꿋꿋함은 사악함의 원천"이라고 말한다.[13] 그런 행동들은 덕스럽다고 여길 수 없고, 그러므로 용기 있는 행위라 할 수 없다. 용기는 언제나 정의로운 목적과 이어져야 한다.

용기와 정의의 결합

강에서 헉, 짐과 함께 지내게 된 두 사기꾼, 자칭 공작과 왕이 벌인 사기 행각은 용기를 정의와 연결한 고대인들의 지혜를 입증한다. 이 사기꾼들은 유럽의 귀족, 셰익스피어 작품의 연극배우, 오랫동안 연락이 끊겼다가 이제 집행될 유언을 받으러 온 상속인 행세를 하면서 엄청난 대담함을 보여 준다. 그러나 뻔뻔함은 용기와 다르다. 사기 치고 속이고 훔쳐서 인생을 살아가는 사람들은 아무리 철면피같이 그 일을 해낸다 해도 덕과는 거리가 멀기에 덕스러운 용기가 없다. 그들의 터무니없고 부도덕한 행동들은 정의와 무관한 철면피가 어떻게 악을 초래하는지 분명히 보여 준다. 이 소설에서는 짐을 노예로 팔아넘기는 것이 여기에 해당한다.

용기는 언제나 정의와 연관되어 있고 정의는 이성으로 판단하기 때문에 철학자들은 용기를 "이성의 일"[14]이라고 부른다. 이성은 무엇이 용기라는 선에 해당하는지 아는 지식의 한 부분이다. 위험을 감수하는 것이 모종의 선을 의도한 행동이 아니라 성향에서 나온 결과일 뿐이라면 덕스러운 것이 아니다. 추론 능력은 정의로운 것을 증명하는 데 필요할 뿐 아니라 위험한 상황에서 두려움을 갖게 하는 능력이기도 하다. 이성은 위험을 인식하고 인정한다. 잠재적 해를 무시하거나 간과하는 것은 불합리하고 무모하며 어리석은 일이다. 그렇기 때문에 유명한 경구에서 보듯, 용기는 두려움의 부재를 의미하지 않는다. 사실, 용기가 어려움에 잘 맞서는 일을 수반한다면, 두려움의 존재는 어려움을 더 크게 만든다. 《모비딕Moby Dick》(1851)의 스타벅은 이와 비슷한 맥락에서 자기 보트 선원들에게 이렇게 말한다. "고래를 두려워할 줄 모르는 자, 아무도 이 보트에 오르지 마라."[15]

이처럼 모든 대담함을 다 용기의 덕으로 여길 수는 없다. 공이 도로로 굴러가자 위험도 모르고 달리는 차들을 향해 뛰어드는 걸음마하는 아기는 용기의 사례가 아니다. 그러나 그 광경에 깜짝 놀라 도로로 뛰어들어 달려오는 차량을 피하도록 아이를 멀리 밀어내는 사람은 용기 있는 자이다. 두려움은 취약함이나 잠재적 상실을 인식할 때 생긴다. 아리스토텔레스는 그것을 이렇게 표현한다. "정당한 대상을 정당한 이유에서 정당한 방식으로 정당한 때에 견디고 두려워하는 사람—그리고 그에 관해 확신을 갖는 사람—이 용감한 사람이다. 용감한 사람은 사안의 가치에 맞게 이성이 요구하는 대로 느끼고 행동하기 때문이다."[16] 용기 있다고 간주하기 위해서는 모종의 손상을 당하기 취약한 상태여야 한다.[17] 만약 어려움에 맞서는 것이 용기에 필요한 유일한 조건이라면, 영웅이 되고자 하는 사람은 장애물을 만들고 그것을 극복하기만 하면 될 것이다. 그러면 짜잔! 하고 용기가 탄생할 것이다. 사랑스럽지만 어리석은 톰 소여는 사로잡힌 짐을 풀어 주려는 헉을 '돕기' 위해 바로 이런 일을 벌인다.

두 소년이 오두막에 갇혀 있는 짐을 풀어 주려면 분명 위험을 감수해야 한다. 그러나 꾸준히 읽어 온 대중소설의 터무니없는 이야기가 머리에 가득한 톰은 그 위험을 최소화하기는커녕, 최대한 크게 만들어 모험심을 자극하는 쪽을 택한다. 헉이, 집안사람들이 모두 잠자리에 들면 열쇠를 가지고 몰래 빠져나가 짐을 풀어 주자고 제안했을 때, 톰은 그 계획이 효과가 있을 거라고 말하면서도 이런 이유를 대며 반대한다. "그건 너무 간단해서 아무 재미가 없어. 그렇게 어려움이 전혀 없는 계획을 어디에 쓰겠니?" 대신에 톰은 새로운 계획을 제안하는데, 헉에 따르면 "내 계획과 마찬가지로 짐을 자유의 몸으로 만들뿐더러, 어쩌면 우리 모두 죽음을 맞게 만들지도 모를" 제안이었다.[18] 톰의 계획에는 소년들이

> 용기가 미래의 다른 위험들을
> 더 만들어 내는 일이 없으려면,
> 중용으로 악에 맞서야 한다.

읽을 법한 가장 자극적인 이야기들에 어김없이 등장하는 요소들이 들어 있다. 톱, 도랑, 밧줄 사다리, 피로 쓴 편지, 눈물 젖은 꽃 등이다. 톰은 이렇게 설명한다. "이쪽에서 **온갖** 어려움을 만들어 내야 하는 거야."[19] 이런 희극성이 헉과 톰의 이야기를 교훈적일 뿐만 아니라 유쾌하고 재미있게 만든다.

용기가 미래의 다른 위험들을 더 만들어 내는 일이 없으려면, 중용으로 악에 맞서야 한다. 그래서 "두려움을 억제하고 과감한 행동을 완화시켜야" 한다.[20] 톰에게 없는 것이 바로 중용이다. 이 이야기는 진정한 용기에 중용이 필요하다는 것을 잘 보여 준다. 소년들은 짐을 풀어 주고 포획자를 피해 달아나게 하는 데 간신히 성공하지만, 모험의 수위를 높여 위험을 키워야 한다는 톰의 낭만적 고집은 탈출 도중 톰이 다리에 총을 맞는 자연스러운 결과를 맞는다. 용기는 분별의 "지도를 받는" 경우에만 탁월할 수 있다.[21] 진정 용기 있는 사람은 "상해 자체를 위해 상해를 감수하지 않는다."[22] 용기는 "단순히 활기차고 맹목적이고 원기왕성하고 저돌적인 정신과 아무 관련이 없다." "무모하고 무분별하게 어떤 종류의 위험이든 자초하는" 사람은 "그렇게 한다고 해서 용맹한 것이 아니다. 그가 증명하는 것은 심신의 온전함보다 그것이 손상될 위험을 감수하며 추구하는 온갖 것들을 더 귀하게 여긴다는 사실이다."[23]

톰의 객기에도 불구하고 헉, 짐, 톰은 모든 일이 잘 풀린다. 가장 큰 장애물이던 톰의 허세는 공작과 왕의 셰익스피어 공연처럼 어설픈 연극일 뿐이었다. 톰은 자신은 물론이고 친구들의 목숨까지 위험하게 만든 후에야 자신이 줄곧 알고 있던 사실을 털어놓는다. 짐은 진작부터 자유인이었다. 두 달 전에 죽은 미스 왓슨이 유언장에 그를 자유롭게 해 준다는 내용을 담았던 것이다.

하지만 이 모든 사실이 드러나기 전에, 상황은 잘못된 방향으로 상당히 진전된다. 재난에 가까운 상황 한복판에서, 짐은 분별력과 중용을 모두 발휘하여 선을 추구하며 어려움에 잘 맞선다. 이 책에서 가장 용기 있는 캐릭터의 모습이다.

도망 노예의 용기

헉에게 베푸는 짐의 친절과 충실은 이야기의 처음부터 잘 드러난다. 그때 짐은 모든 것을 걸고 가족을 위해 자유를 찾아 나서는 참이었다. 이후에도 그는 줄곧 용기의 덕을 보여 주는데, 특히 이야기 끝부분에서 드러내는 꿋꿋함은 용기의 본질적 특성 중 하나인 인내를 잘 예시한다.

일부 독자들은 이야기 내내 나타나는 짐의 수동성을 '엉클 톰'*에 대한 전형적 묘사로 해석한다. 짐은 타락한 '공작'과 '프랑스 황태자'가 뗏목을 징발하고 헉과 자신을 위험하게 만드는 것을

---

* 해리엇 비처 스토우Harriet Beecher Stowe가 쓴 소설 《톰 아저씨의 오두막Unde Tom's Cabin》에 나오는 주인공에서 유래한 금기어로, 과거 미국인의 시중을 들거나 그들의 비위를 맞추려는 흑인을 가리킬 때 쓰였다 – 편집자

참는다. 그는 톰의 돈키호테 같은 탈출 계획을 받아들인다. 물론 그런 상황에서 짐에게는 별다른 선택의 여지가 없다. 그래서 그는 인내한다. 그런 인내는 용기에 필수적이다. "인내는 영혼의 강력한 활동, 즉 선을 단단히 붙잡고 매달리는 것이다. 상해와 죽음이라는 물리적, 영적 고통 가운데서는 이런 어기찬 활동을 통해서만 버틸 힘을 얻을 수 있다."[24]

그러나 짐이 탈출하는 사이에 톰이 총을 맞자, 그는 톰을 구하기 위해 숨어 있던 자리에서 나온다. 그것이 자유를 포기하는 일이 될 줄 알면서도 그렇게 한다. 위험을 인식하고 더 큰 선—자신의 자유보다 소중한 소년의 생명—을 위해 그 위험에 맞서는 것으로 짐은 용기의 덕을 구현해 낸다. 책에서 가장 힘없는 캐릭터(도망 노예는 가난한 가출 아동보다도 더 권위가 없었다)가 다른 어떤 캐릭터보다 더 큰 힘을 발휘한다. 더 큰 용기도 발휘한다.

짐의 용기는 이성과 양심 모두에 근거한다. 이성은 둘 중 한 가지 방식으로 잘못된 결정을 내리게 할 수 있다. 먼저, 이성에 결함이 있어서 잘못된 선택을 하면서도 바른 선택을 한다고 생각할 수 있다. 그리고 바른 일이 무엇인지 알면서도 어쨌든 잘못된 선택을 내릴 수 있다.

나의 행동이 옳은지 그른지 판단하는 것은 양심의 영역이다. 양심conscience(문자적으로 이 말은 '지식을 가지고'라는 뜻이다)은 지식이나 이성의 적용이다.[25] 양심에는 두 가지 요소가 있는데, 하나는 올바른 행동으로 이끄는 안내자 역할이고 다른 하나는 이루어진 행동을 판단하는 역할이다.[26] 이런 면에서 양심은 분별과 비슷하다. 짐은 이성과 제대로 된 양심에 근거하여 바르고 용기 있는 선택을 내린다.

지식이나 경험의 부족 또는 잘못된 가르침 때문에 주어진 상황에서 무엇이 옳고 그른지 분별하기 어려울 때가 있다. 헉이 바로 이런 상황에 있다. 그러다 보니 그는 신뢰할 수 없는 화자가 된다 (이것은 물론 트웨인의 희극적이고 풍자적 접근법에서 나온 방식이다). 이 소설 전체가 헉이 친구 짐이 자유를 찾도록 돕는 문제에서 올바른 일을 하기로 결심하고 그 결심을 실행에 옮기면서 직면하는 어려움을 중심으로 하고 있다.

용기와 일그러진 양심

헉의 문제—우리 모두의 문제이기도 하다—는 그의 양심이 전적으로 신뢰할 만한 안내자가 아니라는 것이다. 사실, 이 소설에서 트웨인이 풍자하는 한 가지 주된 표적은 타락한 문화로 인해 일그러진 양심이다. 헉은 옳고 그름에 대한 왜곡된 견해를 갖고 있는데, 그것은 결함이 있는 사회가 그에게 전해 준 것이다. 그가 당대 문화에서 배운 잘못된 교훈을 바로잡아가는 진보의 과정이 이 소설의 핵심이다. 소설 내내 헉의 일그러진 양심의 작용과 그것을 바로잡기 위한 그의 몸부림이 펼쳐진다. 헉은 노예제가 좋은 것이라고 배운 터라, 그의 양심은 그것을 출발점으로 추론을 시작했고 결국 잘못된 결론에 이른다.

옳고 그름에 대한 헉의 감각은 너무나 왜곡되어 있어서 헉은 짐이 왜 자유로워지고 싶어 하는지를 이해하는 것조차 어렵다. 헉은 짐처럼 좋은 사람이 '정당한' 주인의 손에서 달아나는 아주 '잘못된' 일을 하려 한다는 것을 당혹스럽게 생각한다. 헉은, 노예는 인간이 아니고, 노예제는 좋은 것이고, 노예는 주인의 재산이며, 다른 사람의 재산을 훔치는 것은 잘못이라고 가르치는 사회에서 자랐다.

남북전쟁 이전의 남부의 많은 사람들처럼, 헉의 양심은 옳고 그름에 대한 감각이 비틀어진 채 형성되었다. 윌리엄 매티슨William Mattison은 《도덕 신학 입문Introducing Moral Theology》에서 노예제를 예로 들어 양심이 사회적 규범에 의해 완전히 일그러질 수 있음을 보여 준다. 그래서 18세기 미국에 살고 있던 노예 소유주들은 노예를 소유하는 일이 "덕스러운 행동"이라고 "마음 깊은 곳에서" "진심으로" 믿을 수 있었다.[27] 매티슨은 이렇게 설명한다. "사람은 자신의 양심을 따를 수 있고, 그렇게 해서 마음 깊이 자신이 잘 행동하고 있다고 정직하게 생각하면서 잘못된 행동을 할 수 있다." 이것을 잘 보여 주는 사례가 노예 소유주의 "잘못된 양심"이었다.[28] 노예 소유를 정당화하는 생각은 성경이 디모데전서 4장 1-2절에서 말하는 화인 맞은 양심, 성경의 가르침을 너무 오랫동안 내버려 무감각해진 양심이 무엇인지 잘 보여 준다. 개인과 사회 모두 다 성경의 원리를 내버릴 수 있지만, 사회가 그렇게 할 때는 비성경적 가르침과 거짓된 가치관으로 사회 속 개인들의 양심이 화인 맞게 하는 데에 중요한 역할을 하게 된다. 물론 모든 사회에는 나름의 맹점들이 있다. 헉의 사례와 역사상 수많은 다른 사례가 보여 주듯, 하나님이 인간성과 자연법 안에 확립해 놓으신 것을 인간의 관습과 도덕으로 가리는 일이 가능하다. 인간 본성이 계시하는 도덕적 진리와 그 본성을 만드신 하나님을 가리는 거짓들이 드러나려면 노력과 트라우마, 또는 어떤 돌발적 현현*이 있어야 한다. 어쩌면, 위대한 소설가가 필요할 수도 있다.

혁이 짐의 탈출을 돕기로 결정할 때, 그는 그것이 '잘못'이라고 생각하면서 그렇게 한다. 혁은 톰에게 이렇게 말한다. "네가 무슨 말을 하려는지 알아. 그건 더럽고 비열한 짓이라고 할 테지. 하지만 그래서 어떻다는 거야? 난 야비한 인간이야. 난 짐을 훔쳐 낼 작정이야. 네가 입 다물고 누설하지 말아 주었으면 해. 그렇게 해 줄 거지?"[29] 톰이 돕겠다고 하자, 혁은 짐의 경우처럼 톰에 대한 "나의 평가도 상당히 안 좋아졌다"라고 혼잣말을 한다. 그의 생각은 이렇게 이어진다.

톰은 그야말로 번듯하고 잘 자란 소년이었다. 그리고 잃어버리기에는 아까운 평판도 갖고 있었다. 물론 집에 있는 그의 식구들도 평판이 좋다. 또 녀석은 똑똑하고 절대로 멍텅구리가 아니었다. 아는 것이 많고 무식하지 않았다. 비열하지 않고 친절했다. 그런데 그런 녀석이 자부심이고 공정함이고 감정이고 다 팽개친 채 수준에 안 맞는 이런 일에 손을 대어 모든 사람 앞에서 자기뿐 아니라 가족에게까지 먹칠을 하려는 것이었다. 나로선 도무지 **이해할 수**

---

* epiphany, 평범하고 일상적인 대상 속에서 갑자기 경험하는 영원한 것에 대한 감각 혹은 통찰 — 옮긴이

가 없었다. 도대체가 터무니없는 일이었다. 그래서 나는 녀석에게 솔직히 털어놓아야 한다는 생각이 들었다. 참된 벗이라면 녀석에게 지금 이 상황에서 당장 그만두라고, 자기를 구제하라고 말해야 했다.[30]

헉은 사회가 알려 준 거짓 가르침과 짐의 인간성을 조화하는 데 어려움을 겪는다. 짐이 가족에 대한 사랑과 그리움을 표현하는 것을 들으면서도 그것을 어떻게 이해해야 할지 모른다. "내 생각에 짐이 자기 식구를 아끼는 것은 백인들이 가족을 아끼는 마음과 다르지 않았다." 그는 경탄한다. 그러고 나서 이런 결론을 내린다. "자연스러운 일은 아닌 것 같지만, 내 생각에는 그랬다."[31] 헉은 짐이 자유를 얻으면 돈을 모아서 아내와 자식들을 사 올 것이고, 그것이 여의치 않으면 훔쳐 오기라도 하겠다는 계획을 듣는다. 도덕적 견해가 뒤집혀 있던 헉은 그 말에 기겁을 한다. "그런 이야기를 듣자 나로선 등골이 오싹했다." 헉은 그런 짐이 "실망스러웠고" 범죄를 돕는 것에 죄책감을 느낀다. "내 양심은 그 어느 때보다 더 나를 몰아댔다." 헉은 노를 저어 짐을 자유의 땅으로 데려가면서 말한다. "결국 나는 양심에다 대고 이렇게 말했다. '나한테 맡겨둬. 아직 너무 늦은 건 아니야. 첫 불빛이 보이자마자 강변에 카누를 대고 모조리 말해 버릴 테니까.'" 그런 결정에 그의 일그러진 양심이 편안해진다. "내 마음은 곧바로 편안하고 행복하고 깃털처럼 가벼워졌다. 모든 걱정이 사라졌다."[32]

도덕철학자들의 설명에 따르면, 사람의 양심에 잘못된 정보를 줄 수 있는 무지에는 두 가지가 있다. 극복 가능한 무지와 극복 불가능한 무지다. 극복이 가능한 무지는 충분히 주의를 기울이면 피할 수 있다. 극복이 불가능한 무지는 사람이 전체 상황을 다 파악할 수 없었을 때 생겨난다. 둘의 차이는 신의성실에 따라 행동하는가, 아닌가에 있다.[33] 이 두 종류의 무지는 "우리가 진심으로 좋은 일이라고 생각하지만 실제로는 우리 자신과 다른 사람들, 그리고 사회 전체를 타락시키는 일"을 하는 것이 가능함을 보여준다.[34]

헉의 무지는 극복 불가능한 무지다. 안 그래도 헉은 아이인지라 도덕적 유책성을 많이 부여하기 어렵다. 게다가 사회 및 권위적인 위치에 있던 사람들은 헉에게 노예제가 옳다고 가르쳤다. 그러나 그의 양심이 잘못 빚어졌음에도 불구하고, 하나님의 법은 그의 마음에 새겨져 있고 그 법은 이야기가 진행되는 내내 사회가 헉에게 전해 준 잘못된 생각과 씨름을 벌인다.

무장한 두 사람이 헉과 짐이 있는 뗏목으로 다가오자, 헉은 본능적으로 거짓말을 하여 짐을 보호한다. 이후 헉은 자신이 잘못된 일을 했다고 믿고 낙심한다. 양심이 왜 이처럼 자신을 괴롭히는지 설명할 수 있는 일관된 도덕적 논리를 갖추지 못한 헉은 실용적 윤리로 만족한다.

내가 한 일이 나쁜 일이라는 것은 너무나 분명했다. 나 같은 놈은 바른 일을 배우려고 해도 아무 소용이 없다는 사실을 알게 되었다. 어려서부터 착한 일을 하는 **버릇을 들이지** 못하면 다시는 기회가 없는 법이다. 위급한 상황이 닥칠 때 뒤를 받쳐 주고 좋은 일을 해내도록 붙들어 줄 것이 없으니, 결국 손을 들고 마는 것이다. 그래서 나는 잠시 생각해 보다가 속으로 이렇게 말했다. 잠깐만 있어 봐. 내가 만약 올바른 일을 해서 짐을 넘겨주었다고 치자. 그러면 지금보다 기분이 더 나아질까? 아니, 기분이 나빴을 거야. 아마 지금과 똑같은 기분이었을 거야. 그래? 그렇다면 옳은 일을 할 줄 아는 게 무슨 소용이 있지? 올바른 일을 하면 골치가 아프고, 잘못된 일을 하면 아무 문제가 없는데다가, 그 두 경우의 결과가 똑같다면? 나는 여기서 딱 막히고 말았다. 이 문제에 대해서 답을 할 수가 없었다. 그래서 이 일로 더 이상 골치를 썩이지 않기로 했다. 대신 앞으로는 항상 그때그때 편리한 대로 행동하기로 했다.[35]

그러나 헉의 양심은 자신이 깨달은 것보다 더 발달해 있고, 그는 짐을 주인인 미스 왓슨에게 돌려주는 '바른' 일을 하도록 자신을 설득하려고 애쓰면서 양심과 계속해서 씨름한다. 사회가 옳다고 가르친 바와 하나님이 주신 양심이 잘못된 일이라고 지적하는 내용 사이에서 흔들리는 헉의 고민은 이야기의 상당 부분을 차지한다.

마침내 헉은 미스 왓슨과 더글라스 과부댁이 가르쳐 준 기도에 대한 교훈을 떠올린다. 그는 기도가 자신에게 효력이 없었다는 점을 기억하지만, 짐의 행방을 알리는 편지를 써서 '올바른' 일을 한다면 하나님이 자신의 기도를 듣고 응답하실지도 모른다고 생각한다. 헉은 그 편지를 쓰자마자 이렇게 말한다. "이제는 기도를 할 수 있을 것 같았다."[36]

그러나 기도를 시작하기 전에, 강에서 짐과 함께했던 시간들, 짐이 자신을 친절하게 대하고 보살펴 준 일, 짐이 자신을 최고의 친구라고 불렀던 기억이 홍수처럼 밀려든다. 그때 헉은 편지를 바라본다. "그걸 집어서 한 손 위에 놓았다. 나는 덜덜 떨고 있었다. 둘 중 한 가지를 영원히 결정해야 한다는 것을 알고 있었기 때문이다. 나는 잠시 생각하며 거의 숨을 멈추다시피 했다. 그러고 나서 이렇게 혼잣말을 했다. '좋아, 그러면 지옥에 **가겠어**.' 그러면서 편지를 찢어 버렸다." 스스로에게 지옥행을 선언한 후, 헉은 그 결정의 심각성을 숙고한다. 그러나 그 결과, 그 결정에 대한 확신이 깊어질 따름이다.

그야말로 끔찍한 생각이었고 끔찍한 말이었지만 이미 입 밖에 내뱉고 말았다. 그리고 내뱉은 말을 취소하지 않았다. 마음을 고쳐먹는 일은 더 이상 생각하지 않기로 했다. 그 모든 생각을 머리에서 몰아냈다. 그리고 다시 나쁜 짓을 하기로 했다. 나란 놈은 원래 그렇게 생겨 먹었고 그런 식으로 자라났으니까. 착한 일과는 거리가 멀었으니까. 그래서 가장 먼저 짐을 다시 한번 훔쳐 내어 풀어 주기로 했다. 그리고 그보다 더 나쁜 일을 생각할 수만 있다면, 그 일도 하기로 다짐했다. 이왕 나쁜 일에 발을 들여놓은 이상, 그것도 영영 들여놓은 마당이니 아예 철저하게 하는 것이 낫겠다고 생각했기 때문이다.[37]

짐을 도운 자신이 지옥에 가게 될 거라는 헉의 믿음은 물론 잘못된 것이지만, 그는 그 사실을 알지 못한다. 그는 자기 생각에 사람이 직면할 수 있는 가장 큰 위험 — 영혼의 영원한 형벌 — 앞에 서서 자신의 행복보다는 다른 사람의 행복을 선택한다. 아이러니하게도 헉은 자기 마음속에서 울리는 하나님의 율법의 외침을 들으면서, 그것을 잘못을 저지르라는 유혹으로 오인한다. 짐의 탈출을 돕겠다는 결정은 그에게 정의를 지향하는 고결한 행동이 아니다. 그러나 이것이 트웨인의 풍자가 지닌 위대한 아이러니다. 헉은 자신의 의도가 불의하다는 잘못된 믿음을 갖고 있었음에도, 짐의 자유를 위해 자기 영혼이라도 기꺼이 희생하겠다는 용기를 보여준다.

어떤 행위가 용감한 것이 되려면 위험이나 위기를 알면서도 그것과 직면해야 한다.[38] 헉이 가진 지식(잘못된 지식이긴 하지만)을 고려할 때 그의 결정은 용감한 것이다. 그의 용기는 수십 년 후의 현실 속 순교자 디트리히 본회퍼Dietrich Bonhoeffer의 글에서 메아리친다. "사람이 죄의 책임을 스스로 짊어질 때, 그는 다른 누구도 아닌 자신에게 죄책을 돌린다. 그는 죄책을 떠맡는다…. 다른 사람들 앞에서 그는 절박한 필요가 있었기에 당당하고, 본인으로서는 양심에 비추어 떳떳하지만, 하나님 앞에서는 다만 은혜를 바랄 뿐이다."[39]

지금처럼 대단히 개인주의화된 시대에는 양심과 용기 같은 것도 주로 개인적인 관점에서 생각한다. 개인주의와 체험주의에 입각한 헉의 용기는 찰스 테일러Charles Taylor가 "진정성 추구"[40]라고 묘사한 매우 현대적인 용기다. 헉의 용기는 일그러진 양심을 극복하여 이성과 본성이 초월적이고 영원히 선하고 옳다고 인정하는 일을 행한 데 있다.

그러나 덕(과 악덕)의 함양과 표현, 그리고 양심의 형성은 개인적 행위만이 아니라 공동체적 행위이기도 하다. 위대한 문학은 개인의 경험과 품성에 영향을 끼칠 뿐 아니라, 공동체의 양심과 공공의 덕을 형성하는 데도 일정한 역할을 한다. 우리는 한 문화가 만들어 내고 높이 평가하는 문학작품을 검토하면서 그 문화에 관한 많은 것―그 문화의 강점과 약점, 맹점과 분투―을 이해할 수 있다.

쓸모없는 부랑아였던 헉은 꿋꿋함을 키우면서 사회가 뒷받침하는 거대한 악에 저항하는 소년으로 변화한다. 이런 변화가 헉 핀을 미국 문학 전체에서도 손꼽히는 전형적 캐릭터로 만들었다. 아자르 나피시Azar Nafisi는 《상상의 공화국The Republic of Imagination: America in Three Books》에서 "최고의" 미국식 개인주의의 사례를 헉의 "조용하고 야단스럽지 않은 도덕적 힘"에서 볼 수 있다고 말한다.[41]

도덕적 힘은 일종의 용기다. 어쩌면 그것이 모든 용기의 기초일지도 모른다.

PART. 2

신학적 덕목

Silence
By Shusaku Endo

5

믿음

엔도 슈사쿠, 《침묵》

믿음은 바라는 것들의 확신이요,
보이지 않는 것들의 증거입니다.

히브리서 11 : 1 (새번역)

몇 년 전 남편과 내가 시골 지역의 작은 독립 성경 교회의 교인이었을 때, 유명한 부흥사가 와서 설교를 했다. 나중에 알고 보니 그날의 설교가 그의 가장 유명한 설교였다. 그는 마태복음 13장 24-30절에 나오는 알곡과 가라지의 비유를 본문으로 삼아 예수께 나오라고 초청하는 설교를 했다. 비유에서 예수님은 좋은 씨와 나쁜 씨가 섞인 채 함께 뿌려지고 추수 때까지 같이 자라도록 허용하는 농부에 대해 말씀하신다. 추수 때가 되면 좋은 씨에서 자라난 알곡은 곳간에 모아들이고 나쁜 씨에서 나온 가라지는 묶어서 불태운다.

그 설교에 자극을 받은 어떤 이들은 자신이 알곡이 아니라 가라지라는 두려움을 갖게 되어 설교가 끝난 후 제단으로 나아갔다. 얼마 전에 신앙고백을 하고 세례를 받은 뒤 정식 교인이 된 젊은 부부도 그중에 있었다. 그들은 이런 의문이 들었던 것이다. "우리는 정말 알곡일까, 아니면 좋은 씨에 섞여 들어간 나쁜 씨에 불과할까?" 결국 설교자는 예수님 말씀을 인용하여 이렇게 경고했던 것이다. "나더러 주여 주여 하는 자마다 다 천국에 들어갈 것이 아니요." 그 교우들은 의문이 드는 것 자체가 자신들이 참으로 구원받지 못했다는 분명한 증거라고 생각했다. 그래서 그날 제단 초청 시간에 앞으로 나가 다시 신앙고백을 하고 구원받았다. 다시 한번.

결코 도전받지 않는 믿음은 죽은 믿음일 가능성이 높다.

나중에 그 젊은 그리스도인들은, 나를 포함한 여러 사람들로부터 대부분의 신자들은 일시적으로(몇 시간이나 며칠 또는 몇 년씩) 의심을 겪는다는 것과 그에 따르는 불가피한 자기 점검은 정상적일 뿐 아니라 유익하고 건강한 것일 수 있다는 사실을 배웠다. 나는 지옥 불과 유황 설교가 자기 점검을 시행하게 하는 최선의 방법이라고 생각하지 않지만, 그런 점검은 살아 있는 믿음—활발하고, 자라서 열매를 맺는 믿음—의 증거일 수 있다고 본다. 그에 반해, 결코 도전받지 않는 믿음은 죽은 믿음일 가능성이 높다.

믿음이란 무엇인가?

믿음이란 무엇인가? 우리는 이 단어를 너무나 많은 방식으로 사용한다. 우리는 개인이나 기관에 대해 믿음을 가질 수 있다. 법은 어떤 거래가 '신의성실하게in good faith'이루어졌다고 판단할 수 있다. 우리는 자기 확신의 수준을 스스로에 대한 믿음의 크기로 묘사한다. 그러나 믿음이라는 덕에는 특정한 의미가 있고, 성경은 믿음이 인간의 행위가 아니라 하나님의 은혜에서 나온다고 설명함으로써 그 의미를 드러낸다(엡 2:8-9). 믿음은 우리를 구원하시는 그리스도께 우리를 데려가는 "도구"다.[1]

믿음은 소망, 사랑과 더불어 신학적 덕목이다. 신학적 덕목은 기본 덕목과 다르다. 신학적 덕목은 인간의 힘으로 얻는 것이 아니라 하나님으로부터 나오는 것이기 때문이다. 하나님이 주시는 신학적 덕목은 자연적인 인간의 힘을 넘어서 "인간 본성을 고귀하게 만들어"[2] 주는 "본질적으로 초인적인 무엇"[3]을 제공한다. 그것들을 신학적 덕목이라 부르는 이유는 하나님이 목적이고 하나님을 구하고 찾는 데 도움을 주며 하나님의 은혜로만 우리에게 오는 것이기 때문이다.[4] 신학적 덕목은 기원이 다르지만, 다른 덕목과 마찬가지로 훈련을 통해 탁월해질 수 있다. 따라서 믿음은 "습관을 덧입는 노고를 통해 시간이 지나면"[5] "인격의 일관되고 지속적인 특성"[6]이 될 수 있다.

믿음의 탁월성은 여러 방식으로 측정할 수 있다. 확신의 강도로, 그 확신에 대한 반응으로, 믿음의 대상을 향한 실제 신뢰로도 측정할 수 있다.[7] 신약학자인 동료의 설명에 따르면, 이와 비슷하게 믿음에는 세 가지 주요 요소가 있다. 믿음(인지적), 신뢰(관계적), 충성(순종)이다.[8] 부모를 향한 아이의 믿음을 생각해 보라. 아이는 부모를 신뢰해야 한다고 믿고 부모에게 순종할 수도 있지만, 부모를 신뢰하지 않으면서 그렇게 할 수도 있다. 반대로, 부모를 믿고 신뢰하면서도 어쨌건 완고하게 불순종할 수도 있다. 하나님에 대한 믿음 없이는 표현할 수 없는 의심도 있다. "우리의 의지에만 근거한 확실성의 준거점으로서의 믿음 자체를 믿어서는 안 된다. 참된 믿음은 하나님에 대한 아이 같은 신뢰이다. 하나님은 아이가 부모에게 질문하듯 그분의 자녀들이 하늘 아버지에 대한 관계적 지식과 신뢰라는 확실성 안에서 그분께 질문하는 것을 허락하신다."[9]

혼란스럽고 파괴적인 믿음의 그림

현대문학에서 엔도 슈사쿠遠藤周作의 소설《침묵沈默》(1966)만큼 믿음의 덕과 깊이 있게 그리고 도발적으로 씨름한 작품은 별로 없다. 하퍼콜린스 출판사에서 선정한 '20세기 100대 영성 서적'[10]에 뽑힌《침묵》은 개인의 믿음이 지닌 본질과 한계가 무엇인지, 그리고 문화적 조건이 어떤 방식으로 믿음을 증진하거나 꺾을 수 있는지에 관한 어렵고 불편한 질문과 씨름한다.

《침묵》이 그려 내는 믿음의 모습은 분명 혼란스럽고 파괴적이다. 이 소설의 중심에는, 오늘날 대부분의 그리스도인들은 상상도 할 수 없는 믿음의 시험이 자리 잡고 있다. 현대의 그리스도인 대부분이 아는 기독교의 특징인 서구적 승리주의는 17세기 일본의 그리스도인들이 경험한 패배 및 패배주의와 극적으로 다르다. 믿음에 대한 이 소설의 낯설고 곤혹스러운 묘사는 독자에게 개인적 문화적 경험이라는 한계에서 벗어나 믿음의 덕─진짜 알곡─의 참된 본질을 점검할 기회를 제공한다.《침묵》은 많은 독자들이 확실하게 대답하기 어려운 질문을 제기한다. 주인공 로드리고 신부의 믿음은 끝까지 견디는, 구원 얻는 믿음일까?

그러나 이 소설뿐만 아니라 어떤 소설이든 소설을 읽는 목적은 캐릭터들에 관한 결정적 답을 찾는 것이 아니다. 그보다는 우리 자신에 관한 결정적 질문을 던지기 위해 읽는다고 보아야 한다. 믿음이 흔들리는 경험에 관해 읽는 것은 소설 속 문제의 답이 아니라 우리 믿음의 행위에 대한 답을 찾을 기회가 된다.

실존 인물과 역사적 사건을 픽션으로 재구성한 이 이야기를 이해하는 데 도움이 될 역사적 배경이 《침묵》의 영어 번역본 역자 서문에 나와 있다. 이 서문에 따르면, 예수회는 일본이 전쟁으로 인한 불안정과 중앙 권력의 약화를 겪고 있던 16세기에 기독교를 일본에 전파했다. 하지만 다음 세기 초에 일본과 다른 나라들과의 무역 관계가 달라지면서 전래 초기에 번성했던 기독교의 호시절도 끝났다. 일본의 지도자들은 외국인 선교사들을 불신하게 되었고, 결과적으로 끔찍한 고문법과 처형법으로 일본인 그리스도인들을 박해했다. 그 고문법과 처형법은 희생자들을 죽일 뿐 아니라 일본 땅에서 믿음을 완전히 쓸어버릴 목적으로 고안한 것들이었다. 그들이 선호한 그리스도인 판별법은 그리스도나 마리아의 모습이 새겨진 나무 또는 금속판인 **후미에**를 밟게 하는 것이었다. 일본 정부는 이 기간에 5-6천명의 그리스도인들을 죽였으나 기독교를 박멸하는 데는 성공하지 못했다. 《침묵》은 이런 역사적 사건을 배경으로 하고, 이야기의 중심에는 세바스티앙 로드리고라는 허구적 캐릭터가 놓여 있다. 로드리고는 실존 인물인 주세페 키아라를 토대로 한다. 키아라는 스승인 포르투갈 출신 예수회 신부 크리스토바오 페레이라(역사적 인물이자 소설의 캐릭터)가 그리스도인들을 향한 새로운 박해 속에서 배교했다는 보고가 나온 후 일본으로 건너갔던 일군의 선교사 중 한 명이었다. 대부분의 세부 내용은 작가가 상상력으로 채워 넣었지만, 소설에 그려진 주요 사건, 즉 그리스도인들에 대한 박해, 고문, 처형과 이 두 신부의 몰락은 사실이다.

일본에 도착한 로드리고 신부는 진실하지만 교만한 사람이었다. 그는 자신이 받은 교육과 직무를 자랑스럽게 여기고 자신의 믿음과 자신이 찾으러 온 스승의 믿음을 자랑스러워한다. 이와 대조적으로, 초라하고 가난하고 박해받아 외딴 마을에 숨어 사는 일본인 그리스도인들은 가르침을 주고 성사聖事를 집행할 신부가 마침내 찾아왔다고 기뻐한다. 로드리고가 그들을 업신여긴다는 사실은 그가 한 아이에게 세례를 주며 했던 생각에서 잘 드러난다. "이 아이도 제 부모나 조부모와 마찬가지로 어두운 바다에 접한 이 좁고 황폐한 땅에서 비참한 삶을 간신히 이어 갈 것입니다. 짐승처럼 일하고, 짐승처럼 죽을 것입니다. 그러나 그리스도는 선하고 아름다운 자들을 위해 죽은 것이 아닙니다. 선하고 아름다운 자들을 위해 죽는 일은 쉽지만 비참하고 부패한 자들을 위해 죽는 일은 어렵다는 것을 저는 그날 분명히 깨달았습니다."[11]

> 그러나 그리스도는 선하고 아름다운 자들을 위해 죽은 것이 아닙니다.

로드리고는 이런 생각이 고결하고 연민 어린 것이라고 생각할 것이다. 그리고 아마 대충 읽고 마는 독자들도 여기에 동의할 것이다. 그러나 사실 이런 생각은 기본적으로 남을 낮춰 보는 태도이고 내면에 있는 영적, 문화적 교만이 드러난 것이다. 로드리고 신부의 영적 오만은 이후 일부 마을 주민들이 당국에서 **후미에**를 밟으라고 강요하면 어떻게 해야 하느냐고 묻는 아이러니한 복선의 중요한 순간에 다시 드러난다. 그는 주저 없이 오만하게 이렇게 조언한다. "밟아도 좋소! 밟아도 좋소!"[12] 마치 이 초라한 농부들은 내면의 고뇌를 감당할 수 없다는 듯이 말이다. 그러나 그것은 결국 로드리고도 직면할 딜레마요, 직접 겪게 될 고뇌였다.

소설의 절정에서 로드리고 신부는 후미에를 밟으라는 명령을 따를지 말지 결정해야 한다. 그의 결정에 너무나 큰 것이 걸려 있다. 후미에 앞으로 끌려가기 전, 그는 이루 말할 수 없는 고문을 당하고 있는 기독교인 마을 주민들의 신음을 듣는다. 일본 당국은 그가 후미에만 밟으면 그들의 고문이 끝날 거라고 말한다. 자신의 고통에서 벗어나기 위해 그리스도를 부인하고 싶은 유혹에 직면하는 것과 다른 이들의 고통을 끝내기 위해 이 유혹에 직면하는 것은 전혀 다른 일이다.

보잘것없는 형식

일본인 관리들에게 둘러싸인 로드리고는 발 앞 흙바닥에 놓인 **후미에**를 바라본다. "더러워진 회색 나무 널빤지에 끼운 조잡한 동판"에는 "가느다란 팔을 벌리고 가시관을 쓴 그리스도의 보기 흉한 얼굴"이 새겨져 있다.[13] 그것은 그가 신에게 버림받은 이 땅에 있는 동안 거듭거듭 떠올리며 힘을 얻었던 아름다운 그리스도의 얼굴이 아니다. 일본 관리들의 부드러운 재촉은 사탄이 광야에서 그리스도를 시험했던 장면(눅 4:1-13)을 떠올리게 한다. "'그건 보잘것없는 형식일 뿐이오. 형식 같은 것은 아무래도 상관없는 게 아니겠소.' 통역은 흥분해서 서두르고 있었다. '형식적으로만 밟으면 되는 거요.'"[14] 물론 고문자의 말은 상징적 행위가 가진 힘에 대한 로드리고의 지식과 모순된다. 정말 '보잘것없는 형식'에 불과한 일을 그렇게 절박하게 강요하는 법은 없다.

우리는 '형식'이나 '상징'에 불과한 무의미함을 놓고 쉽사리 스스로를 속인다. 결혼은 형식이고 '종잇조각일 뿐'이라고 주장하며 결혼을 거부하는 사람들이 있는데, 그들은 그 종잇조각을 피하려는 바람을 통해 자신이 결혼을 얼마나 중요하게 여기는지 역설적으로 드러낸다. 이와 유사하게, 현재 미국은 국기에 대한 상징적 자세, 그리고 악행을 기리는 기념물이 공공 광장에 있어야 하는지를 놓고 국론이 분열되어 있다. 그런 논쟁은 깃발과 비석이 천과 돌이라는 재료 이상의 것이며, 상징에는 힘이 있다는 사실을 증명한다. 나는 몇 번 방문했던 한 무슬림 국가에서 고아 한 명을 입양하려고 한 적이 있다. 그런데 그 나라의 정부는 입양하려는 부모에게 "알라 외에 다른 신은 없고, 무함마드는 그의 사도이다"라는 선언을 인정할 것을 예외 없이 요구했다. 그 나라 정부와 일부 그리스도인 친구들까지 그것은 '고작 형식일 뿐'이라고 주장했다. 하지만 만약 그것이 단지 형식에 불과한 일이라면, 왜 그렇게 필수적으로 요구하는 걸까? 가족도 집도 없는 어린아이들을 보고 안으면서 나는 좋은 명분으로라도 내가 믿지 않는 내용을 긍정하는 것은 하나님과 상징 모두의 힘을 지나치게 불신하는 일이라는 부담이 밀려왔다.

시킨 대로 하면, 끊임없이 고문을 당하는 다른 이들을 풀어 주겠다는 약속으로 그를 괴롭히는 관리들의 재촉에 로드리고는 마침내 "발을 든다."

발이 저린 듯한 묵직한 통증이 느껴진다. 이 일은 형식에 불과한 것이 아니다. 지금까지 자신의 전 생애를 통틀어 가장 아름답다고 생각해 온 것, 가장 맑고 깨끗하다고 믿었던 것, 인간의 이상과 꿈이 담긴 것을 밟는 일이다. 이 발의 아픔! 그때 동판에 새겨진 그리스도가 신부에게 말씀하신다. "밟아라! 밟아라! 네 발의 아픔을 내가 제일 잘 안다. 밟아라! 나는 인간들에게 밟히기 위해 이 세상에 태어났다. 인간들의 아픔을 나누기 위해 십자가를 짊어졌다."[15]

그는 밟는다. 로드리고가 후미에를 밟는 행위가 정말 그리스도를 부인하는 것—구제 불능의 상태임을 보여 주는 성령 모독죄—인지 여부는 이 소설의 가장 논쟁적이고 성가신 질문이다. 이야기가 복잡하다 보니 다양한 결론을 내릴 여지가 있고 독자들과 비평가들은 각자 나름의 의견을 피력했다. 하지만 다른 모호한 부분은 제쳐 놓고, 본문의 해당 부분 이후에 나오는 대목은 너무나 분명하다. "신부가 후미에 위에 발을 올려놓았을 때 동이 텄다. 멀리서 닭이 울었다."[16] 닭이 우는 것은 로드리고가 베드로처럼 그리스도를 배신했다는 분명한 신호다.

로드리고는 배교한 후 일본 문화에 동화되었고 일본 정부에 고용되어 일본으로 몰래 들어오는 기독교 밀수품을 찾아내는 일을 맡았다. 그는 정부의 명령으로 결국 일본인 아내와 일본식 이름까지 얻었다. 그를 "배교자 바오로! 배교자 바오로!"라고 부르는 동네 아이들의 놀림은 남은 평생 그를 따라다닌 죄책감을 상기시킨다. 표면적으로 로드리고는 스승 페레이라 신부와 같은 길을 걸어간 것처럼 보인다. 페레이라 신부도 일본인 이름과 아내를 얻었고 그의 주장대로라면 기독교의 기만을 폭로하는 책을 쓰고 있다.

하지만 로드리고가 억지로 일본 문화에 동화되고 믿음을 감추었다고 해도 그가 여전히 믿고 있다는 증거는 남아 있다. 로드리고의 믿음이 감추어져 있다고 해서 반드시 그것이 살아 있는 믿음이 아니라는 의미는 아니기 때문이다. 사실, 일부 독자들은 로드리고가 겉으로 보기에는 배교한 그 순간이 실제로는 진정한 회심의 순간이라고 생각한다. 그런 해석의 근거는 오만, 자기 의존, 제국주의의 자리에 있던 로드리고가 위기의 순간에 달라져서 깨어짐, 복종, 겸손의 자세를 갖추게 된 데 있다. 정말 하나님께 받은 믿음의 덕이라면, 다른 여느 덕처럼 실천의 부족과 영양 결핍으로 약해질 수는 있어도 그것을 그 사람에게 원래 믿음이 없었다거나 그가 믿음을 잃어버렸다고 해석할 수는 없다. 이 문제는 알곡과 가라지 비유가 이끌어 내는 자기 점검의 가치를 잘 보여 준다.

얼마 후, 같은 배교자인 기치지로가 "이 나라 최후의 신부"[17]인 로드리고를 몰래 찾아와 고해성사를 하려고 한다. 이야기 내내 로드리고를 따라다니는 기치지로는 로드리고가 일본에 도착하기 여러 해 전, 정부의 손에 가족을 잃고 배교한 터였다. 그 이후 그는 배신과 고백을 끝없이 오가며 영원한 두려움과 수치의 짐을 벗으려는 헛된 노력을 한다. 기치지로는 로드리고의 도플갱어이다. 꼭 닮은 모습으로 로드리고를 그림자처럼 따라다니면서 신경을 건드리는 기치지로의 존재는 로드리고에게 영적 교만을 점검할 기회를 주지만 그는 그런 기회를 무시한다. 기치지로는 로드리고의 죄책감뿐 아니라 넘어졌어도 여전히 믿음을 붙드는 모습까지 그대로 보여 준다. 두 사람은 《침묵》의 저자가(저자 자신을 포함하여) "실패한 믿음의 자녀들"이라 여긴 일본 그리스도인들을 형상화한 존재다. 그들은 "믿음을 완전히 떠날 수 없어서" "완전한 수치, 후회, 과거의 어두운 고통을 계속 안고 살았다."[18] 기치지로는 이제 다시 한번 고해성사를 하고 싶어 한다. 그의 요청을 받은 로드리고는 내면의 대화 가운데 하나님과 씨름하게 된다. "주님, 저는 당신의 침묵을 원망했습니다." 그가 털어놓는다. 그는 하나님으로부터 이런 답변을 듣는다. "나는 침묵하지 않았다. 나는 네 곁에서 고통을 받았다."[19]

　기치지로에게 고해성사를 주고 난 후 로드리고는, 사람들은 그가 더 이상 교회 안에 있지 않다고 여기니 "동료 성직자들은 이것을 모독의 행위로 질책할 것"임을 인정한다. 그러면서도 그는 이렇게 생각한다. "나는 그들을 배반했을지 모르나 결코 그분을 배반하지는 않았다. 이제 나는 이전과는 아주 다른 형태로 그분을 사랑하고 있다. 지금까지 벌어진 모든 일은 나를 이 사랑으로 이끄는 데 필요한 것이었다."[20] 이 대사는 로드리고가 가진 믿음의 본질에 관한 어쩌면 풀리지 않을 해석적 질문을 제기하게 한다. 하나님을 향한 그의 사랑 표현은 그가 가진 믿음에 대한 증거일까? 박해 때문에 믿음을 감추고 있는 사람이 참으로 구원받는 믿음을 가질 수 있을까?

감추어진 믿음?

《침묵》이 제기하는 질문들에 대한 그리스도인 독자들의 반응은 예측 가능한 노선을 따른다. 진보적 그리스도인들은 소설의 모호함, 예수님이 당신을 부인하는 것을 괜찮다고 여기실 거라는 생각, 앞서 인용한 대목에서 "사랑이 이기는" 방식을 높이 평가한다. 자유주의 가톨릭 신부 제임스 마틴James Martin은 로드리고에게 후미에를 밟으라고 "그리스도께서 청하시기 때문에" 그의 배교가 허용될 수 있다고 말한다. 마틴 신부는 이 이야기가 규칙보다는 개인이 가진 양심의 역할을 더 강조하고 "흑백논리식 접근법이 부적절해 보이는 복잡한 상황에 접한 사람들에게 '분별'"을 강조하는 것에 찬사를 보낸다.[21] 그에 반해 신학적으로 보수적인 일부 독자들은 이 소설이 배교를 좋게 포장하거나 최소한 정당화하고, 사람이 외적 행동으로 입증되지 않는 내적 믿음을 가질 수 있음을 암시한다고 본다. 그들이 더욱 심각하게 우려하는 바는 이 소설이 어느 비판자의 말대로 "기독교 전통을 공적으로 고수하는 것이 '이기적'이고 결국 부질없는 일로 보이게 만들어 '상대주의의 독재'를 절대화하려 드는"[22] 현대의 이념들에 힘을 보탠다는 데 있다.

아이러니하게도, 두 유형의 독자 모두 이 소설을 같은 방식으로, 즉 그들이 동의하거나 동의하지 않는 기독교 교리에 대한 문자적 해설로 읽고 있다. 그러나 《침묵》은 문학예술 작품이고 따라서 그에 맞게 읽어야 한다. 엔도 본인도 《침묵》은 신학 서적이 아니라고 주장했다.[23] 이 책은 픽션 즉 소설이고 그것도 특정한 종류의 소설이다. 덕스럽고 충실하게 읽기 위해서는 무엇보다 텍스트를 주어진 조건대로 받아들이고, 그것이 말하는 **내용**만큼(그 이상은 아니라도) 말하는 **방식**에도 주목해야 한다.

《침묵》의 구조는 그것을 읽는 법에 대한 가장 중요한 단서를 제공한다. 이 소설은 삼인칭 화자의 프롤로그로 시작한다. 이어지는 책의 전반부는 로드리고가 쓴 편지 형식의 일인칭 서술로 진행된다. 그리고 로드리고가 유다 같은 기치지로에게 배신을 당해 붙잡힌 후에는 서사의 관점이 다시 삼인칭으로 돌아간다. 소설 마지막 장에선 네덜란드 상사원의 일기를 발췌한 형식의 새로운 이야기체가 도입된다. 마지막에 붙은 부록(한국어 번역본에는 빠져 있다—옮긴이)은 로드리고의 거주지를 맡았던 관리의 일기로 이루어져 있고 로드리고의 죽음과 불교식 매장에 대한 그의 보고서로 끝을 맺는다.

이런 서사적 관점들을 따라 순차적으로 읽어 나가면 로드리고와 그의 믿음의 경험으로부터 먼 거리에서 출발하여 가까이 다가갔다가 다시 멀어지고 마지막에 더욱 멀어지는 움직임의 효과가 생겨난다. 이 움직임은 독자의 이야기 경험에 중요한 영향을 끼치는데, 로드리고와 가까워지고 멀어진다는 점뿐만 아니라 그의 삶과 죽음에 대한 다양한 관점을 제공한다는 점에서도 그렇다. 주관적 시점과 객관적 시점, 제한적 시점과 전지적 시점의 상호작용은 독자의 경험을 복잡하게 만들고 이야기의 내용이 책 너머의 세상에 의미하는 바, 적용되는 바가 있음을 말해 준다. 이것은 비유의 작동과 유사하다.

비유가 표현하는 진리는 직접적이거나 문자적 읽기에서 발견되지 않는다. 사실, **비유**parable라는 단어의 어원인 그리스어 단어는 '옆으로 던지다'라는 뜻이다. 비유는 알레고리(9장에서 다룰 문학 형식)가 아니다. 비유는 알레고리와 달리 상징적 의미가 일대일로 대응하지 않기 때문이다. 《침묵》이나 예수님의 알곡과 가라지의 비유에서 영적 진리가 엿보인다 해도 그것은 덜 절대적이다. 비유가 그렇듯, 《침묵》은 가능한 답변을 제시하는 순간에도 질문을 제기한다.

엔도 자신이 일본인이고 일본어로 《침묵》을 썼지만, 현대적이고 세속적이며 회의적이었던 본래 그의 일본인 독자들조차도 이 소설의 소재를 낯설게 여겼다. 결국, 오늘날 일본인 인구에서 그리스도인 비율은 1퍼센트에 불과하다. 일본인 예술가이자 그리스도인인 마코토 후지무라Makoto Fujimura는 《침묵》을 통찰력 있게 검토한 글에서 엔도가 자신의 문화적 상황 안에서 기독교 신앙에 접근한 방식과 플래너리 오코너Flannery O'connor가 자신의 문화적 상황에서 취한 접근법을 비교했다. 두 작가 모두 신앙에 적대적인 문화를 상대로 글을 썼는데, 한쪽 문화에서 그리스도에 집착했다면 다른 문화에서는 그리스도가 감추어졌다.[24]

그래서 《침묵》은 상징적이고 "겹겹이 층을 이루며 상충되는 언어", 즉 "냉소적이고 믿음이 없는 세상"에 그 세상이 더 이상 믿지 않는 믿음의 힘을 어느 정도 전달할 가능성이 높은 언어를 사용한다고 후지무라는 설명한다.[25] 이와 유사하게, 《침묵》의 "약하고 때때로 실패하는 캐릭터들"은 우리가 어떤 면에서 그들과 같을 수 있는지 알아볼 수 있는 주의 깊은 독자들에게 "우리의 참된 자아를 폭로"한다.[26] 참으로 이 소설은 "로드리고 신부가 기치지로를 심판한 방식으로 기치지로를 심판하도록"[27] 독자를 초청한 뒤, 로드리고 신부에게도 같은 죄목을 씌우게 만들어 독자를 옴짝달싹 못하게 한다.

엔도는 로드리고의 실패를 성급히 심판하는 독자들을 날카롭게 비판한다. "기독교 박해 시기의 끔찍한 고문을 겪어 보지 않은 사람이 도대체 무슨 권리로 당시 신자들의 깊이나 천박함에 관해 말할 수 있겠는가…? 우선, 그 사람에게는 상상력이 없다. 그런 심판은 결국 배교하는 사람들의 얕은 믿음이 아니라, 그들을 심판하는 이들의 공감력 부족을 드러낸다."[28] 후지무라는 우리가 믿음의 리더들을 영웅으로 만드는 경향에 사로잡혀 "믿음을 승리냐 실패냐의 관점에서만 보는 잘못된 이분법에 너무나 자주 빠져들고, 그 이분법은 우리가 약한 자들을 무시하고 내버리도록 이끈다"[29]라고 지적한다. 이것은 현대 미국의 복음주의에 특히 잘 들어맞는 말 같다.

현대를 위한 옛 이야기

《침묵》은 몇 세기 전의 역사를 토대로 하지만, 현대의 질문들을 다루는 관점에서 이야기를 재구성하고 있다. 그 질문들 중에는 "광대한 역사적 사회적 사안들 앞에 선 개인의 불확실성"에 관한 대단히 현대적인 관심도 있다.[30] 한 비평가가 (찬사가 아니라 반대하는 글에서) 밝힌 대로 로드리고의 곤경은 17세기 일본을 배경으로 하지만 20세기 서구 문화 속 믿음의 조건을 반영한다. 그는 이렇게 지적한다. "300년 사이에 많은 일이 벌어졌다. 세속화가 진전되고 인간은 신 없이 사는 법을 배워야 했는데, 대부분의 경우 그들의 해결책은 전례 없고 궁극적으로 지속될 수 없는 방식들로 타인에게 더 가까이 가는 것이었다." 《침묵》은 다른 그리스도인들이 받는 고문이 계속될지 끝날지 결정할 수 있는 위치에 로드리고를 둠으로써 그 방식들 중 하나를 보여 준다. 그것은 "인간이 자신에게 너무 큰 힘이 있다고 여기는" 것이다.[31] 분명히, 자신에게 너무 큰 힘을 부여하는 똑같은 생각을 현대 교회 문화에서도 볼 수 있다. 우리 구원에 대한 지식의 근거를 일시적 감정에서 찾고 결과적으로 제단 초청에 응하여 제단으로 나가 거듭거듭 구원을 받는 우리의 모습이 그것을 잘 보여 준다.

그러나 《침묵》의 17세기 배경과 20세기적 질문의 괴리는 약점이라기보다는 이 소설과 비극적 양식의 관련성을 가리키는 단서라고 볼 수 있다. 고대의 비극은 《침묵》처럼 역사를 바꾸어 다시 들려주는 방식으로 펼쳐진다. 예를 들면 호메로스Homeros와 소포클레스Sophocles 둘 다 오이디푸스 신화를 다룰 때 역사에서 이야기를 가져와 "관객들의 일상적 경험 안에 있는 당대의 관심사를 제기하고 반영하는 방식으로" 다시 들려주었다.[32] 또 비극은 사실주의적 내용이 아니라 신화적이고 종교적인 내용을 다룬다. 고대 비극은 기독교 이전의 문학 형식이기는 하지만, 종교적 예배에 깊이 뿌리내렸고 종교적 신념을 표현했다. "흔히 문학의 최고 형식이라고 여겨지는 고대 비극은 고통과 악의 문제, 세상의 현재 모습과 바람직한 세상의 비전 사이의 부조화를 다룬다."[33] 고대 비극과《침묵》은 이 모든 내용을 공유한다.

《침묵》은 현대적 질문과 관심을 다루기 위해 역사적 기록과 다른 내용을 만들어 냈다. 로드리고 캐릭터의 토대가 되는 역사적 인물은 실제로 배교했지만, 그것은 본인이 구덩이 고문을 겪고 난 이후였지 다른 이들을 고문에서 구해 내기 위해서가 아니었다.[34] 한 비평가는 이런 시대착오적 설정에 반대하며 로드리고가 고문에서 벗어나기 위해서가 아니라 다른 사람들을 고문에서 구하기 위해 배교하게 만든 엔도의 결정이 '정서적 협박 행위'라고 말한다. "인간들이 모순되는 것처럼 보이는 기독교의 교리들을 한데 붙드는 일이 언제 어디서나 어렵다고 한다면,《침묵》은 아예 그 과제를 불가능하게 느끼게 만든다. 자비와 진리가 대립하고, 이웃 사랑과 하나님에 대한 충성이 대립한다."[35] 그러나 이런 불가능성, 풀리지 않는 딜레마가 고대 비극과《침묵》의 핵심이다.

오이디푸스의 비극을 생각해 보라. 그는 아버지를 살해하고 어머니와 결혼하게 될 거라는 예언을 듣고 운명을 피하기 위해 달아난다. 그리고 그 과정에서 결국 자기도 모르게 예언을 성취한다. 오이디푸스 이야기를 활용하여 정신분석 이론을 전개한 지그

문트 프로이트는 이렇게 설명했다. "그 비극적 효과는 전능한 신들의 뜻과 재앙의 위협을 받은 인간들의 헛된 노력 사이의 갈등에서 나온다. 이 비극에 깊이 감동한 관객이 비극에서 배워야 할 교훈은 신의 뜻을 받아들이고 자신의 무능함을 인식하는 것이다."[36] 이런 불가능성은 관객 또는 독자 안에 두려움과 연민을 불러일으킨다. 신들에 대한 두려움과 인간의 고통에 대한 연민.《시학》에서 아리스토텔레스는 문학이 그런 감정을 불러일으킨 다음, 플롯의 정당한 해결과 함께 찾아오는 카타르시스를 통해 그 감정을 정화한다고 말한다.[37]

《오이디푸스 왕 Oidipous tyrannos》처럼,《침묵》은 로드리고를 통해 자신의 결점과 통제할 수 없는 힘들의 조합 앞에서 무너지는 오만한 인물을 제시한다. 우리는 다양한 관점을 통해 여러 캐릭터들을 만나고 고문과 순교의 공포와 그리스도를 부인하라는 유혹에 직면하는 두려움을 경험한다.

하지만 현대 소설《침묵》은 완전한 카타르시스가 없다는 지점에서 고전적 비극과 결별한다. 그 모호함 때문에 고전적 의미의 카타르시스를 경험할 수가 없다. 오이디푸스가 자기도 모르게 아버지를 죽이고 근친상간을 저지른 결과로 자기 눈을 멀게 하고 스스로를 추방하면서 연극이 멋지게 끝난다면, 로드리고가 일본 정부를 위해 일하는 숨은 그리스도인으로 나이 들어 죽는 이야기는 훌쩍임과 함께 끝난다.《침묵》은 고전적 비극이 아니다.《침묵》의 비극은 대단히 현대적인 것이다.

《침묵》은 기독교적 비극과 더 많은 공통점을 공유한다. 고전적 비극의 마무리는 본문 안에 담겨 있다. 반면 기독교적 비극은 구원을 얻고자 바깥을, 위를, 너머를 바라본다. 연극의 휴면기가 지난 후, 중세는 비극의 재탄생을 보았다. 그때 이후로 "기독교적 삶과 사상은 비극 재탄생의 모판이 되었다. 그렇게 재탄생한 비극은 구원을 고려하는데, 구원이 없다는 것이 이교도 비극의 부분적 특징이다. 인간의 삶에서 비극적 사건은 더 이상 최종 결정권을 갖지 않는다." 기독교적 비극이 고전적 비극과 다른 점은 "내세의 운명이 현세에서 결정된다"라는 것을 강조하여 그것을 "다른 어떤 비극 양식보다 무한히 더 강렬하고 심각하게" 만든다는 데 있다.[38]

> 기독교적 비극은
> 구원을 얻고자
> 바깥을, 위를, 너머를
> 바라본다.

《침묵》을 사실주의 소설보다 신화로, 교리보다 비유로 이해하기 위해서는 풀리지 않을 딜레마에 대한 로드리고의 해결책이 어떤 신학적 입장에 속하는지 결정하는 것과는 다른 반응이 있어야 한다. 단순한 사실주의를 능가하는 《침묵》의 문학적 특성은 "분명한 것을 뛰어넘는 독자의 상상력"을 시험한다.[39] 이런 상상력은 믿음을 행사하는 데 도움이 되는데, "상상력이 부족한 관점은 하나님의 신비에 대한 믿음을 제한하기" 때문이다.[40] 참으로, "《침묵》은 제한된 정신과 지식을 가진 인간이 하나님과 우주가 내놓는 것을 다 알 수 있다는 듯 의심을 완전히 거부하는 모더니즘적 환원주의에 맞서 강력한 해독제 역할을 한다."[41]

믿음의 시험

《침묵》에서 한 사람의 믿음과 그 믿음에 대한 시험을 둘러싼 특수성들은 생소함을 제공하고, 그 생소함은 믿음의 덕을 잘 실천할 때 (혹은 그렇지 못할 때) 그 덕이 어떻게 보이는지 독자가 다른 렌즈를 통해 볼 수 있게 해 준다.

믿음을 잘 실천한다는 것은 무엇을 의미할까? 우리의 행위는 우리를 구원할 수 없지만, 습관은 믿음을 강화할 수 있다. 마르틴 루터Martin Luther는 이렇게 경고했다. "믿음을 가볍게 생각하지 말라. 그것은 모든 행위 중에서도 가장 탁월하고 가장 어려운 일이다."[42] 믿음을 우리가 받아야 할 선물로만 아니라 실천하는 덕으로 이해하면 일체의 단일한 순간은 덜 강조하고 순간들의 축적은 좀 더 강조하게 될 것이다. 다행히, 성경은 믿음의 토대 위에서 성장할 수 있는 명확한 처방을 제시하는데, 그렇게 되면 믿음 자체도 강해진다. "그러므로 너희가 더욱 힘써 너희 믿음에 덕을, 덕에 지식을, 지식에 절제를, 절제에 인내를, 인내에 경건을, 경건에 형제 우애를, 형제 우애에 사랑을 더하라 이런 것이 너희에게 있어 흡족한즉 너희로 우리 주 예수 그리스도를 알기에 게으르지 않고 열매 없는 자가 되지 않게 하려니와"(벤후 1:5-8).

한때 로드리고의 스승이었던 페레이라는 로드리고가 자기처럼 믿음을 버리게 만들려고 기독교를 일본 문화에 전하려던 그들의 모든 노력이 헛된 것이었다고 말한다. 일본 문화는 일본인들로 하여금 믿음을 이해할 수 없게 만들기 때문이라는 것이다. 로드리고는 그 말에 낙담하고 사기가 꺾인다. 이해할 만한 반응이다.

그런데 그 말이 사실일까?

물론 사실이다. 그 말은 우리 모두에게 사실이다. 우리의 믿음은 클 때도 있고 작을 때도 있다. 대부분의 신자들은 과연 믿음이 있나 싶은 순간들을 만난다. 그러나 시간이 지나면 믿음은 참된 것으로 (혹은 참되지 않은 것으로) 검증된다. 우리 믿음이 불완전하다는 것을 인식할 때만 믿음이 자랄 수 있다.[43] 우리의 믿음은 우리 자신 또는 우리의 이해력 안에서가 아니라 그리스도 안에서만 완전해진다. "우리는 믿음의 덕을 말할 수 있지만, 그렇게 하려면 '그리스도시다'라는 술어로 말을 마쳐야만 한다. 그리스도가 믿음의 덕이 되어야 한다. 그분이 믿음의 대상이기 때문이다. 믿음에는 그것을 강력하게 만드는 본질적 요소가 없다. … 믿음은 심지어 믿는 행위 자체도 아니다. 다른 어떤 것도 아닌 오직 그리스도만이 믿음의 덕이다."[44] 그렇기 때문에 믿음이라는 "덕에 의해서 역설적이게도 우리는 하나님을 의지하는 일에 탁월해진다."[45]

The Road

◊ By Cormac McCarthy ◊

6

소망

코맥 매카시, 《로드》

다만 이뿐 아니라
우리가 환난 중에도 즐거워하나니
이는 환난은 인내를, 인내는 연단을,
연단은 소망을 이루는 줄 앎이로다

로마서 5 : 3 – 4

아포칼립스apocalypse만큼 절망적인 것은 없다. 적어도 그렇게 보일 수 있다. 원래의 의미로 보자면, **아포칼립스**는 '계시'를 뜻한다. 이후 이 단어는 세상의 종말을 초래하는 대재앙과 결부되었는데, 성경의 요한계시록이 계시와 이 세상의 종말을 연관 지었기 때문이다.[1] 그런데 우리가 아는 세상의 완전한 파멸 및 그와 함께 "지각된 현실의 해체"[2]는 역설적이게도 우리에게 소망을 가리켜 보일 수 있다. 전통적인 종교적 묵시문학은 우리의 현재 상태를 드러냄으로써 우리에게 미래의 소망을 제시한다. 종교에 근거한 묵시록에서 "우리가 이생에서 만나는 고난과 고통이 의미를 얻고" "소망이 회복된다."[3]

그러나 종교가 없고 신에 대한 언급도 거의 찾아볼 수 없는 세상을 그린 코맥 매카시Cormac McCarthy의 소설 《로드The Road》(2006) 같은 세속적 묵시록은 어떨까? 현대의 묵시문학은 대체로 세속적 묵시문학이고 현대의 상황에 관한 진실을 보여 준다. 우리가 의미의 원천이자 우주의 중심이 되어 하나님의 자리를 대신했기 때문에 "지평선에 보이는 것은 전부 우리의 끝"[4]이라는 진실 말이다.

근년 들어 소설, 영화, 텔레비전 할 것 없이, 묵시적 이야기들이 되살아나고 있다. 2006년 《로드》의 출간을 맞이하여 실린 한 뉴스 기사는 이 장르의 발흥을 이렇게 설명했다. "세상은 그 어느 때보다 심연의 가장자리에 위태롭게 얹혀 있는 것처럼 느껴진다. 그리고 픽션을 통해 그런 상황에 대한 두려움을 직시하는 것은 거기에 대처하는 데 도움이 된다. 묵시적 이야기들은 경고뿐 아니라 카타르시스도 안겨 준다. 그리고 애초에 우리가 우리 세상을 보존하려고 분투하는 이유도 다시금 확인시켜 준다. 모든 것을 잃는 것이 어떤 것인지 상상해 보면 우리가 가진 것을 귀하게 여길 수 있다."[5] 물론, 너무도 자주 "우리가 가진 것"은 충분하지 않다. 아마도 우연이겠지만, 《로드》는 세속적 묵시록이면서도 바로 이 사실을 드러내 준다.

인간으로 산다는 것은 "길 가는 상태"[6]에 있다는 뜻이고, 그것은 일종의 소망이다. 호메로스Homeros의 《오디세이아 *Odysseia*》부터 단테Dante Alighieri의 《신곡 *La Divina commedia di Dante Alighieri*》, 초서 Geoffrey Chaucer의 《캔터베리 이야기 *The Canterbury Tales*》, 번연John Bunyan 의 《천로역정 *The Pilgrim's Progress*》에 이르기까지 여행은 문학의 가장 오래되고 가장 널리 퍼진 모티프 중 하나이다. 소망은 "여행자의 덕"[7]이라고 불렸고, 《로드》는 거의 모든 생명이 사라진 대재앙 이후 세계의 여행자들인 어느 아버지와 아들의 단순하지만 처절한 이야기다. 소수의 사람들이 남았고, 살아남은 이들 중 일부는 식인을 일삼을 정도로 악하기 때문에, 두 사람은 우연히 만나는 낯선 이를 쉽게 신뢰할 수가 없다. 이름 모를 재난으로 대부분의 땅은 불타고 회색 재로 뒤덮여 있다. 음식, 피난처, 물자는 구하기 힘들다. 그들의 여행은 종교적 성격이 짙은 작품들이 상당수 포함된 문학의 정전*에 줄곧 등장하는 모든 여행의 축적된 상징을

---

* 正典, canon, 문학계 기성 체제에서 묵시적 합의를 통해 위대하다고 인정한 작품과 작가를 가리키는 문학비평 용어 — 옮긴이

공유한다. 참으로, 이야기의 앞부분에서 이들 부자는 "우화 속 순례자들"에 비유된다.[8] 그리고 이야기의 뒷부분에서 작가는 그들이 "생필품을 구하기 위해 보냄을 받은 탁발 수도사들 같다"라고 말한다.[9]

책의 형식—가끔 산발적으로 끊어질 뿐, 장 구분도 없이 서사가 죽 이어진다—까지도 끝을 알 수 없게 정처 없이 이어지는 여행의 모습을 반영한다. 구두점도 별로 없고 말을 아끼듯 최소한의 내용만 담긴 산문은 이야기 속 세계의 삭막함을 빼닮았다. 아버지와 아들의 이름은 나오지 않고 화자는 그들을 '남자'와 '소년'이라고만 부른다(그래도 소년은 아버지를 '아빠'라고 부른다).

그런 곳에서 소망을 함양하게 될 것 같지는 않다. 그러나 가장 절망적으로 보이는 상황에서 필요에 의해 소망이 강해지기도 한다. 이 이야기를 읽는 것 자체가 소망을 발휘하는 일이다. 좋은 평을 듣는 모든 책을 읽을 때 이와 비슷한 경험을 할 수 있는데, 이 책에는 독자들이 현대소설에서 기대하는 구조적 서사적 이정표가 없기 때문에 그런 측면이 강화된다.

참으로, 문학적 읽기—대충 읽기보다 더 많은 시간과 주의와 사고를 요구하는 읽기—는 아퀴나스가 소망에서 발견한 것과 같은 조건을 요구한다. 소망의 네 가지 조건은, 확보하기가 **어렵지만** 확보 **가능한,** **미래**의 무엇인가 **선한** 것을 바라보는 것이다. 아

> 소망의 네 가지 조건은,
> 확보하기가 **어렵지만**
> 확보 **가능한, 미래**의 무엇인가
> **선한** 것을 바라보는 것이다.

퀴나스에 따르면, 소망의 실천은 "선을 향한 욕구를 확실하게 확장하는 것"이다.[10]

이러한 욕구 확장의 개념은 시사하는 바가 크다. 첫째, 인간으로 산다는 것은 자연적 욕구를 갖는다는 뜻이므로, 2장에서 본 것처럼 절제의 덕이 꼭 필요하다. 자연적 욕구의 존재는 선천적인 것이지만, 그 욕구의 형태와 방향은 꼭 그렇지만은 않기 때문이다. 자연적 욕구는 제임스 K. A. 스미스가 "세상을 향한 우리의 육체적 지향"이라 부르는 것을 드러내고, 그 지향은 우리의 실천과 우리가 사랑하는 것들로 형성된다.[11] 《로드》에 나오는 남자와 소년의 여행은 고통스러울 정도로 육체적이다. 둘째, **확장**stretch(이 단어의 육체적 의미를 주목하라)이라는 단어는 소망이 **바람**wish과 같은 단어와 동의어로 쓰일 때 놓치게 되는 어느 정도의 절제와 희생을 함축하고 있다. 바라는 것은 소망하는 것과 다르다. 바람은 덕이 아니지만, 소망은 덕이다.

열정으로서의 소망과 덕으로서의 소망

하지만 소망이 덕이라는 말이 전체 그림을 보여 주는 것은 아니다. 아퀴나스는 두 종류의 소망이 있다고 말하는데, 나는 두 소망의 차이와 그 연관성을 조명 삼아 《로드》를 읽어 나갔다.

첫 번째 소망은 인간의 모든 경험에 공통으로 내재한다. 그것은 미래에 있을 결과에 대한 기대감이다. '내일 눈이 오기를 소망한다', '내년 여름에는 프랑스에 가기를 소망한다', '이번 시험을 잘 보기를 소망한다'와 같은 소망은 자연적 열정이고, 아퀴나스가 지적한 대로 개가 매나 토끼를 쫓을 때처럼 동물들도 이 열정을 보여 준다.[12] 아퀴나스는 이렇게 설명한다. "인간의 소망은 그 기본적 형태에서 동물의 소망과 본질적으로 다르지 않다."[13] 이런 자연적 소망은 인간과 동물 모두 경험을 통해 생겨나고 교육과 설득에 의해서도 생겨난다.[14]

그러나 신학적 덕인 소망, 즉 성경에서 믿음, 사랑과 유사하다고 말하는 소망(고전 13:13)은 자연적 열정이 아니라 하나님이 주시는 초자연적 선물이다. 이 소망의 덕은 하나님과 별개로 이해할 수 없다. 이 덕의 기원과 유지 모두가 초자연적이다. 단순한 인간 노력의 결과가 아니라 은혜의 선물이다. 물론 그리스도인이 소망을 주의 깊게 함양하면 모든 덕을 활용할 때와 마찬가지로 소망이 커질 수 있지만 말이다. 신학적 소망은 "인간 본질의 참된 성취, 즉 선으로 꾸준히 돌이키는 일이다. 이런 돌이킴은 인간 안에 있는 은혜의 실체가 근원이 되고 하나님 안에 있는 초자연적 행복으로 이끌릴 때만 가능하다."[15] 하지만 모든 영적 은사와 마찬가지로, 그 근원은 북돋울 수도 있고 꺼뜨릴 수도 있다.[16] 신학적 소망은 하나님에게서 나오는 것이기는 해도 "의지의 습관"이다.[17]

자연적 열정인 소망과 신학적 덕인 소망은 같은 대상을 공유한다. "확보하기가 어렵지만 확보 가능한 미래의 선"[18]이 그것이다. 그래서 《로드》에는 하나님과 신학적 소망이 없다시피 하지만 이 소망의 대상이 늘 떠나지 않는다.

남자와 소년은 자연적 소망의 화신이다. 그러나 이야기의 앞부분에는 절망이 등장한다. 서사가 시작되기 전 어느 지점에서 소년의 어머니가 스스로 목숨을 끊었음이 드러나는 대목이다. 그녀는 자신과 소년이 약탈자들에게 붙잡혀서 강간과 살해를 당하고 먹힐까 봐 두려워했다(그럴 만도 했다). 그녀는 남자에게 말했다. "나한테 유일한 소망은 영원한 무無야. 난 온 마음으로 그걸 소망해."[19] 어느 날 밤, 그녀는 남자와 소년을 남겨 두고 몰래 집을 빠져나갔다. 자기 손으로 "어둠 속 어딘가에서 홀로" 죽기 위해서.[20] 그녀에게는 진실로 소망이 없었다.

두 종류의 소망 없음

소망 없음에도 두 종류가 있다. 오만한 추정과 절망이다. 오만한 추정(또는 거짓 소망)은 소망이 으레 실현될 거라고 가정하는 반면, 절망은 자신의 소망이 결코 실현되지 않을 거라고 예상한다. 오만한 추정과 절망 모두 "현실의 진상과 충돌한다."[21] 둘 다 "인간으로 존재하는 일의 순례자적 성격을 파괴한다."[22] 우리는 삶의 많은 영역, 즉 우리의 일자리나 인간관계나 미래에 관해 오만한 추정을 하거나 절망할 수 있다. 나는 비현실적 기대나 이상주의처럼 실망을 안겨 줄 수밖에 없는 사고방식에서 비롯한 절망의 사례들을 목격했다. 애초에 정당하지 않고 현실적이지도 않았던 기대가 채워지지 않는다는 이유로 관계를 끊고, 일을 그만두고, 교회에 등을 돌리는 경우가 많다. 《로드》에서 남자는 절망이 자연스러울 만한 순간에도 소망을 붙드는데, 그 한 가지 방법은 현실적이 되는 것이다. 물론, 현실적으로 바라볼 때 대재앙 이후의 세계는 상당히 어둡다. 그러나 인간의 정신은 놀랄 만한 회복력과 적응력을 갖고 있다. 다른 이들이 상상도 못하는 악조건에서도 기쁨을 누리며 살고 있거나 살았던 사람들이 전 세계와 역사에 두루 포진해 있다.

신학적 맥락에서 보면, 절망과 오만한 추정이라는 악덕은 죄를 용서하시는 하나님의 능력과 의향을 대하는 우리의 태도와 관련이 있다. 용서를 오만하게 추정하는 것은 하나님의 정의를 거스르는 죄다.[23] 하지만 아퀴나스는 오만한 추정의 죄가 "절망보다 가볍다"라고 말한다.[24] 절망하는 것은 하나님의 선하심과 자비를 거스르는 죄이기 때문이다.[25]

물론, 묵시문학이 아니어도 심각한 절망을 만날 수 있다. 절망은 그 자체로 악덕일 뿐 아니라 더 큰 잘못으로 이어질 수 있다. 이를테면, 장기간에 걸쳐 신실함의 원리에 충실하기보다 실용주의라는 즉효 처방을 선택하는 것이다. 여기서 나는 최근 들어 미국 정치 지형의 특징이 된 절망을 떠올리게 된다. 이것은 기독교 공동체의 일부에서 특히 두드러진다. 절망에 사로잡힌 어떤 이들은 성경적 원리보다 정치 지도자들을 더 신뢰하게 되었다. 반대로, 일부 그리스도인들은 다른 신자들의 언행에 환멸을 느끼고는 신앙의 가족과 절연하고 절망에 굴복하는 쪽을 선택했다. 현대의 묵시록적 정치 상황 속에서 많은 그리스도인들이 보여 준 것처럼 정치—양분된 정치 지형의 어느 쪽에 자리를

소망을 선택하는 것은 덕스러운 일이다.

잡은 사람이든 상관없이 ─ 에 절망하는 것은 우리가 이 땅에서 여행자에 불과하다는 사실을 망각한 처사이다. 세계가 전멸하는 한복판에서든, 한낱 정치적 붕괴 속에서든 소망을 선택하는 것은 덕스러운 일이다.

《로드》에서 소년의 엄마는 절망한다. 소년의 아버지는 아내를 구하지 못했다는 사실에 절망하지 않고 소년을 구해 내겠다는 결심을 굳게 다지며 소망을 선택한다. "아이가 그의 근거",[26] 그의 보증이 되고, 그로써 소망이 사랑과 행동을 낳는다는 아퀴나스의 견해가 입증된다.[27]

그렇다면 소망이 우리가 얻기 소망하는 선을 바라보는 경우, 그 소망은 사랑으로 생겨난 것이라고 할 수 있다. 우리는 원하고 사랑하는 것만을 소망하기 때문이다. 그러나 소망이 어떤 것을 우리에게 가능하게 해 주는 이를 바라보는 경우, 그 소망 때문에 사랑이 생겨나는 것이지 그 반대가 아니다. 누군가를 통해 선이 우리 안에 쌓이길 소망한다는 바로 그 마음 때문에 우리는 선에 이끌리듯 그에게 이끌리게 되고 그를 사랑하기 시작한다. 우리가 누군가를 사랑하기 때문에 그에게 소망을 두게 되는 것은 아니다. 그런 일은 우연히, 즉 그가 우리의 사랑에 화답한다고 여겨지는 경우에만 생긴다. 그러므로 다른 사람에게 사랑을 받을 때 우리는 그에게 소망을 품게 된다. 그러나 그를 향한 우리의 사랑은 우리가 그에게 소망을 품음으로써 생겨난다.[28]

소망의 열매인 사랑이 아니라면 다른 무엇이 대재앙 이후의 세계에서 생존 같은 고된 일을 감당하게 할 수 있겠는가?

사랑 이야기

참으로, 《로드》는 소망의 이야기이기에 앞서 사랑의 이야기다. 아들을 향한 아버지의 사랑. 아퀴나스의 설명에 따르면, 사랑은 어려운 목적을 이루는 데 기여한다. 그 이유는 "우리가 아닌 다른 이들을 통해서 어려운 일이 우리에게 가능해지는 일이 때때로 일어나기 때문이다. 따라서 어떤 일을 가능하게 만드는 그 사람은 소망의 대상이기도 하다."[29]

소망의 특징은 "조용한 확신"이고,[30] 남자는 이야기 전체에 걸쳐 이 특성을 구현한다. 소설이 시작될 때, 두 사람은 따뜻한 기후와 바다를 향해 이미 출발한 뒤다. 그곳이든 다른 어느 곳이든 그들 앞에 무엇이 놓여 있을지 전혀 알지 못한 채. 한번은 위험을 모면한 후, 남자가 소년을 부드럽게 안심시킨다. "넌 우리가 죽을 거라고 생각했어…. 하지만 우린 죽지 않았어."[31] 그들은 몇 달 동안 불타 버린 고속도로를 따라 걸었고, 숲속이나 버려진 집에서 잠을 잤고, 자신들이 찾아낸 물품을 다 낡은 쇼핑 카트로 운반했다. 세상에는 그들뿐인 것 같다. 하지만 남자는 소년에게 장담한다. "사람들은 있어. 분명히 있고 우리는 그들을 찾아낼 거야. 두고 봐."[32]

정말 사람들이 있다는 것을 그들은 곧 알게 된다. 그러나 그들이 다 좋은 사람들은 아니다.

대재앙 이후 대부분의 세계에서처럼, 그곳에는 "좋은 사람들" 아니면 "나쁜 사람들"만 있다. 남자는 소년에게 방심해선 안 된다고, "좋은 사람들"을 더 찾기를 소망한다면 더욱 정신을 바짝 차려야 한다고 말한다. 그러나 나쁜 사람들은 아주 아주 나쁘다. 그들은 살아남기 위해 인간을 잡아먹는다. 그리고 그보다 더한 짓도 한다. 남자와 소년은 좋은 사람들이다. 아버지는 소년에게 나쁜 사람들에 대해 경고하는 것만큼이나 이 사실을 자주 상기시킨다.

우린 괜찮은 거죠. 그죠, 아빠?

그래, 우린 괜찮아.

우리한테 나쁜 일이 일어나지 않죠.

그래.

우리는 불을 운반하니까요.

그래, 우리는 불을 운반하니까.[33]

남자는 소년에게 "불을 운반함"이 무엇을 의미하는지 말하지 않는다 (화자도 독자에게 알려 주지 않는다). 여기에는 설명이 필요 없다.

그들이 운반하는 불은 그들을 좋은 사람으로 만드는 그 무엇이다. 그것에 소망이 따른다. 아버지는 소년에게 말한다. "이게 좋은 사람들이 하는 일이야. 계속 노력을 하지. 포기하지 않아."[34] 소망은 "미래의 어떤 좋은 것을 향한 갈망"이자 "우리가 갈망하는 미래의 어떤 것"이고 "우리의 갈망이 참으로 실현될 거라고 생각할 근거나 이유"이다.[35] 소망은 미래를 지향하기 때문에, 어떤 면에서는 "도덕의 근거"[36]가 된다. 도덕적 선택은 미래에 있을 결과를 초래하는 까닭이다. 두 사람의 상황은 절박하고 그러다 보니 다른 때 같았으면 평범하거나 사소했을 결정들이 심오하게 도덕적인 결정으로 바뀐다. 길을 나서는 결정부터가 그렇다.

소년이 "우리 죽나요?"라고 묻자 남자는 이렇게 대답한다. "언젠가는 죽겠지. 지금은 아니야."[37] 그러나 그들이 계속 힘겹게 먹을 것을 구하고 몸을 숨길 곳을 찾고 질병과 싸우고 나쁜 사람들을 피해 다니는 동안, 소년은 계속해서 두려워한다. 남자는 소년에게 말한다. "낙심하지 마…. 우린 괜찮을 거야."[38] 소년이 꿈 때문에 겁을 내자 남자는 두려움에 지지 말고 포기하지도 말라고 격려한다. 그리고 이렇게 말한다. "내가 그렇게 놔두지 않을 거다."[39] 남자는 소년에게 거듭 말한다. "괜찮을 거야." 소년은 남자의 말을 따라 하기 시작한다. "괜찮아요."[40]

그렇게 여행하는 동안 소년은 자라고 성숙한다. 아버지가 울음을 그치라고 나무라자 이렇게 말한다. "노력하고 있어요." 그리고 정말 노력한다. 네가 모든 일을 걱정해야 하는 존재라도 되는 것처럼 굴지 말라고 아버지가 말하자 소년은 이렇게 말한다. "그렇다고요…. 제가 그런 존재라고요."[41] 남자는 소년이 "우리의 장기 목표는 뭐죠?"라고 묻자 깜짝 놀라서 그런 말은 어디서 들었느냐고 묻는다. 마침내 소년이 기억해 낸다. "아빠가 말했어요…. 오래전에요."[42]

소망할 수 없는 중에

남자는 소망을 굳게 붙드는 와중에도 "마비 상태"와 "무지근한 절망"[43]의 순간들에 때때로 빠져든다. 충분히 이해할 만한 일이다. 절망은 "선에 따르는 어려움 앞에서 물러나거나 나가떨어지는 식으로 반응하고"[44] 남자는 이 유혹에 맞서 매일 매시간 싸운다. "어둠 속에 누워서 죽은 자들을 부러워하지 않은 밤이 거의 없었다"[45]라고 소설은 전한다. "깨어 있는 세계에서는 견딜 수 있던 것도 밤에는 견딜 수가 없었다. 남자는 두려워 잠을 자지 않고 앉아 있었다."[46] 남자가 희미해지는 이전 세상을 떠올리려 하자 "세상이 쪼그라드는" 것과 "사물들의 이름이 사물들을 천천히 뒤따라 망각으로 빠져드는" 것을 느낀다. "색깔들. 새들의 이름. 먹을 것들. 진실이라고 믿었던 것들의 이름마저. 모든 것이 생각했던 것보다 훨씬 허약했다. 이미 사라진 것들이 얼마나 많을까? 지시 대상을 빼앗기면서 실체마저 없어진 신성한 관용구."[47] 어느 날, 남자의 다리가 적의 화살에 뚫린 후, 소년이 그에게 묻는다. "지금까지 해 본 것 중에 가장 용감한 일이 뭐예요?" 남자는 대답한다. "오늘 아침에 잠자리에서 일어난 거."[48]

남자는 소년에게 자기들이 죽지 않을 거라고 장담하지만, 한번은 "죽음이 마침내 다가왔다"라고 확신하여 여행을 중단하고 남들 눈에 띄지 않고 죽을 수 있는 곳을 찾으려 한다.[49] 그러나 그들은 계속해서 나아간다. 나중에 그들은 음식과 물자가 가득한 지하 벙커를 발

> 소망은
> 있는 그대로의 세상, 현실을
> 고려할 것을 요구한다.

견하는데, 거기서 씻고 쉬고 활력을 얻은 후 남자는 자신의 절망에 결함이 있음을 인식한다. "그는 죽을 각오가 되어 있었지만 이젠 죽지 않을 것이기에, 자신이 너무 쉽게 포기했던 것은 아닌지 생각을 해 봐야 했다."[50]

소망은 망각이나 천진난만함과 다르다. 소망은 있는 그대로의 세상, 현실을 고려할 것을 요구한다. 남자는 그렇게 한다. 소년이 남자에게 까마귀가 여전히 존재하느냐고 묻자, 남자는 그럴 것 같지 않다고 말한다. 그리고 소년이, 자신들이 잡아먹힐 위기를 간신히 벗어났음을 깨닫자, 아버지는 그 끔찍한 진실을 부정하지 않는다. 그리고 그 위기 때문에 곧 희생될 사람들을 도울 수 없었다는 것도 인정한다. 합리적 태도는 남자의 가장 두드러진 특성 중 하나이다. 길 위에서 그는 늘 경계를 늦추지 않는다. 소년이 그에게 겁이 나느냐고 묻자 남자는 대답한다. "글쎄, 처음에는 제대로 겁이 나야만 조심을 할 것 같구나. 신중하게 행동하고. 주의하고."[51]

주의 깊음은 소망의 일부이다. 주의 깊음은 절망과 나태 모두에 대응한다. 나태는 "절망의 시작이자 뿌리"이고 "큰일을 해낼 용기"를 가로막는다.[52] 나태가 중죄로 여겨지는 것은 그것이 하나님이 원하시는 모습과 진정한 자기 자신이 되지 못하게 막기 때문이다.[53]

나태에 대한 한 가지 대응책은 큰 포부magnanimity, 영혼의 위대함이다. 절망은 노력만으로 정복할 수 없고 "정확한 판단에 따른 큰 포부"가 따라와야 한다. "그 포부는 그 본질의 위대함을 용감하게 기대하고 확신한다."[54] 큰 포부는 자연적 소망을 완전하게 만든다.[55] 모든 것이 그렇듯, 큰 포부는 습득하고 함양해야 할 습관이다. 그 목적은 "큰일을 행하는 것"이다.[56] 《로드》의 남자는 "포부가 큰 사람이 위대함을 갈망하여 어려움을 돌파하고 위대한 선을 추구하는" 좋은 사례이다.[57] 자신과 소년의 목숨을 보존하는 것은 그가 획득하기를 소망하는 위대한 일이다. 그러나 큰 포부의 덕에는 겸손이 따라와 균형을 맞추어야 한다. 큰 포부는 "겸손이 필요하다. 그래서 자신의 가능성을 과장하지 않고 진실하게 평가할 수 있게 해야 한다."[58] 이렇듯 소망은 한쪽 극단에는 큰 포부를, 다른 쪽 극단에는 겸손을 접하고 있다. 큰 포부는 가능성을 가리키고, 겸손은 한계를 인식한다.[59] 소망은 본질적으로 겸손하다.

좋음을 추구하는 소망

위대한 선을 추구하는 일은 그 과정에서 다른 선들도 알아보게 해준다—어쩌면 알아볼 것을 요구하는지도 모른다. 큰 포부와 겸손 모두 이 일을 돕는다. 대재앙 이후의 세계에서도 선은 찾을 수 있기 때문이다. 이런 선의 순간들 덕분에 자칫하면 소름 끼치는 이야기에 그쳤을 이 소설이 아름답고 힘 있는 작품이 된다. 이 이야기에는—조지 손더스의 문구를 쓰자면—"선의 방울들"이 가득하다.[60]

'**좋다**good'는 단어는 이 이야기에

우리는 '최고'에 집착한 나머지 **좋음**을 충분히 좋게 여기지 않는 사회에 산다. 그러나 좋음은 좋다. 아주 좋다.

서 거듭 등장한다. '**좋다**'는 너무나 멋진 단어다. 좋은 단어다.

몇 년 전, 많은 과제물을 채점(이것은 모든 영문학 교수의 역경이다)하다가 내가 학생들의 과제물에 적은 긍정적 의견이 '좋음 good'이라는 논평으로만 이루어져 있다는 것이 눈에 들어왔다. 다른 단어들로 변화를 줘야 하나 생각해 보았다. 하지만 좋음이 최고의 단어라는 것을 깨달았다. (분명 쓰기도 쉽다!) 가끔, '**탁월한**excellent'이라는 단어가 정당한 경우도 있지만, 그리 많지는 않다. 우리는 '최고'에 집착한 나머지 **좋음**을 충분히 좋게 여기지 않는 사회에 산다. 그러나 좋음은 좋다. 아주 좋다. 창세기에서 하나님은 친히 창조하신 것을 두고 "좋다"라고 말씀하셨다.

역설적이게도《로드》속 황폐한 세상은 좋은 것을 인정하고 축하한다. 좋음이 거의 남아 있지 않은 것처럼 보이는 세상이기에 이것은 매우 경이롭게 다가온다. 블라디미르 나보코프Vladimir Nabokov는《나보코프 문학강의Lectures on Literature》(1980)에서 좋음(선함)이 "불합리하게 구체적인 것"[61]이라고 말한다. 그에 따르면, "일반적인 것에 대한 세부적인 것의 우위, 전체보다 더 생생한 부분의 우위"는 인간이 선하지 않음을 보여 주는 온갖 사실에도 불구하고 인간의 좋음(선함)을 "불합리하게" 믿는 근거이다.[62] 그리고 나보코프는 "임박한 어떤 위험 앞에서도 작은 것에 경이로워할 수 있는 능력" 때문에 "우리는 세상이 좋다는 것을 안다"[63]라고 설명한다.

이것은《로드》에서도 손꼽힐 만한 애틋한 장면에서 두드러진다. 여행의 초기에 남자와 소년은 버려진 슈퍼마켓에서 먹을 것

을 뒤진다. 남자는 넘어진 기계 안에서 코카콜라 캔 하나를 꺼내
어 소년에게 준다. 소년은 그런 것을 본 적이 없다.

그게 뭐예요, 아빠?
특별한 선물. 너를 위한 거야.
뭔데요?
자, 앉아라.

남자는 캔을 따서 거품이 이는 그것을 소년에게 건넨다. 소년은
한 모금 마신 뒤 이렇게 말한다. "정말 맛있어요.It's really good"

그래, 그렇지.
좀 드세요, 아빠.
네가 마시는 걸 보고 싶어.
아빠도 좀 드세요.

남자는 캔을 받아서 조금 홀짝이고는 소년에게 돌려주며 좀 앉아
있을 테니 마시라고 한다.[64] 나중에 두 사람이 상쾌한 폭포를 만
나 거기서 소년이 씻고 수영할 때, 남자는 소년을 격려한다. "잘하
네.You're doing good" 남자가 말했다. "잘하고 있어."[65] 숲속에서 먹
을 수 있는 버섯을 찾은 후, 소년은 그게 좋은 거냐고 묻는다. 아
버지는 한 입 먹어 보라고 말한다. "이거 정말 좋아요"라고 소년은
말한다. 그들이 천막을 쳤을 때 소년이 말한다. "여긴 좋은 곳이

에요, 아빠."[66] 소년은 여행 중에 잠깐 마주쳤던 작은 아이를 걱정한다. 그는 아버지에게 그 아이가 길을 잃으면 누가 찾아 주느냐고 묻는다. "선goodness이 꼬마를 찾을 거야. 언제나 그랬어. 앞으로도 그럴 거고."[67] 남자는 소년에게 자기들은 "좋은 사람들"이라고 계속해서 안심시킨다. "우린 언제나 좋은 사람들일 거야."[68] 사람 잡아먹는 자들을 피해 달아난 후, 부자는 자신들이 아무리 굶더라도 그들처럼 되지 않을 거라는 대화를 나눈다. "무슨 일이 있어도." 남자는 걱정하는 소년을 안심시킨다. "우리는 좋은 사람들이니까."[69]

자연적 소망은 신학적 소망으로 넘어가는 다리

신학적 소망은
선을 획득함에 있어서
타자—신—의 도움에
암묵적으로 투항한다.

《로드》에서 만나는 소망은 궁극적으로 인간적 소망에 불과하다. 아퀴나스에 따르면 그것은 우리가 동물과 공유하는 자연적 열정이고, 모종의 좋음에 대한 고된 추구이다. 하지만 소망이라는 열정과 소망이라는 신학적 덕은 근원과 종류는 달라도 완전히 동떨어진 것은 아니다.

신학적 소망은 선을 획득함에 있어서 타자—신—의 도움에 암묵적으로 투항한다. 그리고 자연적 열정인 소망이 요구하는 것과 비슷하게 자신의 한계를 인정할 것을 요구한다. 포부가 큰 사람은 자신의 능력 안에 있는 것과 없는 것을 합리적으로 평가하여 그 능력의 범위 안에서 위대함을 추구한다.[70] 반면에 오만한 추정을 하는 사람은 "다른 사람들의 도움이 없으면 실제로는 불가능한 일들을 자신의 능력으로 이루어 낼 수 있다고 여기는 습관이 있다. 우리는 자신의 역량을 거짓되게 과장함으로써 … 스스로 하나님의 도움에 의지하기 어렵게(의지할 수 없게는 아니더라도) 만든다."[71] 신학적 소망은 자연적 열정과 마찬가지 방식으로 겸손을 요구한다. 철학자 로버트 마이너Robert Miner의 설명에 따르면, 자연적 소망을 가지는 것은 하나님으로부터 나오는 초자연적 소망을 받아들일 준비 과정이 될 수 있다.

지상의 문제에서 고된 선을 추구하는 습관이 결여된 사람들이 그럼에도 불구하고 가장 어려운 선들을 시도할 준비가 되어 있다고 생각해야 할 이유가 무엇인가? 그것이 논리적으로는 불가능하지 않을지도 모른다. 하나님께는, 소망의 덕이라는 어려운 선을 추구하는 훈련을 경험하지 못한 영혼들에게도 소망의 덕을 주입하실 **능력이 있다**. 그러나 통상적인 세상 질서에서는 … 이런 식으로 일이 벌어지지 않는다. 인간적인 것들의 성취에 무관심한 영혼들이 신적인 일들을 애써 추구할 거라고 기대할 수는 없다.[72]

마이너는 더 나아가 이렇게 밝힌다. "평면적 영혼을 가진 사람들은 아주 뻔한 육체적 쾌락을 넘어서 있는 좋음은 식별하지 못하는 경우가 많을 것이다." 그런 사람들은 "영적 좋음을 무미건조하거나 하찮은 것으로 인식"하고, 하나님으로부터만 오는 덕스러운 소

망이 "영혼에 들어설 여지"를 남겨두지 않는다.[73]

더욱이, N. T. 라이트N. T. Wright가 《마침내 드러난 하나님 나라 Surprised by Hope》에서 설명하는 것처럼, 신학적 덕인 소망은 영원 속에서만이 아니라 현재의 현실에 드리운 영원의 영향에서도 드러난다.[74] 다시 말해, 신학적 소망은 바로 지금 이곳, 초월과 내재의 관계 속에서 드러난다. 몸을 가진 피조물인 우리는 내재적인 것 안에서만 초월을 만날 수 있다. 어느 도덕철학자의 주장에 따르면, 초월은 '하나의 인격, 신적 너Thou'로 이해될 때만 인간의 필요와 만난다.[75] 현대의 세속 묵시록들—초월적 의미 및 목적과는 별개로 하나의 텔로스, 즉 목적을 드러내는 묵시록들—은 "계시를 향한" 강한 열망을 표현하는데, 그것은 "우리 삶의 깊은 고통과 어려움을 의미 있고 완성된 것으로 보기 위해서"다.[76] '신적 너Thou'가 없는 상태에서 세속 묵시록이 내놓을 수 있는 최고의 대안은 '인간 너thou'이다.

한번은 소년이 잠자는 동안, 남자가 아이를 지켜보며 이런 생각을 한다. "너무나 우아하고 아름다워서 마음에 꼭 간직하고 있는 것들은 고통에서 나온 것이기도 하다. 슬픔과 재 속에서의 탄생. 남자는 잠든 소년에게 작은 소리로 말했다. 그래서 나한테는 네가 있는 거야."[77]

초월은 "계시와 믿음"[78]을 요구하기 때문에 초월을 향한 갈망은 그 정체를 인식하든 못하든, 궁극적으로 하나님을 향한 갈망이다. 《로드》에는 종교적 믿음—그리고 겉보기에는 하나님—이 부재하지만, 그럼에도 초월적인 어떤 것이 편재한다. 참으로, 초월은 이 이야기 전체와 주인공들의 여행 전체의 연료이자 불 그 자체이다. 현대 세속 묵시록이 그리는 세계는 알래스데어 매킨타이어가 《덕의 상실》 서두에서 묘사하는 가상의 재앙과 비슷한 상황을 제시한다. 매킨타이어의 재앙에서 살아남은 이들은 지식의 조각들을 재조립하려고 시도하지만 이제는 맥락을 잃어버린 관련 용어와 사실들에 한때 정합성을 부여했던 전통과 구조는 사라지고 없다. "개념적 체계"가 있던 자리에는 초월성의 메아리만 울린다.[79] 그런 메아리는 《로드》의 눈 내리는 장면에서도 볼 수 있다. 소년은 눈송이를 손으로 잡고 지켜본다. "눈송이는 기독교 세계의 마지막 성체 전병처럼 사라진다."[80]

남자가 줄곧 품었던 소망—소년과 자신들이 운반하는 '불'에 대한 소망—은 자연적 소망 이상의 것, 토끼를 쫓는 아퀴나스의 개가 품었던 소망 이상의 것을 가리킨다. 남자는 소망에 힘입어 따뜻한 기후와 해변에 도착하는 원정에 성공한다. 그와 소년이 그곳에 도착할 무렵, 황폐한 세상이 남자에게 타격을 가한다. 여행 내내 그를 서서히 쫓아오던 질병이 완연히 그 모습을 드러낸 것이다. 자신의 생명이 곧 끝날 것을 직감한 남자는 자신의 자연적 소망을 소년에게 전달한다. "넌 계속 가야 돼. 나는 같이 못 가. 하지만 넌 계속 가야 돼. 길을 따라가다 보면 뭐가 나올지 모르지만 우리는 늘 운이 좋았어. 너도 운이 좋을 거야. 가 보면 알아. 그냥 가. 괜찮을 거야." 소년이 아버지 없이는 계속 갈 수 없다고 우기자 남자는 이렇게 말한다.

너는 불을 운반해야 돼.

어떻게 하는 건지 몰라요.

모르긴 뭘 몰라.

그게 진짜가요, 불이?

그럼, 진짜지.

어디 있죠? 그게 어디 있는지 몰라요.

왜 몰라. 네 안에 있어. 늘 거기 있었어. 내 눈에는 보이는데.[81]

가슴 아프게도 남자는 초월의 소망을 오로지 아들에게 두고 이렇게 선언한다. "저 아이가 신의 말씀이 아니라면 신은 한 번도 말을 한 적이 없는 거야."[82] 하지만 창조주가 아니라 피조물에 소망을 두는 오류 가운데서도 남자는 신성한 것을 추구하고 그 과정에서 아들 안에 있는 하나님의 형상을 인식한다. "남자는 소년 옆에 앉아 뒤엉킨 옅은 노란색 머리카락을 쓰다듬었다. 황금 성배. 신을 들이기에 좋은 곳. 그 이야기가 어떻게 끝나는지 말하지 말아다오."[83]

소망은 모든 덕이 그렇듯 실천이다. 소망은 그것을 보유한 사람의 자전적 이야기이고 "그 이야기를 확장하여 가능한 최고의 결말에 이르게 한다."[84] 통일성과 방향성이 있는 좋은 이야기―또는 순례―가 그렇듯 소망은 우리가 자신의 이야기 안에서 스스로를 성찰하도록 이끌고, 그 이야기를 확장하여 가능한 최고의 결말에 이르게 한다. 자연적 열정으로서의 소망만 보유한 사람은 하나님으로부터만 오는 소망, 즉 새 하늘과 새 땅에 참여함을 발견하지 못한다.

《로드》도 남자도 신학적 소망을 직접 보여 주지는 않는다. 그러나 단순한 동물적 열정을 넘어서는 어떤 것, 초월적인 어떤 것을 암시함으로써 이 작품은 최고의 인간적 추구마저 넘어서는 소망을 가리켜 보인다.

진보의 신화

찰스 테일러는 《세속적 시대 A Secular Age》에서 초월성의 세 가지 의미, 즉 지금 여기라는 평면성을 넘어서는 세 가지 방법을 설명한다. 신이나 모종의 고차원적인 힘에 대한 믿음을 통해, 자연적 또는 필멸의 삶의 연장을 통해, 그리고 **아가페** 사랑을 통해.[85] 《로드》의 남자는 적어도 이 세 번째 종류의 초월성을 달성한다.

또한 남자는 테일러가 정의한 세속성을 거부한다. 테일러에 따르면 세속성의 한 가지 특성은 인간의 번영이 최고의 선이 된다는 것이다.[86] 순례—문자 그대로 종교적 여행이든 비유적인 영적 여행이든—에는 선형성과 변화가 다 들어 있지만, 진보라는 현대적 관념과 미묘하지만 의미심장하게 다르다. 진보는 인간 번영이라는 세속적 개념의 토대이다. 대재앙 이후의 이야기는 진보의 신화에 맞선다. 진보는 소망과 다르다. 진보라는 현대적 관념은 인류가 완전해질 수 있다는, 적어도 무한히 개선될 수는 있다는 믿음에 근거한다. 진보는 분명하고 측정 가능한 과학의 발달에 근거한 계몽주의적 관념이 인간의 조건에 잘못 적용된 사례이다. 의료에 정보를 제공하는 과학은 시대가 가면 개선되지만, 시詩는 그렇지 않은 이유를 여기서 알 수 있다. 인간의 예법과 도덕은 바뀌고 달라지고 여러 문화는 하나의 체계적 죄에서 다른 체계적 죄로 갈아타지만, 인간 본성은 진보는커녕 변화조차 없다. "아이러니하게도, 현대의 소망은 인간의 능력을 인정함으로써 인간의 상상력을 제약했다."[87]

진보의 신화는 실재의 본질을 설명하는 데에 있어 여러 결함이 있지만 무엇보다 악을 설명하지 못한다.[88] 하지만 소망은 악을 고려한다. "소망의 근본적 구조"는 창조 세계의 선함, 악의 본질, 구원 계획에 대한 믿음 위에 서 있다.[89] 고난만큼 악이 분명하게 드러나는 자리는 없다. 《로드》의 세계는 고난이 가득한 세계이자 고난을 피하거나 최소화하려는—남자와 소년이 하는 여행의 목표이기도 하다—끊임없는 시도가 가득한 세계다. 인간의 고난이 새롭고 깜짝 놀랄 만한 상황에 놓이면 우리는 충격을 받아 평소에는 한사코 피하려 하는 진실을 인식하게 된다.

하지만 현대의 진보 교리는 고난이 들어설 여지를 주지 않는다. 그보다 진보의 개념은 "지금까지 역사에서 경험된 거대한 악들은 인간 존재의 영속적 특성이 아니라 일시적 현상"이라고 말한다.[90] 고귀하기는 하지만 실현될 수 없는 진보의 전체 기획은 고난을 제거하는 것이다. 《로드》는 그런 생각이 불가능함을 입증해 보인다. 하지만 그 과정에서 이 책은 소망의 승리를 보여 준다. 소망은 선의 달성을 가로막는 장애물이 있는 곳에만 존재하며, 사람이 소망 가운데 선을 추구하는 것은 매우 고된 일이다.

번영은 현대의 진보 개념에 관해 말하는 또 다른 방식인데, 이것은 악의 문제를 수용할 수 없다. 다른 어떤 세계도 대재앙 이후의 세계만큼 인간 번영을 내세우는 주장의 한계를 극적으로 묘사할 수 없다. 테일러는 이렇게 썼다. "번영은 좋다." 그러나 신자에게는 "번영 추구가 궁극적 목표는 아니다."[91] 기독교 신자에게는 하나님이 최고의 선이다. 다른 신앙의 신자에게는 다른 선이 있을 것이다.

《로드》의 남자는 이 다른 신자에 해당한다. 남자가 자신들은 식인자를 피해야 하지만 식인자가 되지는 않을 거라고 소년을 안심시키는 대목은 그가 끔찍한 세계에서도 선과 초월을 인정한다는 것을 보여 준다. 그는 그런 악이 되기보다는 (번영하지 않고) 차라리 죽음을 택할 것이기 때문이다.

독자가 이야기의 중심 은유─불을 운반함─를 받아들이면, 남자가 죽은 후 (심지어 죽기 전부터) 소년이 불을 가지고 나아가고 그 과정에서 남자의 자연적 생명이 모종의 방식으로 연장되는 것이 보일 것이다. 초월성을 향한 소년의 감수성은 남자보다 더 강렬하다. 순수한 소년은 많은 경험을 한 남자가 두려움 때문에 거부하는 다른 사람들을 도우려 한다. 안전한 지하 벙커에 가득 쌓여 있는 식량을 우연히 발견했을 때, 식사 전에─어떤 식으로든, 누군가에게든─감사를 해야 한다고 주장한 것도 소년이다. 이후, 그들의 목적지였던 바다에 도착해서 조명탄 총을 발견하자, 남자는 소년에게 그 총의 용도가 다른 사람들에게 자신의 위치를 알리는 것이라고 설명한다. 소년은 '하나님 비슷한' 누군가가 그것을 볼 수 있을지 궁금해한다. 아버지가 대답한다. "그래, 어쩌면 그 비슷한 누군가가."[92]

그 비슷한 누군가가 분명히 소년을 본다. 아버지가 죽은 후, 그동안 그들을 지켜보고 있던 한 가족이 소년을 도우러 온다. 그들은 아버지, 어머니, 두 자녀로 이루어져 있다. 소년이 그들에게 "좋은 사람들"이냐고 묻자, 그들은 그렇다고 안심시킨다. 그리고 그들은 좋은 사람들이다. 그들은 소년을 받아들인다.

그리고 가끔 여자―어머니―가 소년에게 신에 관해 말한다.

THE DEATH OF IVAN ILYCH

IVAN ILYCH

By Leo Tolstoy

7

사랑

레프 톨스토이, 《이반 일리치의 죽음》

그런즉 믿음, 소망, 사랑,
이 세 가지는 항상 있을 것인데
그 중의 제일은 사랑이라

고린도전서 13 : 13

영화 〈캐스트 어웨이cast away〉에서 톰 행크스가 연기한 페덱스 직원 척 놀랜드는 비행기 추락 사고에서 살아남아 무인도에 홀로 상륙한다. 그는 생존에 필요한 수단들을 어찌어찌 찾아낸다. 비행기 잔해에서 배구공도 하나 찾아내어 표면에 얼굴을 그려 넣고 '윌슨'이라는 이름을 지어 준다. 놀랜드가 가진 물건 중에서 동료에 가장 가까운 윌슨은 위안과 위로의 원천이자 제정신을 지켜 주는 보호 장치, 심지어 힘의 원천이다. 윌슨은 구조가 불가능해 보일 때도 놀랜드가 포기하지 않고 버틸 수 있게 도와준다. 이 영화는 사랑과 교제가 식량, 물, 피난처만큼이나 인간의 생존에 필요하다는 것을 강력하게 보여 준다. 상대가 고작 배구공이라고 해도 말이다.

우정의 필요성

아리스토텔레스는 우정이 "인생의 절대 필수품"이라고 말한다. 삶이 제공하는 "다른 모든 선을 다 가지는 대신 친구 없이 사는 것을 선택할" 사람은 없을 것이다.[1] 심리학자 에리히 프롬Erich Fromm은 《사랑의 기술The Art of Loving》(1956)에서 "인간의 가장 깊은 필요"는 "고독을 극복하고 홀로 됨의 감옥을 벗어나는 것"이라고 주장한다.[2] 이 필요는 너무나 강해서 이것이 채워지지 않으면 결국 미치게 된다고 프롬은 적고 있다. 우리에게는 동료애—**사랑**—가 너무나 절실하기 때문에 그것이 없으면 그 환상이라도 만들어 내려 한다. 놀랜드가 살아남기 위해 윌슨이라는 배구공과 동료애를 나눈 것처럼 말이다.

이런 주장을 뒷받침하는 연구 결과는 많다. 육체적 요구는 해결해 주지만 사랑의 욕구는 채워 주지 못하는 보호시설에서 자란 어린이들이 잘 지내지 못한다는 사실을 다양한 연구가 보여 주었다. 한 연구는 교도소에서 어머니가 기른 아이들이 잘 갖추어진 보호시설에서 고도로 훈련된 전문가들이 양육한 아이들보다 더 잘 지낸다는 것을 보여 주었다.[3] 또 다른 연구는 사랑의 결핍이 아이들에게 치명적 영향을 줄 수 있다는 것을 발견했다.[4] 하버드 의과대학의 유명한 그랜트 연구Grant Study는 수백 명의 삶을 75년간 추적한 끝에 만족스러운 인생의 가장 중요한 요소는 평생에 걸친 따뜻한 사랑의 관계라는 결론을 내렸다. 이 연구의 책임자는 연구 결과를 이렇게 요약했다. "행복은 사랑이다. 논의 끝."[5]

단테가 《신곡》의 마지막 행에서 밝힌 유명한 말처럼, "태양과 별들을 움직이는" 것은 사랑이다.[6] 그러나 고대 그리스 철학자들이나 중세 이탈리아의 시인들이나 지금까지 만들어진 거의 모든 팝송은 말할 것도 없고 심지어 현대의 사회학자들이 인간의 번영 또는 개인의 행복에 사랑이 절실히 필요하다고 말해 주지 않아도 우리는 그 사실을 그냥 안다. 요제프 피퍼는 《믿음, 소망, 사랑Faith, Hope, Love》에서 그것을 이렇게 표현한다. "우리가 근근이 생존하는 수준을 넘어서려면 타인에게서 다음과 같은 사실을 분명히 인정받는 것이 중요하다. '네가 존재해서 좋다. 네가 있어서 정말 좋다!' 다시 말해, 우리가 그저 생존의 수준을 넘어서기 위해서는 다른 사람에게 사랑받는 것이 필요하다."[7]

너무 많은 사랑들

사랑에 관해서라면 영어로 소통하는 사람들이 아주 불리하다. 영어 사용자들은 다양한 사랑들을 딱 한 단어로 나타내야 한다. 우리는 자녀들을 사랑하고, 개를 사랑하고, 민트칩 아이스크림을 사랑하고(적어도 나는!), 여름을 사랑하고, 배우자를 사랑한다. 이 모두는 분명 다른 종류의 사랑이다. '사랑을 나눈다making love'고 말할 때의 사랑과 할머니를 '사랑한다'고 할 때의 **사랑**이 그 의미가 다르다는 것을 알려면 문맥에 의지하는 수밖에 없다. (멀리 1880년에도 상황은 마찬가지였는데, 그해에 헨리 제임스Henry James가 《여인의 초상 The Portrait of a Lady》(1881)에서 "사랑을 나눈다making love"는 표현을 쓴 것을 보면 알 수 있다.)

다른 언어들에는 사랑을 가리키는 단어들이 더 있다. 인도의 보로어에는 일시적 사랑을 가리키는 단어가 따로 있고, 중국어에는 영원한 사랑을 가리키는 단어가 있다. 덴마크어에는 사랑에 빠진다는 의미의 단어가 따로 있다. 힌디어에는 서로 떨어져 있게 되면서 비로소 찾아오는 사랑의 깨달음을 가리키는 단어가 있다. 포르투갈어에는 과거의 누군가를 향해 느끼는 사랑을 가리키는 단어가 있고, 스페인어에는 사물에 대한 사랑에만 쓰이는 단어가 있다. 그리고 그리스어에서는 다양한 인간관계를 규정하는 여러 형태의 사랑을 각기 다른 단어로 표현한다.

하지만 이것은 단순히 어휘만의 문제가 아니다. 위에서 제시한 용례들에서 문맥을 살피면 의미가 분명히 드러난다. 하지만 한 단어가 여러 다른 의미의 무게를 짊어지게 되면, 그 의미들 사이의 구분이 흐려질 수밖에 없다. 미국동물애호협회Humane Society of United States의 협회장이자 대표이사인 웨인 파셀Wayne Pacelle이, 투견장 운영(여기에는 다른 범죄들과 더불어 끔찍한 동물 학대가 포함되었다)과 관련된 죄목으로 투옥된 NFL 선수 마이클 빅 Michael Vick을 처음 만났을 때, 빅은 파셀에게 자신은 개를 '사랑한다'라고 주장했다. 대화가 펼쳐지면서 슬프게도 빅은 소유에 대한 자부심과 사랑을 혼동하고 있음이 분명해졌다.[8] 그의 탓만 할수는 없다. **사랑**이라는 단어의 의미가 너무나 넓어진 나머지, 대성공을 거둔 한 브로드웨이 뮤지컬의 주연이 선언한 "사랑은 사랑이고 사랑이고 사랑이고 사랑이다…."라는 앞뒤 안 맞는 구호가 한 세대의 주문이 되어 버린 지경까지 이르렀기 때문이다.[9]

그러나 그리스어와 기독교 전통은 이런 언어적 도덕적 모호함과 대조적인 모습을 보여 준다. 신약성경의 그리스어는 다양한 단어로 다양한 종류의 사랑을 나타낸다. C. S. 루이스는 그의 책 《네 가지 사랑The Four Loves》에서 네 유형의 사랑을 탐구한 것으로 유명한데, 각 유형이 그리스어 단어들에 대응한다. 공감(**스토르게**), 우정(**필리아**), 욕망(**에로스**), 그리고 최고 형태의 사랑인 신적 사랑(**아가페**).

신적 사랑 즉 **아가페**는 요한일서가 '하나님은 사랑이심이라'(4:8)라고 말할 때 의미한 사랑이다. 킹 제임스 성경은 **아가페**를 종종 '자비charity'(이를테면 고전 13장)로 옮기는데, 이 단어의 어근은 '귀하게 여겨지는', '소중한'이라는 의미를 지니고 있다. **아가페** 즉 자비는 하나님의 본성과 성품을 반영하는 사랑이다.

희생적이고 자기를 내어 주는 의로운 사랑이다. 그 사랑은 '삼위 하나님'을 반영한다. 삼위 하나님은 "자기를 내어 주는 사랑으로 이루어지는 위격들 간의 교통이시며 만물을 사랑으로 창조하셨다. 모든 사람은 하나님과 연합하여 궁극적 행복을 누리도록 창조되었다."[10]

여기서의 행복은 "모호한 느낌의 선의"가 아니라 "궁극적 의미에서 참으로 선한 것을 풍성하고 온전히 이해"할 때만 얻는 것임에 주목해야 한다.[11] 이 궁극적 선은 "하나님과의 연합"이며 "그것이 참된 행복이다."[12] 아퀴나스는 자비의 덕을 요약하여 그 것을 하나님과의 우정이라고 부르고[13] "그리스도인의 삶의 완성은 철저히 자비로 이루어진다"라고 진술한다.[14] 참으로, 바울은 고린도전서 13장 13절에서 믿음, 소망, 사랑(즉 자비)만이 영원하겠지만 "그중의 제일은 사랑"이라고 말한다.

> 자비는 다른 모든 덕을 완전하게 하고 다른 모든 덕을 포함한다.

자비는 다른 모든 덕을 완전하게 하고 다른 모든 덕을 포함한다. 바울이 고린도전서 13장에서 제시한 자비의 뜻매김은 인내, 친절, 만족, 겸손, 절제, 정의, 순결, 정직, 지혜, 용기, 믿음, 관대함, 오래 참음의 덕을 아우른다. 이 뜻매김은 하나님의 성품을 그대로 반영한다.[15] 모든 덕의 형태는 사랑이다. 자비는 "모든 덕이 하나님과의 연합이라는 궁극적 목표를 향하게 함으로써 모든 덕스러운 행동을 구체화한다(또는 변화시킨다)."[16] 우리는 오로지 하나님이 사랑하시듯 사랑할 때만 아우구스티누스의 아름다운 다음 권고에 귀 기울일 수 있다. "사랑하라. 그리고 원하는 바를 행하라. 침묵을 지킨다면 사랑으로 침묵을 지켜라. 소리를 지른다면 사랑으로 소리를 지르라. 잘못을 바로잡는다면 사랑으로 바로잡으라. 그냥 둔다면 사랑으로 그렇게 하라. 사랑의 뿌리가 내면에 있게 하라. 이 뿌리에서는 선하지 않은 것이 나올 수 없으리라."[17]

아가페: 초자연적 사랑

우리가 '사랑'이라고 부르는 모든 것이 이런 종류의 사랑, 자비인 것은 분명히 아니다. 자비는 "하나님을 먼저 사랑하고, 하나님 안에서 다른 모든 것을 사랑하는 일"이다.[18] 그러므로 자비의 원천은 하나님이다. 이런 사랑은 인간에게 자연적인 것이 아니라 초자연적인 것이다.[19] 이것은 하나님이 주신 선물이다. 이런 종류의 사랑을 할 수 있는 능력을 가졌다는 것이 하나님의 형상으로 창조되었다는 말의 부분적 의미이다.

하지만 이런 사랑을 할 수 있는 능력이 있다고 해서 반드시 그 사랑을 보유한 것으로 나타나지는 않는다. 사실, 내 인생에서 일어난 가장 심오한 기적 두 가지는 아무리 힘껏 노력해도 내 힘으로는 도저히 사랑할 수 없던 두 사람을 위해 하나님이 초자연적 사랑을 주신 일이다. 두 사람 모두 나와 가까이서 함께 일했던 동료 그리스도인이었다. 그리고 두 사람 모두 나와 성격이 맞지 않았다. 내 힘으로 그들을 사랑하려고 애써 봤지만 그럴 수가 없었다. 결국 나는 두 사람을 향한 초자연적 사랑을 달라고 하나님께

구했나. 기노가 하룻밤 새 응답되지는 않았다. 나는 사랑이 생겨나는 것을 느끼지 못했다. 그러나 몇 달이 지나고 나서 그들을 향한 나의 태도와 감정이 서서히, 그러나 완전히 변했음을 문득 깨달았다. 나는 그들을 사랑했다. 그러자 그들이 전혀 다르게 보였다. 그들의 모습은 아무것도 달라지지 않았다. 그러나 내 안의 모든 것이 완전히 달라졌다. 그것은 초자연적 사랑이었다. 이것은 루이스가 《순전한 기독교Mere Christianity》에서 쓴 내용을 그대로 드러낸다. "하나님이 기뻐하시면 우리에게 사랑의 감정을 주실 것입니다. 우리가 스스로 그런 감정을 만들어 낼 수는 없습니다."[20]

욕심의 악덕

이 초자연적이고 신학적인 사랑은 레프 톨스토이*Лев Николаевич Толстой*의 단편 소설 《이반 일리치의 죽음*Смерть Ивана Ильича*》(1886)의 강력한 주제이다. 이 이야기에서 자비는 등장인물들의 텅 빈 자기중심적인 삶과 날카로운 대조를 이룬다. 그중에서도 이반의 삶은 자비의 덕이 아니라 또 다른 종류의 사랑, 즉 탐욕의 악덕을 특징으로 한다.

우리 대부분은 **욕심**cupidity을 그 어원인 로마신화의 욕망과 성애의 신 큐피드Cupid와 연결한다. 큐피드 하면 대부분 로맨스와 밸런타인데이를 떠올리지만, 그런 욕망이 욕심의 전부는 아니다. 고대 기독교 전통에서는 욕심을 자비, 즉 신적 사랑의 덕에 반대되는 정욕, 야망과 연결하여 생각했다. 아우구스티누스는 "사랑이, 하나님을 하나님이시기 때문에 즐거워하고, 그 하나님 때문에 이웃을 즐거워하려는 충동"이라고 설명한다. 그에 반해, 욕심 (또는 정욕)은 "하나님과 관계없이 자신과 이웃과 일체의 유형물을 즐기고 싶은 마음의 충동"이다.[21] 자비가 우리를 하나님께 이끄는 욕망이라면, 욕심은 하나님과 멀어지게 만드는 욕망이다. 그러므로 적절한 사랑에 여러 종류가 있고 사랑하기에 적절한 대상도 많지만, 잘 사랑하려면 그 사랑들 사이에서 적절한 순서를 매기는 일이 필요하다. 아우구스티누스의 말을 들어 보자.

올곧고 거룩한 삶을 사는 사람은 이런 것들을 건전하게 판단한다. 그리고 그는 자신의 사랑에 올바른 순서를 매겨 사랑하는 것이 잘 못인 것은 사랑하지 않고, 사랑해야 할 것을 사랑하지 않는 일이 없고, 적게 사랑해야 할 것을 너무 많이 사랑하지 않고 (더 사랑해야 할 것을 너무 적게 사랑하지도 않고), 둘 중 하나를 덜 사랑하거나 더 사랑해야 하는데 둘을 똑같이 사랑하는 일도 없고, 똑같이 사랑해야 할 두 가지 중 어느 하나를 더 사랑하거나 덜 사랑하는 일도 없다.[22]

우리를 하나님으로부터 멀어지게 만드는 욕망의 독재만큼 포악한 것은 없다.

이반 일리치는 그런 욕망을 추구하면서 평생을 보냈다. 젊은 날에 "그는 정욕과 허영"과 "자유사상에 굴복했다." 그는 아첨꾼이었고, "나방이 빛에 끌려들듯 신분이 높은 사람들에게 본능적으로 끌렸고, 그들의 생활 방식과 인생관을 본받았고, 그들과 친근한 관계를 맺었다."[23] 그는 성공한 사람들의 인생관에 따라 삶의 순서를 정했고 "쉽게, 유쾌하게, 품위 있게"[24] 살아갔다. 그의 삶에서 두드러진 특징은 격식이었는데, 격식이라는 기준은 정의상 표면적 외양에 기초하고, 외양은 늘 변하는 변덕스러운 취향과 양식으로 결정된다.

이반이 전 존재로 격식decorum에 집중한다는 사실은 장식decor에 집착하는 모습에서 물리적으로 드러난다. 그의 지위가 높아지고 수입이 늘어남에 따라 자기 집의 외관에 대한 우려도 커진다 (집안에 가족 간의 사랑이 없다는 점을 생각하면 아이러니한 일이다). 평소 자기 일을 좋아하고 잘했던 그가 어느새 직장에서도 가구, 커튼, 천장 돌림띠를 생각한다. 이반 일리치가 문자적으로 (그리고 비유적으로) 추락한 것도 **장식** 도중에 벌어진 일이다. 그가 살았던 집들 중 가장 큰 새집에서 커튼을 달다가 발을 헛디며 떨어지는 바람에 옆구리에 타박상을 입고 만다. 그리고 그 부상은 치명적인 것으로 드러난다.

아이러니하고 비극적이게도, 이반이 집착하는 격식은 그의 바람과는 달리 대단한 성취와 전혀 관련이 없다. "그것은 실상 별로 부유하지 못하면서 부유하게 보이고 싶어 하다 보니 고만고만한 사람들과 비슷해지는 데 그치는 이들에게서 흔히 볼 수 있는 모습이었다. 비단 커튼, 흑단 가구, 화초, 융단, 닦아 놓았지만 밋밋한 청동제품들까지 모두가 특정 계급 사람들이 같은 계급의 다른 사람들처럼 보이려고 장식해 놓은 것에 불과했다. 그의 집은 여느 집들과 너무 비슷해서 눈에 들어오는 것이 딱히 없었지만 본인에게는 집의 모든 것이 아주 특별하게 보였다."[25] 이 소설의 가장 유명한 문장이 밝히는 것처럼, "이반 일리치의 인생은 지극히 단순하고 평범했고, 그렇기에 극도로 끔찍한 것이었다."[26] 자신을 비범하다고 생각하지만 알고 보면 평범하기 짝이 없는 사람보다 더 가련한 이는 없을 것이다. 물론, 비극은 특별하지 못하다는 데 있는 것이 아니라, 일상이 주는 선물의 영광을 거부함으로써 더 큰 것을 상실한 데 있다.

이반이 거부한 이 위대한 선물 중 하나가 우정이다. 친구들 사이의 사랑을 그리스어로는 **필리아**philia(영어 단어 **filial**의 어원이다)라고 부른다. 이런 종류의 사랑은 깊은 우정이 지닌 특징인 "인류의 행복을 추구하는"[27] 상호적 애정과 존경, 상호 연결성을 드러낸다. 많은 사람들은 현대 서구 문화 속의 우리가 이런 형제애 또는 깊은 우정의 부요함을 상당 부분 잃어버렸다고 생각한다. 이런 현상이 두드러진 곳이 교회다. 거의 모든 형태의 사랑을 성적인 것으로 여기는 현대 문화의 경향 때문에 교회에서는 이성의 우정과 동성의 우정 모두를 온통 불안한 시선으로 바라보게 되었다. 루이스는 이런 상실을 한탄한다. 우정은 음식 및 섹스와 같은 방식으로 인간 생존에 필수적이지 않으며, 그렇기 때문에 "자유롭게 선택했다"는 점에서 무엇보다 귀하게 여겨야 한다고 루이스는 말한다.[28]

이반 일리치에게는 이런 종류의 사랑이 없는 것이 분명하다. 이야기는 그가 마흔다섯 살에 죽었음을 알리는 부고와 함께 시작된다. 도입은 이반의 때 이른 죽음에 대한 동료들과 지인들의 반응에 초점을 맞춘다. 그들은 진짜 친구라고 부르기 어렵다. 그리고 이반은 평생 참된 우정의 사랑을 경험한 적이 없다는 사실이 금세 분명해진다. 이것은 아주 불편한 도입이다. 초반의 이 냉랭한 분위기는 거의 이야기 전체에 스며 있다. 고별식에 남아 이반을 추억하는 사람들이 풍기는 분위기부터가 그렇다. 슬픔과 애도가 있어야 할 곳에 이기심과 탐욕만이 드러난다. 사랑과 상실감이 눈에 들어와야 할 곳에 냉담함과 자기만족이 보인다. 작가는 이반의 죽음을 곱씹는 사람들 모두에 대해 이렇게 적고 있다. "하나같이 이렇게 생각하거나 느꼈다. '그래, 그는 죽었지만 나는 살아 있어!'"[29]

이반과 가장 가까운 사람들, 이야기에서는 "소위 그의 친구들"이라고 불리지만 전혀 가깝지 않은 이들은 이반의 죽음보다 조의를 표하고 장례식에 참석해야 하는 불편한 의무에 더 신경을 쓴다. 그들은 이반의 죽음으로 자리가 하나 생기고 그로 인해 자기들 중 일부가 진급하게 될 거라는 사실에서 그런 불편함에 대한 위안을 구한다.

사랑 없는 삶

이반이 그런 사람들에게 둘러싸여 있다는 사실에서 독자는 자연스레 연민을 느낀다. 그러나 이야기가 전개되면서, 이반이 직장에서도 집에서도 사람들과 거리를 두는 방식으로 삶을 구조화했음을 알게 된다. 직장에서 그는 "우호적 인간관계의 외형을 유지했다." 그러나 "공식적 관계가 끝나는 순간 다른 모든 것도 끝났다." 그는 "실제 삶과 공식적 업무를 분리하여 그 둘을 섞지 않고" 그 두 관계를 별개로 "쉽고, 즐겁게, 정확히, 심지어 예술적으로 관리"[30]하는 자신의 능력에 자부심을 가졌다. 그는 진짜 친구들과 어울리지 않고 "최상류층 사람들과 … 중요한 사람들 중에서 친분이 있는 이들"과만 어울렸는데, 그들과도 예외 없이 거리를 유지했다. 그 외의 사람들, 그러니까 "추레한 친구들과 친척들"에 대해서는 이반과 그의 아내, 그리고 맏딸의 "의견이 완전히 일치했고, 암암리에 예외 없이 쌀쌀맞게 대하여" 모두 떨어져 나갔다. 그렇게 해서 마침내 "최상류층 사람들만 남았다."[31] 이반이 죽었다는 소식을 사람들이 놀랄 만큼 차갑게 받아들인 것은 알고 보면 이반이 뿌린 대로 거둔 열매였던 것이다.

슬프게도, 이런 사랑의 부재는 이반의 결혼 생활의 특징이기도 했다. 낭만적 관계 또는 성적 관계의 중심이 되는 사랑을 가리키는 그리스어 용어는 **에로스**eros이다. 영어 단어 **erotic**에로틱한, 관능적인이 여기서 나왔다. 에로스는 깊은 욕망을 가리키며 흔히 성애와 연관이 있다. 그러나 플라톤은 에로스를 보다 넓게 다루어 우리를 우리 자신에게서 끌어내어 초월적인 것으로 향하게 해 주는 강렬한 욕망을 나타내는 데 사용한다. 플라톤에게 이런 초월성은 이데아 세계를 가리키는 것이었다. 그러나 그리스도인들에게 이 초월적 욕망—서로를 향한 성욕에 근거한 것이든, 아니면 문학, 영화나 심지어 광고가 그려 낸 아름다운 대상 또는 선한 삶의 비전에서 생겨난 갈망에 근거한 것이든―은 모든 아름다움과 선의 근원이신 하나님을 가리킨다. 이반에게는 서로를 향한 것이든 하나님을 향한 것이든, 자기 너머, 자기 바깥의 어떤 것을 추구하는 이런 깊은 욕망이 결여된 듯하다.

이반은 관능적 욕망을 경험해 보지 못한 것 같다. 그가 젊은 시절에 좀 놀아 본 것은 사실이지만, 그가 이룬 모든 성취가 그렇듯 젊을 때 방탕했던 것도, 부당할지언정 깊은 욕망의 결과가 아니라 정당한 의무를 다하는 것 같은 일이었다. "이 모두가 깔끔한 셔츠 차림에 깨끗한 손으로 프랑스어를 지껄이면서 한 일이었고, 상류층 사람들과 어울려 그들의 인정을 받으며 한 일이었다."[32] 이반이 프라스코비아 표도로브나와 결혼한 것도 욕망보다는 의무에서 나온 결정이다. 직업적으로 성공한 후, 이반은 지역 무도회에서 그녀의 마음을 사로잡는다. 처음에는 결혼할 생각이 없었지만 표도로브나가 자신에게 반하자 이반은 스스로에게 이렇게 말한다. "결혼해선 안 될 이유도 없잖아?" 결국, 그들의 결혼은 이반에게 "개인적 만족"을 주는 결합이자 "지위가 가장 높은 동료들"이 인정하는 결합이었다. "그래서" 이렇게 다소 김빠지는 이유로 "이반 일리치는 결혼했다."[33]

이반은 결혼 초기에 "아주 유쾌했다." 그는 "부부간의 애무, 새로운 가구, 새로운 그릇, 새로운 리넨 제품들"을 즐긴다. 그러나 이 유쾌함은 가장 자연스러운 사건과 함께 끝이 난다. 아내의 임신이다. 그리고 "임신 2-3개월 차로 접어들면서 뭔가 새롭고 불쾌하고 우울하고 꼴사나운 것이 뜻밖에도 모습을 드러냈고, 거기에서 빠져나갈 도리가 없었다."[34] 이반은 아내의 출산과 뒤이어 찾아온 산모와 아이를 보살피는 일에 전혀 관심을 갖지 않았고 가족으로부터 도피했다. "아직 가끔씩 찾아오는 희귀한 사랑의 시기"에는 달랐지만 "그 기간은 오래가지 않았다."[35] 그런 순간들은 "작은 섬과 같아서 그들은 그곳에 잠시 정박했다가 서로에 대한 무관심으로 모습을 드러내는, 가려진 적의의 바다로 다시 나가는 것이었다." 결과적으로 이반은 아내와 가족에게 "식사와 주부, 침구 같은 아내가 제공할 수 있는 편의와 무엇보다 여론이 요구하는 외면상의 형식적 품위만"을 구했다.[36]

이반의 삶에는 우정의 사랑도, 성욕의 사랑도 없다. 자녀들이 태어났을 때, 우리는 그에게 가족이 서로에 대해 품는 사랑조차 없음을 보게 된다. 그리스어에서 **스토르게**라고 부르는 사랑 말이다.

이반의 아내가 낳은 아이 중 셋은 죽고 거의 언급되지 않는다. 세 아이는 살아 있다. 이반이 자기 방에 누워서 죽어 갈 때, 맏딸은 아버지의 상태가 자신의 저녁 스케줄을 방해한다고 짜증을 낸다. "그게 우리 탓인가요?" 그녀는 어머니에게 묻는다. "그것이 우리 탓이라도 되는 것 같아요! 아빠가 안되긴 했지만, 어째서 우리가 고통을 당해야 하는 거죠?"[37] 이반의 아내도 비슷한 태도를 보인다. 이반이 병들고 참을 수 없을 만큼 고통이 커지는데도, 아내는 남편 때문에 자신의 삶이 얼마나 비참해졌는가만 생각한다. "그녀는 자신이 안됐다고 느끼기 시작했다. 그리고 자기 연민이 커질수록 더욱 남편을 증오했다. 그녀는 그가 죽기를 바라기 시작했다. 하지만 그가 정말 죽기를 원하지는 않았는데, 그렇게 되면 수입이 끊어질 터였기 때문이다. 이런 사정이다 보니 남편에 대한 짜증이 더 커졌다."[38] 이반이 최근에 들은 의사의 진단을 말해 주려 했을 때, 그녀는 듣는 것처럼 하다가 딸이 외출 준비를 하고 들어오자 이반만 홀로 남겨 둔 채, 둘이서 자리를 뜬다. "주위 사람들은 그의 아픔을 이해하지 못했고 이해하려 들지도 않았다." 병이 나고 3개월째 접어들었을 때 이반은 그 사실을 깨닫는다. "아내, 딸, 아들, 지인들, 의사들, 하인들, 무엇보다 자기 자신이 알고 있었다. 그에 대한 다른 사람들의 관심사는 하나뿐이었다. 그가 과연 머지않아 자리를 비울 것인지, 그래서 그의 존재로 인해 살아 있는 사람들이 겪어야 했던 불편함이 마침내 사라지고 그도 고통에서 벗어나게 될 것인지."[39]

그들에게 사랑이 없다는 것이 "그 무엇보다 이반 일리치를 고통스럽게 했다."[40] 그의 엄청난 육체적 고통보다 더 힘든 것은 "자신을 이해해 주거나 불쌍히 여기는 사람 하나 없이 심연의 가장자리에서 이렇듯 완전히 혼자 살아야" 한다는 깨달음이었다.[41] 누구도 그에게 동정을 느끼지 않는다.

공감과 동정의 차이

동정은 사랑과 다르지만, 사랑과 이어져 있다. 도덕철학자 마사 누스바움은 동정compassion이 공감empathy 이상의 것이라고 설명한다.[42] 공감은 고통받는 사람의 경험이 어떤 것일지 상상해 보게 하지만, 동정은 공감을 넘어선다. 동정은 예수님이 하신 지상 사역의 특징이었고 그분은 고통받는 사람들을 거듭거듭 치유하거나 도우셨다. 동정compassion한다는 것은 말 그대로 누군가와 '함께 아파하는' 것이다(com은 '함께'를 뜻하고, passion은 '고통을 겪는다'는 뜻이다). 동정에는 "성숙한 판단을 내리는 감각과 삶이 이어져 있음에 대한 이해"가 들어 있고, "다른 사람들의 생명과 고통에 관심을 기울이게" 한다.[43] 《공감의 배신Against Empathy》(2016)의 저자인 심리학자 폴 블룸Paul Bloom은 동정─고통을 당하는 다른 사람들을 돕게 하는 사랑, 염려, 의욕─이 공감─다른 사람의 고통을 느끼는 능력─보다 더 유용하고 건강하다고 주장한다.[44] 자비는 단순한 공감과 동정을 잇는 다리다. 자비는 "우리 삶과 사랑을 하나님께로, 그리하여 온 피조 세계로 향하게 배치"하고[45] "사랑받는 대상의 최선을 언제나 추구한다."[46]

이반의 동료 표트르 이바노비치는 공감과 동정의 차이를 잘 보여 준다. 처음에 그는 이반의 고통을 생각하고 슬픔과 공포감을 느낀다. 그러나 표트르 이바노비치의 두려움은 실제로는 자신을 위한 것임이 이내 분명해진다. "'3일 동안 끔찍한 고통을 겪고 죽다니! 그런 일은 언제라도 내게 갑자기 닥칠 수 있잖아.' 그런 생각이 들자, 한동안 그는 공포를 느꼈다." 그는 "그런 일이 이반 일리치에게 일어났고 자신에게 일어나지 않았으며 일어나서는 안 되고 일어날 수 없다"는 데 안도한다.[47] 표트르 이바노비치는 이반의 고통을 상상하고 그것이 자기에게도 찾아올까 봐 두려워할 정도로 충분히 공감한다. 그러나 그는 동정을 느끼지는 못한다. 그에게 동정심이 있었다면 이반을 위해 이반과 함께 고통을 겪었을 것이다.

현실에 근거한 사랑

그러나 이반 본인조차도 자신이 죽을 것임을 부정하는 잘못을 저지른다. 그의 "마음 깊은 곳에서는" 자신이 죽어 간다는 진실을 알지만, 머리로는 받아들이지 못한다. 이반은 어릴 때 배운 수업 내용을 떠올린다. "그가 키제테르의 논리학에서 배운 삼단논법, '가이우스는 인간이다. 인간은 다 죽는다. 그러므로 가이우스도 죽는다'라는 명제는 가이우스에게 적용할 때 늘 옳은 것으로 보였지만, 자신에게는 해당하지 않는 소리였다. 추상적 인간인 가이우스가 죽는다는 것은 더없이 옳았지만, 그는 가이우스가 아니고 추상적 인간이 아니며, 여느 모든 사람과 완전히 다른 존재였다." 자신의 삶과 죽음의 현실을 마주한 이반은 스스로를 추상적 존재가 아닌 특별한 사람으로 바라봐야만 했다.

> 그는 어린 바냐(이반의 애칭—옮긴이)였고, 마마, 파파, 미챠, 볼로샤가 있었고, 장난감, 마부, 유모와 나중에는 카첸카가 있었으며, 유년 시절과 소년 시절과 청년 시절의 모든 기쁨, 슬픔, 환희가 있었다. 바냐가 그토록 좋아하던 줄무늬 가죽 공의 냄새를 가이우스 따위가 알 수 있을까? 가이우스가 바냐처럼 어머니 손에 키스를 했을까? 가이우스의 귀에도 어머니의 옷깃 스치는 소리가 그렇게 들렸을까? 과연 가이우스가 법률 학교에서 고기만두가 상했다고

소동을 일으켰을까? 그가 나처럼 연애를 했을까? 나처럼 재판을 할 수 있었을까? '가이우스는 정말 죽을 존재였지. 그자가 죽는 것은 옳은 일이야. 그렇지만 자기만의 생각과 감정을 가진 나, 어린 바냐, 이반 일리치가 죽는 것은 전혀 다른 문제야. 내가 죽어야 한다니 있을 수 없는 일이야. 너무나 끔찍한 일이야.'[48]

말 그대로 추락으로 인한 이반의 몸 상태는 그의 영혼의 상태, 즉 죽을 존재라는 점에서 우리 모두가 공유하는 상태를 상징한다. 자비—신적 사랑—는 진리와 분리될 수 없다. 고상한 초월적 진리들만이 아니라 지금 여기에 관한 진리와 그에 따라오는 모든 현실—우리가 죽을 존재라는 사실을 포함하여—과도 분리될 수 없다. 오직 적용해야만, 진리는 참되고 사랑이 사랑으로 드러난다.

그러나 이반만이 진실을 직시하는 데 어려움을 겪는 것은 아니다. 주위 사람들도 진실을 부정하고 있고 그로 인해 이반의 질병은 더욱 견디기 어려운 것이 된다. "이반 일리치를 가장 괴롭힌 것은 어째서인지 모두가 받아들인 기만, 즉 그가 죽어 가는 것이 아니라 병을 앓고 있을 뿐이라는 거짓말이었다…. 이러한 기만이 그를 고통스럽게 했다. 모든 사람이 자신도

> 자비—신적 사랑—는
> 진리와 분리될 수 없다.
> 고상한 초월적 진리들만이
> 아니라 지금 여기에 관한
> 진리와 그에 따라오는
> 모든 현실—우리가 죽을
> 존재라는 사실을 포함하여—
> 과도 분리될 수 없다.
> 오직 적용해야만, 진리는 참되고
> 사랑이 사랑으로 드러난다.

알고 이반도 아는 사실을 인정하려 하지 않고, 그의 끔찍한 상태에 관해 그를 속이려고 들며, 그 거짓에 참여할 것을 그에게도 바라고 강요한다는 사실이 그는 괴로웠다."[49] 어떤 것을 그 자체로 사랑하기 위해서는 그것이 무엇이든 진실하게 대해야 한다. 셰익스피어William Shakespeare는 소네트 73번에서 이것을 가슴 아프게 표현한다. 사랑하는 이에게 죽음이 다가오는 것을 지켜보는 연인에게 바치는 이 시는 마지막 두 행을 이렇게 마무리한다. "당신은 이것을 알기에 나를 더 사랑하고/곧 헤어질 것이기에 더 사랑합니다."[50] 아우구스티누스는 사랑에 진실이 필요함을 지적하며 이렇게 말한다. "그 자체로 사랑받지 못하는 것은 전혀 사랑받지 못하는 것과 같다."[51] 죽음을 피할 수 없는 운명을 포함한 사랑하는 이의 약한 부분들을 직시해야만 상대에게 정말 필요한 것을 줌으로써 그 사람을 잘

> 어떤 것을 그 자체로
> 사랑하기 위해서는
> 그것이 무엇이든
> 진실하게 대해야 한다.

사랑할 수 있다. 이반은 동정을 원하고 동정이 필요하다(이 단어 '동정'은 종종 그렇듯 이 책에서 **연민**으로 번역된다). "이 기만 외에, 혹은 이 기만의 결과로 이반 일리치를 가장 괴롭힌 것은 그의 바람대로 그를 가엾게 여기는 사람이 하나도 없다는 사실이었다. 오랫동안 고통을 겪은 후 어떤 순간에는 (수치스러워 차마 털어놓지는 못했겠지만) 마치 병든 아이를 가엾게 여기듯 누군가가 자기를 가엾게 여겨 주었으면 하는 소원이 무엇보다 그에게 강하게 일어났다. 그는 사람들이 자기를 쓰다듬어 주고 위로해 주었

으면 했다…. 주위 사람들과 그의 내면에 있는 기만은 이반 일리치의 마지막 나날을 무엇보다 심각하게 망쳐 놓았다." 이반은 그들에게 이렇게 소리치고 싶었다. "거짓말 그만해! 내가 죽어 간다는 것은 너희도 알고 나도 알아. 그러니 그에 관한 거짓말은 그만두라고!" 그러나 그에게는 그렇게 외칠 의지가 없다. 그래서 주위 사람들은 그가 죽어 가는 것을 단지 "불쾌하고" "보기 흉한 사건"으로 치부한다.[52]

아이러니하게도 이런 사태는 이반이 자기기만 가운데 "평생 섬겨 온 격식"의 결과이다. 그러나 왕진을 왔던 많은 의사 중 하나가 돌아간 후, 이반은 불가해한 의학전문용어를 해독해 보려 하다가 마침내 가장 중요한 질문과 정직하게 대면한다. "나의 상태는 나쁜가? 많이 나쁜가? 아니면 크게 잘못된 부분은 아직 없는가?"[53]

그는 아직 깨닫지 못했지만, 그 질문의 답은 그의 상태가 신체적으로나 영적으로나 아주 나쁘다는 것이다. 라틴어 '**카르페 디엠** carpe diem'으로 대표되는 무신경한 철학—내일 죽을 테니 오늘은 먹고 마시고 즐거워하라—은 절반의 진실일 뿐이다. 내일이면 죽는다. 그러니 오늘을 어떻게 사는가에 따라 죽어 갈 때 누가 나의 가장 기본적 필요를 돌봐 줄지 결정될 것이다. 그리고 이반에게 이 사람은 아내도 자식도 친구도 아닌 집안 하인 게라심으로 드러난다.

하인의 사랑

게라심은 소설 1장에서 간략히 언급되지만, 그에 대한 진짜 소개
는 이반에게 가장 굴욕스러운 상황에서 이루어진다. "배변을 위해
서도 특별한 설비가 마련되었다. 그러나 이것 역시 그에게는 매번
고통스러웠다. 불결하고 꼴불견에다 냄새가 나서 고통스러웠고,
다른 사람이 매번 같이 있어야 한다는 것도 고통이었다."[54] 하지
만 이어지는 문장에 따르면, "불쾌하기 짝이 없는 이 일을 하는 와
중에 이반 일리치에게 위로가 되는 사람이 한 명 나타났다"고 소
개한다. 이반은 게라심에게 변명조로 말한다.

> "자네에게 아주 불쾌한 일이겠지. 용서해 주게. 다른 방법이 없다
> 네."
> "당치도 않은 말씀입니다." 게라심은 두 눈을 반짝이고 튼튼한 흰
> 이를 보이며 웃었다. "제 작은 수고가 뭐라고 그러십니까. 나리는
> 몸이 불편하시지 않습니까."
>   그는 튼튼한 두 손을 사용해서 그들에게 익숙해진 임무를 해치
> 우고 경쾌한 발걸음으로 나갔다. 그리고 5분가량 지나서 역시 경
> 쾌한 걸음으로 되돌아왔다.[55]

가장 보편적이고, 가장 굴욕적이고, 가장 불쾌하고, 가장 인간적인
상황 한복판에서 이반은 그의 평생 대부분의 기간 동안 부재했던
자비를 발견한다. 오직 게라심만이 이반의 상태에 대한 진실을 직
시한다. 따라서 오직 그만이 자비를 베풀 수 있다. 자비란 선한 것

이 참되다는 사실을 알고 상대의 선을 추구하는 사랑이다. 결과적으로 이반은 "그와 있을 때만 편안함을" 느낀다. 게라심은 이반에게 우리 모두에 관한 진실을 말하는데, 이야기 속 다른 사람들은 외면하는 진실이다. "우리 모두 언젠가는 죽습니다. 그러니 수고 좀 못할 이유가 어디 있습니까?" 게라심은 자신의 일을 "번거롭게 여기지 않는다. 자신이 죽어 가는 사람을 위해 그 일을 하고 있고 언젠가 자기 차례가 되면 누군가 자기를 위해서도 같은 일을 해 주기를 바라기 때문이다."[56] 게라심은 자비가 "주어지는 사랑이고 받는 사랑"[57]이라는 것을 알고 있었다. 그의 사랑은 "진리와 함께 기뻐하는"(고전 13:6) 사랑이다.

자비는 진리 안에서만 빛을 발하고, 진리 안에서만 진정성 있는 모습으로 나타날 수 있다. 진리의 빛은 자비에 의미와 가치를 부여한다. 그 빛은 이성의 빛이자 믿음의 빛이고, 그것을 통해 지성은 자비의 자연적, 초자연적 진리에 도달한다. 지성은 자비의 의미를 선물, 수용, 교제로 파악한다. 진리가 없으면 자비는 감상벽으로 퇴보한다. 사랑은 제멋대로 채워지는 빈껍데기가 된다. 이것은 진리가 없는 문화에서 사랑이 직면하는 치명적 위험이다. 사랑은 우발적이고 주관적인 감정과 견해의 먹이가 되고, '사랑'이라는 단어는 오용되고 왜곡되다가 마침내 사랑과 정반대의 것을 의미하게 되는 지점에 이른다.[58]

이것이 플래너리 오코너가 충격적인 주장으로 의미하는 바다. "믿음이 없을 때 우리는 다정함으로 다스린다…. 다정함이 그 근원과 분리될 때의 논리적 결과는 공포다." 오코너에 따르면 그런 다정함은 "가스실로 이어진다."[59] 사랑이 변하지 않는 진리에서 떨어져 나올 때, 그것은 그저 감상이나 유약함이 된다. 감상과 유약함은 고통에 반대하고 고통을 피하기 위해 무슨 일이든 할 수 있다. 그리고 지상에서 겪는 고통의 유일한 종말은 죽음이다. 유약함은 고통보다 죽음을 선호한다. 그러나 자비는 '같이 고통을 겪을 것'을 선택한다. 이것이 동정compassion의 문자적 의미다. 게라심은 이반을 진정으로 동정하는데, 그것은 이반이 처한 상태의 진실을 인정하는 데서 온 사랑이다.

몇 주 몇 달이 지나고 한 증상이 또 다른 증상으로 이어져도 의사들은 진단을 내리지 못하고 이반의 고통은 커져만 간다. 가족들의 무관심에 직면하자 이반은 그들을 향한 증오를 느끼기 시작한다. 그의 신체적 고통은 커져 가고 인생에서 성취한 모든 것이 무의미하다는 영적 감정적 고뇌도 커져 간다. 그리고 이제껏 자신의 인생에서 사랑을 가로막아 온 평생의 기만성을 보게 된다. "'이게 아니야. 잘못된 거야. 네가 과거에도 현재에도 사는 보람으로 알아 왔던 모든 것은 삶과 죽음을 보지 못하게 가렸던 거짓과 기만에 지나지 않아.' 이렇게 생각하자마자 증오심과 괴로운 육체적 고통이 다시 고개를 들었다. 그리고 그와 함께 피할 수 없는 마지막이 임박했다는 인식이 찾아왔다."[60]

죽음이 가까워짐에 따라 이반의 고통은 더욱 커진다. 아편은 신체적 고통에는 어느 정도 도움이 되지만, 영혼의 고뇌는 덜어 주지 못하는 듯하다. 어느 날 밤 그는 평생 동안 무시했던 하나님께 분노에 차서 부르짖는다.

"신이여, 당신은 어째서 이런 일을 하십니까? 어째서 나를 이 세상에 태어나게 하셨습니까? 왜 나를 이렇게까지 괴롭히십니까?" … 그리고 그는 상상 속에서 자신의 유쾌한 인생 중 최고의 순간들을 떠올려 보기 시작했다. 그러나 이상하게도, 유쾌한 인생의 최고 순간들이 모두 이전과는 다르게 보였다…. "나는 언덕길을 올라가고 있다고 생각했는데, 실제로는 내려오고 있었던 것 같구나. 정말 그런 것 같아. 사회적으로 보면 나는 언덕을 올라가고 있었지만, 꼭 그만큼 생명이 발밑에서 빠져나가고 있었어. 그리고 이제 모든 것이 끝나 죽음만 남은 상태다."[61]

상태가 악화되는 와중에 그는 게라심이 다리를 들어 주면 고통이 경감된다는 사실을 우연히 알게 된다. 어느 날 밤, 게라심의 얼굴을 바라보던 이반 일리치는 갑자기 이렇게 자문한다. "내 전 생애가 잘못된 것이었다면 어떻게 하지?"[62] 이 질문을 마주하자 그의 정신적 고통이 신체적 고통보다 더 극심해졌다.

생애 마지막 삼일 동안 이반은 비명을 지른다. 그러다 죽기 두 시간 전에 그는 마침내 자신에게 묻는다. '하지만 올바른 일이란 무엇일까?' 그렇게 자문하는 사이에…, 그는 누군가 자기 손에 키스하고 있는 것을 느꼈다. 그는 눈을 뜨고 아들의 모습을 발견했다.

아이가 불쌍해졌다. 아내가 옆으로 다가왔다. 그는 그쪽으로 흘끔 눈을 돌렸다. 그녀는 입을 벌린 채 남편을 지켜보았는데, 코와 볼에 눈물이 그렁그렁했고 얼굴에는 절망이 어려 있었다. 그는 아내도 불쌍해졌다….

그랬더니 지금까지 자기를 괴롭히면서 도무지 떠날 줄 모르던 것이 갑자기 여기저기 사방팔방으로 한꺼번에 떨어져 나가는 것이 분명히 보였다. 모두가 불쌍했다. 상처를 주지 않게 행동해야지. 그들을 풀어 주고 나도 이 고통에서 벗어나자. '너무 좋고 정말 간단하다!' 그런 생각이 들었다. '그런데 아픔은?' 그는 스스로에게 물었다. '아픔은 어떻게 된 거지? 아픔, 넌 어디 있는 거야?' 그는 아픔에 주의를 기울였다. '그래, 여기 있군. 글쎄, 이건 어떻게 한다? 그냥 아프라고 해.' '그런데 죽음은… 그놈은 어디에 있을까?' 그는 오랫동안 친숙해진 죽음의 공포를 찾았지만 찾을 수가 없었다. '죽음은 어디로 갔을까? 죽음이란 무엇인가?' 두려워할 것은 하나도 없었다. 죽음이란 것은 없으니까. 죽음 대신에 광명이 있었다. 그는 갑자기 큰 소리로 말했다. "그러니까 이게 그거구나! 참으로 기쁘다!"

그에게 이 모든 일은 순식간에 벌어졌다. 그리고 이 한순간의 의미는 달라지지 않았다. 하지만 그 자리에 있는 사람들이 볼 때 그의 고통은 이후에도 두 시간이나 이어졌다. 그의 목구멍에서 그르렁거리는 소리가 났다. 살이 쑥 빠진 몸이 움찔거렸다. 이윽고 헐떡임도 그르렁거림도 점점 횟수가 줄었다. 누군가가 그의 머리 위에서 말했다. "끝났습니다!"

그는 그 말을 듣고 그것을 마음속으로 되풀이했다. '죽음이 끝났군.' 그렇게 그는 자신에게 말했다. '더 이상 죽음은 없어.' 그는 공기를 들이마셨다가 내뱉는 도중 숨을 멈추었고 몸을 쭉 뻗는가 싶더니 죽었다.[63]

이것이 이 이야기의 마지막이다. 죽으면서 이반은 좋은 삶에 대한 참된 비전을 발견한다. 참으로, 그는 생명 자체를 발견한다. '우리는 형제를 사랑함으로 사망에서 옮겨 생명으로 들어간 줄을 알거니와'(요일 3:14).

존 웨슬리는 〈사랑에 관하여〉라는 설교에서 사랑에 대한 두 가지 중요한 주장을 한다. 첫째, "사랑이 없으면 어떤 것도 우리를 행복하게 만드는 유익을 줄 수 없습니다." 그의 설명은 이렇게 이어진다. "제가 말하는 행복은 짧은 시간 안에 시작되고 끝나는 미미하고 사소한 쾌락이 아닙니다. 영혼을 채워 주고, 확고하고 영속적인 만족을 안겨 주는 안녕의 상태입니다." 이반은 생애 마지막에 이 진리를 배운 것이 분명하다. 사랑 없이는 "어떤 것도 죽음을 편안하게 만들 수 없"다고 웨슬리는 말한다.[64]

최근에 나는 죽음의 위협을 느끼는 상황에서 《이반 일리치의 죽음》을 다시 읽었다. 대부분의 사람들처럼 나도 인생의 마지막 단계에 나타나는 사적이고 거북하고 불쾌한 과정을 외면하고 싶다. 우리는 죽음, 죽어 감, 노화를 대부분의 사람들에게서 최대한 멀찍이 떼어 놓는 문화에서 살고 있다. 지리적 거리는 나이 들어 가는 집안 어른들을 우리에게서 멀리 떼어 놓고, 의학은 우리 자신의 노화와 우리를 분리한다.

하지만 나는 연로한 부모님이 근처로 이사를 오시는 선물을 받았다. 부모님이 가까이 계시게 되면서 질병과 노화의 광경, 소리, 냄새, 그리고 질병과 노화에 예속되는 상태를 몸으로, 물리적으로 접하게 되었다. 그리고 바로 얼마 전 병원 침대에서 신음하시는 아버지를 무력하게 지켜보게 된 날, 나는 이반 일리치의 두려움과 비명이 가득한 마지막 나날이 기록된 지면을 전날에 막 다시 읽은 참이었다.

그 대목을 읽은 덕분에 나는 대비해야 하는 줄 몰랐던 것을 대비할 수 있었다. 이반의 끔찍한 상황을 들여다보면서 그보다 덜 끔찍한 것, 심지어 좋은 것을 볼 수 있었다. 나는 서로의 짐을 지는 것이 인류를 한데 묶는 끔찍하지만 놀라운 일임을 깨달았다.

아버지는 건강을 회복하셨다. 그러나 언젠가는 아버지도 여기 있는 우리 모두와 마찬가지로 건강을 잃게 될 것이다. 죽음이 찾아올 것이다. 그리고 그때, 그놈은 낯설지 않을 것이다. 죽음은 모든 나날 동안 우리를 따라다니던 그림자이고, 정문에서 우리를 만나러 돌아온다. 어떤 자물쇠도 죽음을 영원히 바깥에 세워 둘 수는 없다.

우리가 어떻게 죽을 것인가는 어떻게 살고 어떻게 사랑하는지에 달려 있을 것이다.《이반 일리치의 죽음》은 우리가 그것을 알아보도록 돕는다. 이 소설이 보여 주는 자비—주어지고 받는 사랑—는 다른 사람들의 발을 보살핌으로써 그들의 고통을 짊어지는 하인의 모습으로 나타난다.

PART. 3

천국의 덕목

Ethan Frome

by Edith Wharton

8

정결

이디스 워튼, 《이선 프롬》

간음하지 말라 하였다는 것을
너희가 들었으나
나는 너희에게 이르노니
음욕을 품고 여자를 보는 자마다
마음에 이미 간음하였느니라

마태복음 5 : 27 – 28

채스터티chastity라는 단어를 처음 들었던 때의 기억이 생생하다. 내가 열 살쯤 되었을 때였다. 어느 날 방과 후에 집에 돌아와 보니 거실 텔레비전에서 오후 토크쇼가 방영되고 있었다. 그날의 초대 손님은 셰어였는데, 70년대의 인기 있는 포크송 듀오 '소니 앤 셰어'의 멤버 중 한 명이었다. 그녀와 토크쇼 진행자는 부부의 어린 딸에 대해 이야기하고 있었는데, 딸의 이름은 채스터티였다. 나는 그런 이름이나 단어를 들어 본 적은 없었지만, 이상하다는 느낌은 들지 않았다. 그러나 진행자가 셰어에게 음흉한 목소리로 이렇게 물었을 때 모든 것이 달라졌다. "따님에게 그 이름이 무슨 뜻인지 설명하셨나요?" 셰어는 웃었고, 나는 어른들이 모종의 고약한 농담을 공유하고 있다는 것을 깨달았다. 나중에 기회가 나자마자 사전에서 chastity를 찾아보았지만 농담을 이해할 수 없었다. 그러나 어른들이 뭔가 더러운 것처럼 대하는 이름을 가진 어린 소녀가 안됐다는 생각이 들었다.

"가장 인기 없는 기독교의 덕"

C. S. 루이스는 정결chastity이 "가장 인기 없는 기독교의 덕"[1]이라고 재치 있게 말했다. 아우구스티누스의 정결관은 조금 더 호의적이었지만, 자신의 정결을 바랄만큼 호의적이지는 않았다. 그는 주님이 자기를 그분 자신께로 이끄실 때 이렇게 기도했다. "오, 주님, 제게 정결과 금욕을 주소서. 그러나 지금은 마소서."[2]

모든 덕 중에서 정결은 사람들이 가장 오해하는 덕 중 하나이다. 정결은 부정적으로든 긍정적으로든 이상화되는 경향이 있어서 혐오의 대상이 되거나 우상화된다. 이를테면 고대 이교 문화와 기독교 문화에서는 정결을 높이 평가하다 못해 영구적 동정童貞을 떠받드는 지경에까지 이르렀다. 그 전형인 마리아의 동정을, 독신 서약을 하는 교인들이 모방했다. 하지만 그런 정결의 이상화는 지속되지 않았다. 무신론적 낭만주의 시인 퍼시 비시 셸리Percy Bysshe Shelley는 혁명 철학을 설파하는 장편 시 《매브 여왕Queen Mab》의 9권에서 정결을 향해 칭찬을 가장한 욕을 퍼부었다. 이 시는 정결에 대해 "따분하고 이기적"이라고 말하고는 더 나아가 경멸적으로 이렇게 묘사한다. 그것은 "겉만 번드레한 사람들의 덕/ 그들은 무감각함과 냉랭함을 자랑한다."[3] 올더스 헉슬리Aldous Huxley는 소설 《가자에서 눈이 멀어Eyeless in Gaza》(1936)에서 정결을 "모든 성도착증 중에서도 가장 부자연스러운 것"이라고 말한다.[4]

성性은 물론 자연스러운 것이고 성욕도 마찬가지다. 인간이 가진 생명력의 특징은 자기 보존, 생식, 쾌락, 공동체를 원하는 자연적 욕구라는 것이다. 개개인이 음식이 있어야 살 수 있듯, 인류는 인간의 생명력 또는 창조의 충동에 의지하여 존속한다. 성욕은 하나님이 인간을 설계하신 방식의 일부이므로 선하다. 하나님은 인류가 서로의 교감과 서로를 향한 욕망에 의존하여 존속하도록 만드셨다.

> 모든 덕 중에서 정결은 사람들이 가장 오해하는 덕 중 하나이다.
> 정결은 부정적으로든 긍정적으로든 이상화되는 경향이 있어서 혐오의 대상이 되거나 우상화된다.

> 정결은 한 가지 좋은 것(성욕)을
> 다른 좋은 것들의 위계 안에
> 적절하게 배치하는 것이다.

절제는 인간의 모든 욕구를 제어한다. 절제의 일종인 정결은 인간의 활기 중에서도 특히 재생산 및 교제를 향한 욕구와 관련된 부분을 완화시킨다. 절제는 이성의 명령에 따라 조정을 담당하기 때문에 아우구스티누스는 정결 또는 순결을 "마음의 덕"[5]이라 부르고 그 자리를 행위가 아니라 욕망에 두었다.[6] 절제처럼 정결은 건강한 자기 제어를 위해 단순한 억제나 부정 이상을 요구한다. 정결은 한 가지 좋은 것(성욕)을 다른 좋은 것들의 위계 안에 적절하게 배치하는 것이다.

하지만 교회 안에서조차 정결의 중요성은 이해의 과정 없이 그냥 당연시되는 경우가 많았다. 정결은 동정童貞이나 금욕과 같은 것이 아니다. 기독교에서는 기혼자와 미혼자 모두가 정결로 부르심을 받는다. 강간을 당한 사람이라고 해서 부정해지는 것은 아니다. 반면에 포르노 구매자는 부정하다. 정결을 아주 간단히 말하면 정절fidelity이라고 할 수 있다.

그러나 이 덕에 대한 적절한 정의를 뛰어넘는 더 큰 질문이 있다. 어째서 정결이 중요한가?

현대 교회에서는 이 질문을 거의 검토하지 않았기에, 성인이 되어 기독교로 회심한 사려 깊은 작가 로렌 위너Lauren F. Winner는 이 질문에 답하기 위해 독자적으로 연구하고 책을 써야 했다.《순결에 대한 솔직한 이야기Real Sex: The Naked Truth about Chastity》는 정결이 단순한 부정否定이 아닌 이유를 통찰력 있게 검토한 책이다. 정결은 긍정적 선이다.

정결은 전인全人을 아우르고 전인에 영향을 끼치는 긍정적 규율이다. 한 철학자가 설명한 대로, 정결은 "사람의 성품이 가진 한가지 특성이고, 삶의 모든 영역에서 분명히 드러난다." 절제의 규율이 지향하는 것은 "선하고 매력적인 것들―특히 몸과 몸이 주는 즐거움―을 사심 없이 음미하게 해 주는 시각을 가지는 것이다. 그 시각은 선한 것들을 전인적 선과 사랑의 소명에 따라 배치함으로써 사심 없는 음미가 가능하게 만든다."[7] 섹스가 "두 사람이 함께하는 몸이 되는 것"[8]이라면, 정결은 올바른 때에 올바른두 몸이 함께하는 것이다. 그렇다면 정결은 "성관계를 안 하는 것만이 아니라 자신의 몸을 복음의 포물선arc에 적극적으로 맞추는것"[9]이라고 할 수 있다. 제대로 이해한 정결은 억누름이 아니라내어 줌이다. G. K. 체스터턴G. K. Chesterton이 열정적으로 말한 대로, "정결은 성적 잘못을 저지르지 않는다는 의미가 아니다. 그것은 잔다르크Jeanne d'Arc처럼 타오르는 일종의 불꽃같은 것이다."[10]

다른 사람, 특히 배우자에 대한 정절은 육체적인 것 그 이상을의미한다. 성적 부정不貞은 관계에 분명한 고통과 회복 불가능한손상을 입힌다. 하지만 《이선 프롬 Ethan Frome》(1911)은 정서적 부정도 그런 손상을 가한다는 사실을 강력하게 보여 준다. 이 소설은 무질서한 욕망들이 왜곡되게 자라나도록 방치하다가 결국 한부부의 결혼 생활과 세 사람의 삶이 파멸하는 이야기다. 그것은 성

제대로 이해한 정결은
억누름이 아니라
내어 줌이다.

적 배신이라는 궁극적 행위 없이 벌어진 일이었다.

이선 프롬의 부정不貞

《이선 프롬》은 20세기 초를 배경으로 한다. 독자는 소설 속 화자의 눈을 통해 이선을 처음 만나는데, 마을의 방문자인 화자는 지금의 이선의 모습을 만들어 낸 이십수 년 전의 사건을 서서히 알아 간다. 액자 형식의 기법은 《위대한 개츠비》에서 사용된 것과 비슷하다. 업무상 마을을 방문한 화자는 노쇠하고 망가진 이선 프롬을 만난다. 그때도 이선은 매사추세츠의 시골 스타크필드에서 "가장 인상적인 인물"이다. 쉰둘의 나이인데도 "뻣뻣한 몸과 흰 머리"[11] 때문에 훨씬 늙어 보이는 "폐인 같은"[12] 모습이다. 화자는 이십수 년 전의 사고(충돌 사고)로 이선의 오른쪽 반신이 위축되고 이마에 붉은 줄 같은 상처가 생겼음을 알게 된다. 이런 외관 손상뿐 아니라, 이선의 얼굴에는 "가난이나 육체적 고통만으로는 설명하기 어려운" "괴로운 표정"이 어려 있다.[13] 이선의 고통은 그가 처한 상황보다는 영혼의 상태 때문임이 분명하다. 처음부터 우리는 그의 육체와 영혼의 상태가, 건강한 인간 욕망의 활기와 뚜렷이 대조를 이루는 것을 본다.

정욕은 무절제한 성욕이다. 우리는 욕정이 만연하고 그 파괴성이 사회구조에 단단히 엮여 있는 현대 문화에서 살기에 이 악을 이전의 그리스도인들과는 좀 다르게 본다. 사막 교부들은 정욕을 방탕한 성욕으로만이 아니라 과도한 모든 욕망으로 폭넓게 이해했다. 그들은 정욕을 "악의적 죄가 아닌 나약함의 죄"로 보았다.[14] 그래서 단테는 《신곡》에서 정욕의 죄를 저지른 영혼들을 제2원에 배치한다. 제2원이라고 해도 (림보가 제1원인 터라) 지옥 안의 첫 번째 원인데, 이것은 정욕이 대죄 중에서 가장 덜 치명적이라는 중세 교회의 견해를 반영한다.* 그에 따라 정욕에 대한 형벌은 지옥 내의 형벌 중에서 가장 가볍다. 정욕으로 인해 저주받은 영혼들은 강한 돌풍에 영원토록 휩쓸려 다니고 결코 쉬지 못하는데, 육욕에 굴복한 죄에 어울리는 상징이다.

이선 프롬의 정욕은 성경이 경고하는 여러 종류의 정욕을 모두 구현한다. '육신의 정욕, 안목의 정욕, 이생의 자랑'(요일 2:16) 말이다. 데이빗 L. 앨런David L. Allen은 이 구절의 **정욕**에 해당하는 그리스어 용어가 "어떤 것을 추구하느라 달아오른" 상태를 나타낸다고 말한다. 그리고 여기에는 욕망의 대상을 하나님과 별개로 추구한다는 의미가 담겨 있다. "육신의 정욕"은 하나님의 뜻과 반대되는 부패한 인간 본성의 세속적 욕망을 가리킨다. 이 표현은 "감각에 지배당하고" 영적인 것에 소홀한 "삶을 산다는 것이 무엇을 의미하는지 묘사한다." "안목의 정욕"은 우리가 볼 수 있는 대상―물질적 소유, 아름다운 사람, 성공적 지위―을 향한 욕망을 가리키고, 육신의 정욕과 마찬가지로 하나님의 뜻과 별개로 그 대상을 추구하는 것이다. 이것은 외면에 사로잡힌 상태를

---

* 제1원인 림보에 이어 단테의 지옥은 정욕을 벌하는 제2원부터 폭식, 탐욕, 분노, 이단, 폭력, 사기를 벌하는 원들이 죽 이어져서 배신을 벌하는 제9원에 이른다 ― 옮긴이

묘사한다. 끝으로 앨런은 "이생의 자랑"이 "자족성이라는 오만한 정신을 표현한다"[15]라고 설명한다.

> 정결은 사람 전체와 관련이 있고,
> 결혼한 사이에서는
> 결혼의 모든 측면,
> 즉 신체적, 정서적, 영적 측면이
> 다 관련된다

요약하면, 육신의 정욕은 몸 안에서 기원하는 유혹, 즉 내적 욕구(성적인 것이든 아니든)에 초점을 맞추고, 안목의 정욕은 외부에서 기원하는 유혹, 즉 우리가 지각하고 소유하기를 갈망하는 것들에 초점을 맞춘다. 이생의 자랑은 이 두 가지를 결합한 것으로, 하나님처럼 되고 싶은 내적 욕망에 호소하고 힘을 외적으로 과시함으로써 이것을 채우고자 한다. 이 정욕들 하나하나가 이선 안에서 작동한다. 그의 이야기는, 정결은 사람 전체와 관련이 있고, 결혼한 사이에서는 결혼의 모든 측면, 즉 신체적, 정서적, 영적 측면이 다 관련된다는 것을 그려 낸다.

젊은 시절 이선은 아버지의 죽음으로 정규 교육을 중단해야 했는데, 뒤이어 어머니까지 병을 앓다 결국 세상을 떠났다. 이선은 알렉산더 포프Alexander Pope의 《인간론 An Essay on Man》(1934)에 나오는 유명한 구절, "적은 지식이 오히려 위험하다"라는 명제가 옳다는 것을 잘 보여 준다. 학교에 머물렀던 짧은 기간은 "그의 상상을 부추겼고 사물의 일상적 표면 뒤에 뭔가 거대하고 불분명한 의미가 담겨 있음을 인식하게 해 주었다."[16] 학교 교육은 기대치만 높여 놓고 그 기대를 채워 주지 못하여 이선 안에 좌절과 분노, 그리고 주위 사람들과 어울리지 않는 존재라는 느낌을 불어넣었다. 그의 마음은 잘 차려입었지만 갈 곳이 없는 신세였다.

이선은 집으로 돌아와 어머니를 보살폈다. 사촌 지나 피어스(날카로운piercing 성격으로 이선을 냉담하게 만든 피어스Pierce의 경우처럼, 이 책에 등장하는 이름들은 종종 의미심장한 연상 작용을 일으킨다)가 이선의 집으로 와서 어머니의 간병을 도왔고, 한동안 이선의 우울감이 줄어들었다. 지나는 이선의 삶에 이해와 질서, 웃음을 안겨 주었다. 두 사람은 결혼했다.

그러나 이 행복은 금세 사라졌다. 이선의 어머니처럼 지나"도 차츰 말수가 줄었다."[17] 1년 만에 지나는 심기증(건강염려증 - 편집자)을 앓게 된다. 그들의 관계는 추운 뉴잉글랜드 마을을 한 해의 상당 기간 동안 덮어 버리는 눈처럼 차갑게 식었다.

그리고 매티 실버가 도착했다. 지나의 가난한 친척인 매티는 화자가 마을에 나타나기 여러 해 전, 이선의 시각을 통해 독자에게 소개된다. 이선은 교회의 열린 무도회에 참석한 그녀를 바깥에서 기다린다. 그는 창문을 통해 그녀를 지켜보는데, 창문은 그의 눈의 정욕을 막기에 턱없이 엉성한 장애물이다. 그는 "앵둣빛 스카프의 아가씨를 찾아" 안에 있는 사람들을 살피다가 매티가 잘생기고 활달한 청년과 춤을 추는 모습을 목격하자 질투한다. 그 장면에는 이선이 그녀를 찾다가 육욕의 유혹을 받고 마침내 사로잡히는 과정과 그의 눈이 받아들이는 감각적 세부 내용으로 가득하다. "그녀의 가벼운 몸이 점점 더 빠르게 동그라미를 그리며 돌아가자 스카프가 머리에서 풀려나와 어깨 뒤로 흩날렸다.

그리고 프롬은 그녀가 휙 돌 때마다 가쁜 숨을 몰아쉬며 웃는 그 입술과 이마 위에 흘러내린 머리카락, 그리고 어지럽게 움직이는 선들 속에서 유일하게 정지해 있는 듯한 그녀의 검은 눈을 바라보았다."[18]

처음에 이선의 욕망은 단지 성적인 것만이 아니고 주로 성적인 것도 아니다. 그보다는 물질주의적이고 소유하려는 마음이 강하고 탐욕스러운 것에 가깝다. 안목의 정욕이다. 그 시점에서 이선이 원한 것은 매티라기보다 자신이 외부자로 들여다보는 그 장면 안에 들어가는 것이다. "춤꾼들은 점점 더 빨리 돌았고, 악사들도 결승점에 다다른 기수들이 말을 채찍질하듯 정신없이 악기를 켜 댔지만, 창가에 있는 프롬에게는 이 춤이 끝없이 길게 느껴졌다. 그는 이따금 매티에게서 눈길을 돌려 그녀의 상대를 바라보았다. 춤에 취한 탓인지 그 청년은 건방지게도 그녀를 거의 차지한 것 같은 표정이었다."[19]

이선이 매티의 댄스 파트너―매티에게 어울리는 짝―에게 느끼는 부러움은 그녀를 향한 부정한 욕망에 기름을 끼얹는다. 춤이 끝난 뒤, 매티는 집으로 함께 갈 동행자로 댄스 파트너와 이선 중에서 선택해야 했는데, 그녀는 이선을 선택한다. 이 산책은 그들이 함께했던 수많은 다른 산책과 같이 그들의 감정, 예민한 감각을 한데 엮어 주는 감각적 경험들로 가득하다. "겨울의 언덕 너머로 기우는 차가운 붉은 노을, 금빛 그루터기로 수놓인 언덕 위를 떠가는 구름장들, 그리고 햇살이 비치는 눈밭 위에 드리운 솔 송나무의 짙푸른 그림자. 언젠가 그녀가 '정말 그림 같아요!'라고 말했을 때 이선은 어느 누구도 그보다 정확히 그 광경을 묘사할 수 없고, 마침내 그의 내밀한 영혼의 소리가 그녀의 입을 통해 나온 것 같은 느낌이 들었다."[20] 그들이 무도회에서 집으로 돌아왔을 때, "욱신거리는 핏줄의 박동"을 통해 이선이 느낀 것은 "그의 어깨에 닿았던 매티 어깨의 따스한 감각"[21]이다.

안목의 정욕—감각기관 중 하나에서 촉발되어 자기 바깥의 것을 욕망함—은 육신의 정욕—내면 깊은 곳의 욕구에 근거한 욕망—과 연결되어 있다. 매티에 대한 이선의 성욕은 그가 심지어 아내와도 누리지 못하는 친밀한 우정과 교제를 향한 더 깊은 욕망에 이어져 있다. 이선은 "주위 사람들보다 더 예민하다." 그는 "자기처럼 느끼는 이가 세상에서 자기 말고 하나라도 있는지" 알 수 없어 고립감과 외로움을 느낀다. 매티에 대해서는 자기처럼 아름다움과 경이를 알아볼 수 있는 사람을 발견했다고 생각한다. 그리고 그녀와 함께 별을 바라보거나 "양치류 덤불 사이로 솟은 화강암 앞에서 넋을 잃고" 서 있는 기회를 만끽한다.[22] 매티가 이선에게 주목하고 그를 존경한다는 사실도 굶주린 그의 자존감을 채워 준다.

소설은 이선을 동정어린 필체로 그려 낸다. 그는 제대로 질서가 잡히지는 않았지만 좋은 욕망을 가지고 있는 감수성이 풍부한 사람이다. 그는 교제, 자연, 지식, 아름다움을 귀하게 여긴다. 자기를 희생하여 부모를 돌보았고 자신에게 도움을 준 지나와 결혼함으로써 명예롭게 처신했다. 아름다움, 우정, 인정, 존중을 바란다는 점에서 이선은 우리 모두와 같다. 그의 형편은 어렵다. 가난한 집에서 태어났고 잠재력은 개발되지 못했으며 물려받은 답답한 삶의 제약 너머의 삶을 아주 약간 접하고 꿈을 꾸었으나 그 꿈이 좌절되는 것을 지켜봐야 했다. 하지만 그는 "육신의 정욕"에 관한 정의에 딱 들어맞는 사람이다. 타락한 인간의 본성에 뿌리를 둔 욕망을 갖고 있고, 하나님의 뜻과 별개로 내면의 욕구를 채우려 든다는 점에서 그렇다.[23]

이선에게 있는 육신의 정욕은 다른 사람들에게서 자신에게 결여된 특성들을 보고 그것들을 욕망하면서 생겨난다. 그는 천성적으로 자신감이 없고 그 사실을 강렬하게 인식한다. "남들이 앞뒤 가리지 않고 신나게 노는 모습"을 부러워하고 자신은 남에게 잘 다가가지 못해도 누군가 싹싹하게 대해 주면 즐거움을 느낀다. 화자는 "그의 내적 욕구와 그의 처지"가 완전히 동떨어진 것이 "안타깝다"고 밝힌다.[24] 그러나 매티의 도착과 함께 "희망찬 청춘한 조각"이 찾아왔다. 그것은 "썰렁한 화롯가에 불을 피운 것"과 같은 일이었다.[25]

젊은 날에 맞이한 아내

아이러니하게도, 지나의 요청으로 이선은 매티가 가끔 쉬는 저녁에 그녀를 마을에서 열리는 사교 모임에 데려다주고 다시 집으로 데려온다. 이 관행은 그가 점점 더 기대하고 즐거워하는 일종의 의식으로 자리 잡는다. "자신의 감정을 드러낼 권리가 없다는 사실"은 그 즐거움을 더욱 크게 만들 뿐이다.[26] 이선과 매티가 긴 시간 둘이서만 있을 수 있는 뜻밖의 기회가 찾아올 무렵, 그들의 욕망은 한껏 자극되고 유혹은 그들이 쉽사리 저항할 수 있는 수준을 넘어선 상태이다.

이선과 달리, 지나는 이야기 안에서 더없이 냉담하게 그려져 있어서 이선의 상황에 동정하는 마음이 더욱 커진다. 지나는 불평으로 가득 차 있고, 그것을 "단조로운 푸념 조"로 전달한다. 몸도 성격도 경직되어 있다. 틀니를 했고 속눈썹도 없다. 어느 저녁 식사 시간에는 "자기 친구들과 친척들이 앓는 갖가지 속병"에 관한 불쾌한 이야기들을 들려준다.[27] 이선과 지나, 두 사람은 서로에게서 최악의 모습을 끌어내는 것 같다. 슬프게도, 우리는 모두 이들과 같은 부부를 안다. 이선은 자신이 "그처럼 한이 많고 불만 투성이인 여자 옆에서 평생을 낭비"할 신세라고 느끼고, 지나는 "결혼 때보다 백배나 더 차갑고 불만이 많은" 사람이 된다.[28]

하지만 이선과 지나도 관계의 초기에는 웃음과 희망을 경험했다는 사실에 주목해야 한다. 결혼하고 1년 후 지나에게 병이 생기면서 상황이 변했다. 그러나 인간관계의 역학을 결정하는 것은 한 사람이 아닌 두 사람이다. 관계의 배가 안전하게 집으로 도착할지 죽음의 빙하와 정면충돌하게 될지 방향을 정하는 키는 크기는 작아도 배를 어느 쪽으로든 이끌 수 있다. 이선과 매티가 썰매로 눈 쌓인 둑을 타고 내려가 비극을 맞이하기 직전, 매티가 이선에게 말한 내용이 바로 이것이다. "저 구석을 돌아가려면 둘이 끌어야 해요."[29]

부부 관계는 특별한 방식으로 서로를 빚어내고 형성한다. 한쪽

이 실천하는 좋은 습관은 다른 사람을 긍정적 방향으로 형성하는 데에 기여한다. 나쁜 습관의 경우도 마찬가지다. 이 상호성이 한 사람의 영향력을 긍정적으로든 부정적으로든 배가한다. 따라서 자신이 선택한 배우자를 이선처럼 거절하는 것은 어떤 면에서 자신을 거부하는 것과 같다. 이런 생각은 에베소서 5장의 다음 대목에 표현되어 있다. "남편도 아내를 자기 몸과 같이 사랑해야 합니다. 자기 아내를 사랑하는 것은 곧 자기를 사랑하는 것입니다. 자기 육신을 미워하는 사람은 없습니다. 누구나 자기 육신을 먹여 살리고 돌봅니다"(28-29절, 새번역). 자기를 돌보듯 배우자를 돌보면 결혼의 목적을 성취하는 것이 가능해진다. 이 구절들 조금 바로 앞에 묘사된 결혼의 목적은 '그리스도께서 교회를 사랑하셔서 교회를 위하여 자신을 내주심 같이'(25절, 새번역) 아내를 사랑하는 것이다. "그리스도께서 그렇게 하신 것은 교회를 물로 씻고 말씀으로 깨끗하게 하여서 거룩하게 하시려는 것이며, 티나 주름이나 또 그와 같은 것들이 없이 아름다운 모습으로 교회를 자기 앞에 내세우시려는 것이며, 교회를 거룩하고 흠이 없게 하시려는 것"(26-27절, 새번역)이다.

> 모든 관계의 한 부분인 상호성은 부부 관계에서 확대되는데, 부부는 둘이 한 몸을 이루는 관계이기 때문이다.

지나를 사랑하기 어렵게 만든 습관은 그녀 자신에게 책임이 있지만, 이선도 그녀의 성격 형성에 기여했다. 남편이 아내를 돌보는 일은 그녀의 성화聖化를 돕고, 그 역도 참이다. 모든 관계의 한

부분인 상호성은 부부 관계에서 확대되는데, 부부는 둘이 한 몸을 이루는 관계이기 때문이다. 이선과 결혼하고 나서 지나는 오히려 더 나빠졌다. 그것의 원인이 무엇이든, 이선이 그 일부인 것은 분명하다. 이 문제에 대한 이선의 반응은 정욕을 추구하는 것이었다.

이선의 정결 부족은 매티에게 정도 이상의 시간과 관심을 주는 데서 시작된다. "처음에 그녀는 솜씨가 너무 없어서 이선으로서는 실소를 금할 수 없었다. 하지만 그녀가 같이 웃었기 때문에 그일이 오히려 둘을 가깝게 해 주었고, 이선은 힘닿는 데까지 서툰 그녀를 도왔다. 그는 평소보다 일찍 일어나 부엌에 불을 지피고, 밤중에 땔나무를 져 들이고, 낮에는 목재소 일을 제쳐 두고 매티의 집안일을 도와주기까지 했다."[30] 초기부터, 그는 아내에겐 보이지 않던 세심한 관심을 매티에게 기울인다. 이 내면의 지향은 매티가 도착한 후 매일 면도를 하는 일 같은 작지만 의미심장한 습관으로 나타난다. 그는 매티를 위해 정원을 가꾼다. 매티가 언젠가 누군가의 참 좋은 아내가 될 거라고 상상한다. 그러나 결국 그는 매티가 자기 말고 다른 사람의 좋은 아내가 되는 모습을 상상할 수 없게 된다. 매티를 향한 이런 애정 어린 노력들은 이선의 마음이 지나에게서 떠나게 만든다. 이것은 오래된 이야기다. 연구를 통해서도 확인된 혼외정사의 역설이다. 혼외정사에 기울인 시간과 관심, 감정을 결혼 생활에 투자했다면 애초에 불륜은 일어나지 않았을 것이다.[31] 지나가 매티를 향한 이선의 관심을 보지 못하는 건 아니다. 한번은 이선이 일머리 없는 매티를 돕기 위한 많은 수고 중 하나로 부엌 바닥을 닦고 난 후에, "버터를 만드는 교유기를 돌리다" 지나에게 들켜 깜짝 놀라기도 했는데, 그때 그녀는 "아무 말 없이 이상한 눈길을 던지고 지나갔다."[32]

매티와 함께하는 짧은 시간들로 마음의 준비가 된 이선은 지나가 시내로 나가 하룻밤을 묵으며 새로 온 의사를 보고 올 거라는 뜻밖의 통보를 했을 때, 매티와 둘이서만 보내는 긴 시간이 어떨지 마음에 그려 본다. 그는 지나의 방해를 받지 않는 두 사람의 저녁 식사를 상상한다. 사막 교부들은 식욕과 성욕의 연관성을 인식한 바 있다.[33] 이선과 매티가 함께하는 낭만적 식사는 불륜의 사랑의 꼭대기이자 구덩이로 드러나고, "먹는다는 신체적 행위를 통해 죄가 세상에 들어왔다"[34]는 사실을 떠올리게 한다.

둘만의 저녁은 이선이 바란 대로 이루 말할 수 없이 목가적이다. 서로 수줍어하는 모습까지 신혼여행 같은 분위기를 고조한다. 이선은 그 자리가 주는 어색한 느낌을 자신의 잘못된 행동 때문이라고 여기지 않고 내성적인 천성 탓으로 돌린다. 하지만 그의 욕정을 압도하는 육신의 정욕이 있다. 너는 열등하다, 그러니 반드시 너 자신을 스스로에게 증명해 보여야 한다, 하고 속삭이는 내면의 작은 목소리이다.

그들은 한 가지 작은 사건으로 이날 저녁을 망친다. 매티는 저녁 식사를 준비하면서 그릇 찬장 맨 위 칸에 보관된 지나의 특별한 피클 접시를 사용한다. 그리고 그날 저녁 내내 주인을 끈질기게 떠올리게 하던 지나의 고양이가 그 접시를 쳐서 떨어뜨리는 바람에 접시가 산산조각 난다. 깨어진 접시는 이야기를 비극적 결말로 몰아갈 뿐 아니라 상징을 가득 담고 있다. 피클 접시는 빨간색이다. 그것은 매티가 무도회에서 머리에 둘렀던 스카프 색이고, 피와 매춘의 색이다. 접시는 프롬 부부가 결혼 선물로 받은 것이었고, 지나는 그것을 매우 특별히 여겨 한 번도 쓴 적이 없었다(이들 결혼의 특징인 부부간의 '미사용'의 또 다른 사례를 암시한다). 접시가 깨어짐smashing은 이선이 자신의 혼인 서약을 깨뜨린다는 강한 상징이고, 이들 세 사람의 관계를 영원히 바꿔 놓고 규정하게 될 더 큰 "충돌 사고smash-up"의 복선이다.

지나가 돌아오면서 환상은 끝난다. 그리고 그녀가 받은 새로운 진단은 보다 유용한 하숙인을 들이기 위해 매티를 내보낼 완벽한 구실이 된다. "애초에 평생 데리고 있겠다고는 안 했어요!" 이선이 항의하자 지나는 그렇게 말한다.[35] 물론 이것은 이선이 지나와 혼인 서약을 할 때 맹세한 내용이다. 그는 평생 함께하겠다고 약속했다. 서약을 어기고 있는 사람은 지나가 아니라 이선이다.

이선은 자기 인생에 대한 건강한 통제감조차 없는 사람이다. 그런데 자신이 통제력을 행사할 수 있는 한 가지 대상인 지나에 대한 대우는 소홀히 한다. 그러자 자기 삶을 통제하지 못한다는 느낌은 이후 몇 시간에 걸쳐 커지다 위기 국면에 이른다.

그와 매티는 언덕 위에서 썰매를 타고 내려가 언덕 아래 큰 나무를 들이받음으로써 삶을 끝내기로 한다. 그렇게 그들 인생에 대한 궁극적 통제력을 행사하기로 성급히 결정한다. 그들의 결정은 부정不貞의 필연적 정점이요, "자족성이라는 오만한 정신"을 본질로 하는 이생의 자랑이다. 그러나 그것조차 그들의 통제력을 벗어나 있고, 모든 일이 잘못되고 만다. 이선과 매티는 목숨을 건지지만 심각한 영구적 손상을 입는다. 함께 영광스럽게 죽는다는 어리석고 낭만적인 꿈은 가혹한 현실에 부딪친다.

이선이 아내와 매티를 둘 다 순수하게, 신실하게, 정결하게 사랑했더라면 상황은 많이 달라졌을 수도 있었을 것이다. 작가가 묘사하는 온갖 비참함 가운데서 놓치기 쉽기는 해도 이야기의 작은 세부 내용들에 주목하면 이선과 지나의 결혼 생활이 좀 더 밝아졌을 가능성도 있었음을 알 수 있다.

이선은 자신보다 일곱 살 많은 지나와 의무감에서 결혼했고, 지나도 이 사실을 인식했다. 안 좋은 시작은 시간이 지나면서 악화되었다. "농장에 살다 보면 다들 그렇게 되는 걸까. 아니면 그녀의 말처럼 이선이 '전혀 귀를 기울이지 않기' 때문일까. 지나의 비난이 전혀 근거가 없는 것은 아니었다. 그녀는 입만 열면 불평이었고, 그것도 모두 이선의 힘으로는 어쩔 수 없는 일을 가지고 늘어놓는 불평이었기 때문에, 그로서는 신경질적인 반응을 피하려고 처음에는 대꾸를 하지 않게 되었고, 급기야는 그녀가 말할 때 딴생각을 하는 버릇이 생겼다."[36]

지나가 새로 온 의사를 만나고 와서 우울한 진찰 결과를 이선에게 말해 준 날, 이선은 매티와 저녁 식사를 하면서 아내에게 보기 드문 연민을 느낀다. 지나를 바라보던 그는 "어둠 속에 앉아 그런 생각을 하는 아내의 모습이 너무나 힘들고 외로워 보이는"[37] 것을 발견한다. 그로부터 얼마 후 그는 애석해하면서 그러나 방어적으로 그녀에게 이렇게 말한다. "당신은 가난한 사람의 아내요. 지나, 하지만 난 당신을 위해 최선을 다하겠소."[38] 그러나 그것은 거짓말이다. 지금 그는 아내를 위해 최선을 다하지 않고 있고, 그동안에도 마찬가지였다.

그러나 만약 그가 최선을 다했더라면 어땠을까?

오, 그들의 결혼 생활은 완벽하지 않았을 것이다. 아마 늘 힘들었을 것이다. 좋은 결혼 생활도 나쁜 결혼 생활도 대부분 한 가지 요인에서 나오는 것이 아니라 여러 가지가 축적되어 티핑포인트에 이르게 되어 더 좋은 쪽이나 나쁜 쪽으로 기울어지는 것이다. 그러나 현대의 어느 시점에서 사람들은 어떤 것들—일, 학교생활, 자녀 양육, 건강 유지, 심지어 삶 자체—은 힘들 수 있고 그래서 노력해야 하지만, 결혼 생활이 힘들면 그만두어야 한다고 생각하게 되었다.

성경의 결혼관이 이것과 날카롭게 대비되는 모습으로 그려 내는 부부 관계는 오래 참고, 친절하고, 보호하는 이타적인 사랑에 근거한다. 성경은 시간이 결혼 생활에 미치는 타격을 인식하여 남자들에게 이렇게 권고한다. "네가 젊어서 맞은 아내와 더불어 즐거워하여라"(잠 5:18, 새번역). 병들고 짜증내고 심술부리는 가난한 아내라도 예외는 아니다. 말라기 2장 14절에는 젊어서 맞이한 아내에게 불성실한 것이 주님이 그들의 제사를 거절하신 이유 중 하나로 등장한다. 이 구절은 젊은 날에 남편이 아내의 무엇 때문에 그녀를 원하게 되었든, 그것을 노년에도 충분히 좋게 여겨야 한다고 말

정결의 핵심은
자기 통제보다는
타자에 대한 사랑이다.

하는 듯하다.

정결의 덕은 이 관계적 실재에 대한 인정이자 보호 장치이다. 이선과 매티가 성관계를 갖지는 않았다. 그러나 그들은 참된 정결을 실천하지 않았다. 정결의 핵심은 자기 통제보다는 타자에 대한 사랑이다. 이선의 사랑은 아내에게도 매티에게도 부족했다. 그가 매티에게 한낱 정욕을 품는 대신 그녀를 사랑했다면, 그리고 그녀의 유익을 추구했다면, 매티에게 유익하고 합당한 일, 즉 부정한 연인이 아니라 적법한 남편을 얻을 기회가 생기기를 원했을 것이다. 이런 생각은 교황 요한 바오로 2세의 다음 말에서 드러난다. "정결한 남자와 정결한 여자만이 참된 사랑을 할 수 있다."[39] 지나도 남편을 대하는 데 있어서 정결하지 않았다고 볼 수 있을 것이다. 가장 넓은 의미에서 정결은 "도덕적 순수"를 의미하기 때문이다.[40] 사랑은 상대의 유익을 추구한다. 정욕은 그렇지 않다.

몇 년 전, 독신인 내 친구가 결혼 생활에 어려움을 겪고 있는 남자 직장 동료에게 푹 빠졌다. 두 사람은 원래 잘 통했고 그들의 일에 헌신적이었다. 그 일은 두 사람 모두에게 의미가 있었다. 둘 다 독실한 그리스도인이었기 때문에 내 친구는 자기들의 관계가 불륜으로 발전하진 않으리라고 생각했지만 한동안 그녀는 힘들어했다. 그녀는 자신이 느낀 끌림이 혼자만의 것이 아님을 확신했다. 많은 그리스도인 리더들과 권위자들은 신자들에게 그런 상황에서 벗어나라(심지어는 그런 상황을 방지하기 위해 이성과의 우정을 아예 피하라)고 조언하고, 내 친구는 유혹을 피하기 위해 자신이 사랑하는 일터를 떠나는 일까지 심각하게 고려했다. 그러나 자신의 욕망에 얽힌 감정들을 곰곰이 살펴본 그녀는 자신이 그 남자를 정말 사랑한다는 것을 깨닫게 되었다. 그녀는 그를 그리스도인 형제로서 사랑했고 그를 위한 최선을 원했다. 그 사랑에 힘입어 그녀는 맹세했다. 자신의 감정이 아무리 커져도 그를 죄에 빠지게 만들어 해를 끼치지 않겠다고. 그리고 그 맹세를 지켰다. 그가 다른 일자리를 찾아 떠날 무렵, 그녀의 정욕은 진정이 되었다. 그러나 그녀의 순수한 사랑은 남았다.

시간이 지나면 부부가 서로 닮아간다고들 한다. 그런 현상에 대한 한 가지 설명은 공통된 감정들이 만들어 내는 비슷한 표정이 세월이 가면서 두 사람의 얼굴에 새겨져 서로를 더욱 닮게 만든다는 것이다.[41] 《이선 프롬》은 이런 진실을 아이러니하게 비튼 상황 전개를 보여 준다. 매티는 충돌 사고로 입은 부상 때문에 그녀가 이선과 함께 배신했던 지나에게 영원히 의존하게 된다. 이야기의 끝부분에서 그녀의 외모와 행동은 지나와 아주 비슷해진다. 이십수 년이 지난 후 화자가 프롬의 집에 처음으로 들어섰을 때 어느 쪽이 이선의 아내이고 어느 쪽이 정부情婦가 될 뻔했던 여자인지 확신하지 못한다. 그리고 서서히, 몸이 더 불편하고 불평을 늘어놓는 사람이 매티라는 것이 분명해진다. 이제 그녀는 지나의 보살핌을 받고 있다. 이선은 이제 불평하고 투덜대는 여자를 둘이나 데리고 산다.

프롬의 집 — 부엌 — 에서 펼쳐지는 마지막 장면에는 거칠고 망가지고 깨진 것들이 가득하다. 이선은 소설 앞부분에 나오는 지나의 말을 그대로 되풀이하며 방문자에게 변명하듯 이렇게 말한다. "어이구, 추워! 불이 다 꺼졌나 보군."[42] 차가움이 프롬의 결혼 생활, 부엌, 집, 마을, 공동체에 두루 퍼져 있다. 그들이 서로에게 잘못을 저지른 것만큼 그곳은 그들에게 잘못된 장소이다.

정결과 공동체

결혼이 공동체 앞에서 이루어지고 공동체 안에서 유지되는 것처럼 정결도 그렇다. 기혼자의 정결과 독신자의 정결 모두 마찬가지다. 따라서 이 소설의 배경은 이야기의 중요한 요소이다.

이선과 지나가 서로에게 느끼는 소외감은 스타크필드Starkfield(소설에 줄곧 들려오는 또 다른 이름)에서의 삶의 특징이라고 할 수 있는 '소외'에서 나온 것이다. 스타크필드는 지리적으로나 감정적으로 차가운 곳이다. 그곳 사람들은 뉴잉글랜드 주민들의 전형적인 모습을 실제 그대로 보여 준다. 엄격한 금욕주의에다 대단히 개인적이고 지나칠 만큼 독립적이다. (나는 뉴잉글랜드 출신이다. 우리 지역 사람들을 잘 안다.) 겨울의 추위와 눈을 제외한 스타크필드의 특징은 고요함이다. 그 고요함은 날씨나 아내보다 더 이선의 마음을 얼어붙게 만든다. 지나는 결혼 후 말수가 줄었다. 두 사람이 결혼할 때만 해도, 이선은 지나를 아내로 맞

> 결혼이 공동체 앞에서 이루어지고 공동체 안에서 유지되는 것처럼 정결도 그렇다. 기혼자의 정결과 독신자의 정결 모두 마찬가지다.

는 것이 세상에서 자기 자리를 찾는 데 도움이 될 거라고 생각했지만 그렇지 않았다. 그리고 지나는 고립된 농장 생활에 실망했다.[43] 결혼하고 함께 있으면서 그들은 외로운 자신을 발견한다.

정결은 공동체 안에서 만들어지고 유지되지만, 정욕은 "은둔과 소외 가운데 번창한다. 정욕에 빠진 사람들은 종종 외로움을 느낀다."[44] 소외감은 서로 알고 알려지는 것과 정반대의 느낌이다. 프레드릭 비크너Frederick Buechner는 "누군가를 성적으로 알고 싶은 갈망은 그 사람을 인간적으로 알고 그에게 알려지고 싶은 갈망"이라고 설명한다.[45] 정욕은 결핍감에서 나오는데, 고립감만큼 결핍감을 많이 안겨 주는 것은 없다. 포르노그래피가 어디에나 있게 만든 기술이 사람들을 서로에게서 점점 더 소외시키고 더 큰 고독을 만들어 낸다는 것은 아마 우연의 일치가 아닐 것이다.[46] 이선의 정욕은 그의 외로움에 근거한다.

의미심장하게도, 이선이 마음의 경로를 바꾸고 정결함을 유지하는 일에 가장 근접한 순간은 그가 절박한 부탁을 하려고 하다가 이웃 사람의 보기 드문 동정을 접하고 났을 때였다. "누가 이선에게 따뜻한 말을 건넨 건 정말 오랜만의 일이었다…. 대부분의 사람들은 그의 처지에 관심이 없거나, 이선처럼 젊은 나이에는 환자가 셋이 있어도 군소리 없이 시중을 들어야 한다고 생각했다. 그런데 헤일 부인은 '이선 프롬, 자네 정말 고생이 심하네'라고 했고, 그 말을 들으니 괴로움이 좀 가시는 느낌이었다." 이 뜻밖의, 흔치 않은 친절 앞에서 이선은 거짓 핑계로 돈을 빌리려던 계획을 실행하지 못한다. 잠시 그는 자신의 상황을 또렷하게 직시한다. 그리고 잘못을 저지르기보다는 상황을 받아들이기로 선택한다. "열정 때문에 저지른 실수를 그가 자각한 순간, 충동은 사라졌고 자신의 처지가 있는 그대로 눈에 들어왔다. 그는 자신이 병약한 아내를 거느린 가난한 남자이고, 자신이 떠나면 아내는 가난과 외로움에 시달리며 살아갈 것임을 깨달았다. 그리고 설사 그녀를 버릴 용기가 있다 해도, 그러려면 먼저 자신을 동정해 준 선량한 부부를 속여야 했다."[47] 이선이 이 결심을 지켰다면, 정결을 어느 정도 이루어 낼 길을 찾아냈을지도 모른다. 그러나 그에게 공동체의 경험은 너무나 드물었고 그의 생각을 바꾸기에 충분치 않았다.

> 결혼은 작은 사회를 만든다. 그 사회의 건강은 주위에 있는 더 큰 사회의 건강에 어느 정도 의존한다.

로렌 위너의 설명을 들어 보자. "공동체는 경찰이라기보다는 이야기꾼이다. 공동체의 규범을 이해하게 해 주는 토대가 되는 이야기들을 들려주고 또 들려준다."[48] 결혼에는 두 사람의 교제와 낭만적 사랑만 있는 것이 아니다. 결혼이라는 제도로 인해 "문화와 사회가 형성된다."[49] 결혼 생활에서는 "자녀들, 가정 경제, 안정성이 중요하다. 그리고 하나님도 중요하다."[50] 결혼은 작은 사회를 만든다. 그 사회의 건강은 주위에 있는 더 큰 사회의 건강에 어느 정도 의존한다.

금욕은 개인의 행동인 반면, 정결은 공동체의 형식이고 공동체에 의존한다. 우리가 어디에 뿌리를 내릴지 늘 선택할 수 있는 것은 아니지만, 그것이 가능한 상황이라면 잘 선택하는 것이 중요하다. 고대의 수도사들은 공동체 안에서 정결 서원을 했다. 우리가 깨닫든 깨닫지 못하든, 우리도 그렇게 한다.

Pilgrim's Progress

By John Bunyan

9

부지런함

존 번연, 《천로역정》

우리가 간절히 원하는 것은
너희 각 사람이 동일한 부지런함을 나타내어
끝까지 소망의 풍성함에 이르러
게으르지 아니하고
믿음과 오래 참음으로 말미암아
약속들을 기업으로 받는 자들을
본받는 자 되게 하려는 것이니라

히브리서 6 : 11 - 12

어느 날, 바이올린 연주자 미샤 엘만Mischa Elman과 그의 아내는 불만스러운 연습을 마치고 무대 뒤쪽 출입구를 통해 카네기홀에서 나오고 있었다. 그때 카네기홀 입구를 찾고 있던 두 명의 여행객이 다가와 엘만의 바이올린 케이스를 보고 물었다. "카네기홀에 어떻게 갑니까?" 엘만은 고개도 들지 않고 대답했다. "연습하세요."[1] 이 이야기의 다른 버전에서는(여러 버전이 있다) 결정적 대사가 약간 늘어난다. "연습하고, 연습하고, 연습하세요!"

사실이든 아니든, 이 도시 전설은 삶에서 거두는 대부분의 성취가 지루한 시간과 노력을 기울여야만 가능하다는 강력한 진실을 전달한다. 이것은 수공예에서 전문 기술을 획득하는 일, 새로운 언어를 능숙하게 구사하는 일, 깊이 있는 좋은 우정을 만드는 일에도 해당하고, 대부분의 다른 일에도 해당한다. 성공의 비결은 대부분 부지런함이다.

부지런함diligence이라는 단어는 한때 '골라내다, 높이 평가하다, 중히 여기다, 귀하게 여기다, 사랑하다'를 의미하던 라틴어에서 나왔다. 이 의미가 이어져 이후 diligence는 '주목함'이나 '주의 깊음'을 뜻하게 되었다. 이런 의미의 진화는 논리적이다. 자신이 귀하게 여기거나 중히 여기는 대상에는 흔히 관심을 갖고 주의하게 되기 때문이다. 이 중간적 의미는 '꾸준하고 한결같은 노력'이라는 diligence의 현재 의미와 그리 거리가 멀지 않다.[2]

가장 지루한 덕

부지런함은 가장 소박하고 어쩌면 가장 지루한 덕일 것이다. 부지런함은 너무나 따분하여 다른 덕들과 달리 도덕철학에서 별 관심을 받지 못한다. 그 사촌 격인 인내와 지조 같은 일부 덕은 좀 더 많이 다루어지지만, 둘 다 그 의미는 부지런함과 아주 다르다. 반면, 성경은 부지런함을 상당히 여러 번 언급한다(특히 킹 제임스 역본에서 그렇다). 모든 덕이 그렇듯, 부지런함도 고귀한 목적에 사용되지 않으면 덕스럽지 않다. 강도질을 계획하거나 인터넷에서 모르는 사람을 괴롭히며 발휘하는 끈기는 덕이 아니다. 조직폭력배나 KKK단원에게 바치는 충성이 덕스럽지 않은 것과 같다.

부지런함 역시 다른 덕들처럼 과도함과 부족함이라는 양극단 사이의 중용이다. 불충분한 부지런함이 악덕임은 쉽게 알아볼 수 있다. 하지만 과도한 노력도 악덕이다. 이 과도함은 다양한 형태로 나타날 수 있다. 일중독이 그 한 가지 형태이다. 다른 중요한 것들(이를테면 가정)을 소홀히 여기면서 한 가지 좋은 것(이를테면 직장 일)에 지나치게 열심을 내는 것은 악덕이다. 완벽주의는 해로울 정도로 마음을 쓰는 일의 또 다른 사례이고, 강박 장애도 과도함에 포함된다. 소셜 미디어 알림에 집착하고 관심을 갖는 일도 과도한 관심과 주의의 사례라고 할 수 있다. (내가 그렇다!)

성경에서 부지런함은 종종 그 반대인 나태와 대조하여 제시된다. 잠언 12장 24절은 "부지런한 자의 손은 다스릴 것이나, 나태한 자는 공물을 바치게 되리라"(KJV)라고 말한다. 나태는 도덕철학자들이 상당히 많이 살펴본 악덕이다. 부지런함의 덕을 이해

나태는

노력의 결핍일 뿐 아니라

관심의 결핍이기도 하다.

하려면 그 반대편의 부족한 악덕을 살피는 것이 도움이 된다.

사람들은 나태를 흔히 게으름으로 생각하지만, 여기에는 그보다 훨씬 많은 것이 담겨 있다(6장에서 우리는 나태가 '큰 포부'와 반대되는 개념이라는 것을 보았다). 나태는 노력의 결핍일 뿐 아니라 관심의 결핍이기도 하다. 사실, 나태에 해당하는 그리스어 단어 **아케디아**acedia는 문자적으로 '부주의'나 '무관심'을 뜻한다. 이것은 오늘날 우리가 흔히 쓰는 **무감각**apathy이라는 단어와 비슷하다. 초기 수도사들은 7대 죄 중 하나인 나태를 '한낮의 악마'라고 불렀는데, 한낮에 흔히 찾아오는 무기력하고 나른한 느낌에서 따온 명칭이다. (대학교수들은 점심 식사 직후 수업 시간에 이 나른함을 자주 발견한다.)

diligent부지런한의 원래 의미가 욕망을 내포한 반면, 나태한 사람은 욕구도 욕망도 없다. 이런 상태는 인간이 설계된 모습과 인간을 설계하신 분의 뜻에 어긋나는 것이 분명하다. 아퀴나스는 나태를 "억압적 슬픔"으로 여겼는데, "사람의 마음을 짓눌러 아무것도 하고 싶지 않게" 만들기 때문이다. 나태는 "일에 대한 권태"만이 아니라 "선을 시작하기를 등한시하는, 마음이 처진 상태"도 가리킨다. 그래서 아퀴나스는 나태를 "영적 선에 닥치는 불행"이라고 정의했다.[3] 나태는 "하나님을 향한 욕구, 하나님을 향한 열정, 하나님에 대한 흥미와 즐거움을 빼앗아 가는" 죄다. "나태는 하나님을 추구하지 못하게 막고, 그렇게 되면 우리는 그분을 찾지 못한다."⁴ 그렇다면 역설적이게도, 가장 바쁜 사람이 가장 나태한 사람일 수도 있다. 열광적 활동이 우리가 해야 할 일, 특히 하나님과 그분의 의를 구하는 일을 하지 못하게 가장 효과적으로 방해할 수 있다. 바쁘게 지내는 것이 선한 일을 하는 것보다 쉽다. 이처럼 나태는 "작위의 죄가 아니라 부작위의 죄"이고, 그러다 보니 어떻게 보면 "더 치명적인 죄가 된다."⁵

균형을 잡는 것, 즉 어떤 과제에 더도 말고 덜도 말고 딱 적당한 양의 관심과 주의를 기울이되 그 과제만이 아니라 그것이 삶의 큰 그림에서 차지하는 위치에 대해서도 그렇게 하는 것은 어렵다. 부지런함을 읽기에 적용할 때, 신학생의 경우와 과중한 업무를 감당하면서 다섯 자녀를 키우는 사람의 경우는 다르다. 전자라면 부지런히 읽는 것이 한 주에 두 권의 책을 보는 것을 의미하겠지만, 후자에게는 저녁에 몇 쪽 정도를 읽는 것을 의미할 것이다. 스포츠에서 말하는 부지런함도 프로 선수의 경우와 어린아이의 경우는 전혀 다른 모습일 것이다. 이런 차이는 규칙이나 결과 기반 접근법이 따라올 수 없는 덕 윤리의 강점을 잘 드러낸다. 인간의 탁월성은 사람마다 다른 반면, 규칙은 그렇지 않다.

우리는 어떤 목표를 위해 부지런함을 발휘하지만, 부지런함 자체는 결과로 측정되지 않는다. 나는 학생들에게 노력은 근육과 같다는 말을 자주 한다. 새로운 운동을 시작할 때 몸을 얼마나 구부리고 돌려야 하는지 가끔 개인 트레이너에게 묻는다. 그녀는 "아플 때까지"라고 답하는데, 그럴 때면 나는 웃을 수밖에 없다. 처음에는 안 아픈 데가 없기 때문이다! 초보자인 내가 30킬로그램으로 레그 프레스를 하는 것은 운동으로 다져진 사람이 70킬로그램으로 하는 것보다 더 힘든 일이다. 공부 습관이 전혀 잡히지 않은 학생이 시험을 앞두고 30분 동안 공부하는 것은 엄청난 일로 느껴질 것이다. 이와 대조적으로 한 과목당 매일 2시간씩 공부하는 학생이라면, 같은 시험을 앞두고 60분을 더 공부한다고 해도 휴식 시간이 금세 돌아오는 기분이 들 것이다. 이런 면에서 부지런함은 주관적이다. 21세기 미국인의 삶은 인류 역사 대부분의 시기보다 풍족하고, 그러다 보니 우리는 유약해졌다.

부지런함은 함양하기 가장 어려운 덕인 동시에 가장 쉬운 덕일 것이다. 부지런함은 본질적으로 간단하다는 측면에서 보면 익히기 쉬운 것 같다. 무슨 일을 하든지, 그 일에 주의와 관심을 기울여 계속하고 좀 더 계속하면 된다. 주의를 기울이는 것은 필요할 경우 꾸밀 수 있다(전혀 유쾌한 기분이 아니면서도 하루 종일 유쾌한 목소리로 전화를 받을 수 있다). 그런데 관심을 기울이는 것은 아주 어려울 수 있다. 너무 많은 것들이 우리의 관심을 끌기 위해 경쟁하기 때문이다. 그중에는 일, 가정, 친구, 좋은 영화, 좋은 책처럼 좋고 중요한 것들이 많은 반면, 소셜 미디어와 게임과 뒷담화 등등 중요하지 않고 무시해도 좋은 것들도 많다. 어쨌거나 부지런함은 목표를 향해 한 번에 한 걸음씩 내딛는 흐트러지지 않고 포기하지 않는 태도로 이루어진다. 성경이 부지런함을 그토록 많이 언급하는 것도 놀라운 일이 아니다.

부지런함과 그리스도인의 삶

부지런함은 기독교 최고의 고전 중 하나이자 이제껏 출판된 책 중에서 가장 인기 있는 《천로역정*The Pilgrim's Progress*》(1678)의 핵심에 놓인 덕이다.

3세기 동안, 존 번연의 이 알레고리는 성경의 위대한 이야기들만큼이나 사람들에게 친숙했다. 등에 짊어진 죄의 짐에 짓눌린 크리스천은 전도자의 말에 귀를 기울이고, 믿지 않는 아내와 가족이 있는 멸망의 도성을 떠나 천상의 도성으로 향한다. 도중에 그는 조롱하는 자들의 유혹에 저항하고, 좁은 문을 통과하고, 믿음의 근육을 사용하여 많은 장애물을 극복함으로써 마침내 천상의 성문에 이른다.

《천로역정》은 영어로 된 책 중에서 성경 다음으로 많이 읽힌 책이다. 1678년 처음 출간된 이래 한 번도 절판된 적이 없다. (번연은 1684년에 이야기의 2부를 출간했는데, 크리스천이 1부에서 남겨 두고 떠났던 가족의 순례를 서술하는 2부는 1부만큼 성공하거나 사랑받지 못했다.) 수없이 다양한 판본—아동판, 축약판, 주석판, 현대 영어판—이 오늘날에도 여전히 출간되고 있다. 우리 대부분은 어떤 형태로든 이 이야기를 안다(그러나 안타깝게도, 내용이 희석된 판본을 소유한 많은 이들은 원본의 신학적 예술적 우월성을 맛조차 보지 못한다).

《천로역정》은 모든 크리스천의 삶의 알레고리일 뿐 아니라 번연의 생애도 반영한다. 사실 그의 생애를 너무나 잘 반영해서 소설 자체와 저자의 이야기를 분리하기가 불가능할 정도이다. 1628년에 태어난 번연은 청교도들이 왕당파에 맞서 싸웠던 영국 내전 기간에 의회파 군대에서 복무했다. 1655년에 그는 이미 기독교로 진실하게 회심한 상태였고 국교에 반대하는 청교도 회중에게 설교하고 있었다. 그들이 청교도Puritan라 불린 것은 순전한 하나님의 말씀에 의지했기 때문이고, 1534년 헨리 8세 치하에서 로마가톨릭교회와 분리된 영국국교회가 로마가톨릭교회의 영향을 벗어나 더욱 정화purification되어야 한다고 믿었기 때문이다. 1649년, 올리버 크롬웰의 군대가 찰스 왕을 재판에 넘겨 유죄판결을 내리고 처형하면서 청교도는 권력을 잡았다. 하지만 1660년에 왕정복고로 11년간의 왕이 없던 시대가 막을 내리자 비국교도들에 대한 종교적 관용도 끝났다. 성공회 사제 서품을 받은 사람이 《공동기도서》를 사용하여 예배를 인도할 것을 명령하는 예배통일법Act of Uniformity의 제정으로 번연의 설교는 불법이 되었다. 그는 설교를 중단하지 않고 체포에 응하여 결국 영국의 비국교도 중에서도 손에 꼽을 만큼 오랜 수감 생활을 하게 된다.[6] 감옥에 있을 때 그는 성경과 폭스John Foxe의 《순교자 열전Foxe's Book of Martyrs》(1554)을 소지할 수 있었다. 거기서 그는 유명한 영적 자서전인 《죄인 중 괴수에게 넘치는 은혜Grace abounding to the Chief of Sinners》(1666)를 썼고, 나중에 《천로역정》이 되는 작품을 집필하기 시작했다. 1672년, 찰스 2세의 칙령에 의해 번연은 함께 투옥되었던 다른 수천 명의 비국교도들과 함께 석방되었다. 번연의 생애는 부지런함이 덕스러운 삶에 필요하지만 그리스도의 사역 없이는 불충분하다는 것을 증언한다. 이것 역시 《천로역정》의 메시지다.

문학에서 주인공인 크리스천에게 필요했던 것과 같은 부지런함을 이렇게 보여 주는 이야기는 드물다. 부지런함을 이렇듯 강조하는 것은 번연이 가진 청교도 신앙의 특징인 칼뱅주의 신학과 직접적 관련이 있다. 칼뱅주의 신학의 한 가지 본질적 교의는 성도의 견인堅忍, perseverance이라고 알려져 있다. 이 교리는 하나님이 구원으로 부르시는 사람들은 구원을 잃어버릴 수 없고 끝까지 견뎌 내어 구원의 열매를 맺는다는 생각을 드러낸다. 물론 persevere견인하다는 우연히 나온 용어가 아니다. 전통적 기독교는(일부 현대적 분파들과 달리) 구원이 편안함과 위안을 약속하지 않고 교회사가 보여 주는 대로(번연의 생애를 둘러싼 역사적 시기는 더욱 그렇다) 수난과 시련을 안겨 줄 가능성이 높다는 사실을 강조한다. 그러므로 부지런함의 덕은 견디는 데 필요하다. 견인이 물 위에 성공적으로 떠 있는 것이라면, 부지런함은 떠 있을 수 있도록 수면에서 움직이는 발이다. 견인이 '무엇'이라면, 부지런함은 '어떻게'에 해당한다.

> 견인이 '무엇'이라면, 부지런함은 '어떻게'에 해당한다.

부지런함은 모든 덕이 그렇듯 두 극단의 중용이다. 부지런함의 이런 측면은 《천로역정》 안에 있는 다양한 짝으로 보강된다. 그 짝들은 우리가 부지런히 헤치고 지나가야 하는 양극단의 악덕들을 대표한다. 고집과 줏대 없음, 형식과 위선, 교황과 이교도 같은 다채롭고 통찰력 있는 쌍들은 독자에게 그 중간에 자리 잡은 기독교적 덕을 가늠하게 한다.

시험과 시련을 통과하는 부지런함

크리스천의 시험과 시련 중 상당수는 성경의 언어에서 직접 가져 온 것이지만(이를테면 '사망의 음침한 골짜기'를 통과하는 위험한 여행) 번연의 상상력으로 만들어진 것도 많다. 이 작품은 성경적 기초와 원대한 상상력(견고한 신학에 따른)의 비범한 결합에 힘 입어 그에 걸맞은 오랜 인기와 명성을 얻었다. 여행 중에 거듭거 듭 크리스천은 돌아서는 것이 가장 합리적인 행보처럼 보일 만한 여러 장애물을 만난다. 하지만 그는 외적 장애물과 내적 유혹을 상징하는 시험을 부지런함으로 모두 견뎌 낸다.

이런 외적 유혹 중 하나는 허영의 시장Vanity Fair이다. 번연이 처 음 사용한 이 용어는 그 장소가 문자적 상징적으로 나타내는 것, 즉 인간 육신과 사악함의 전시장carnival(**carnival**은 물론 **carnal**에 서 나온 단어다)을 완벽하게 포착한다. 허영의 시장은 우리 문화 의 상상력에 아주 깊이 새겨져서 19세기 윌리엄 메이크피스 새 커리William Makepeace Thackeray의 소설 제목이자 20세기의 유행을 선 도하는 화려한 미국 잡지의 제목이 되었다. 하지만 번연이 그려 낸 허영의 시장이 훨씬 더 무시무시하다. 크리스천은 간신히 탈 출하지만 그의 길동무 믿음은 거기서 순교한다.

포기를 종용하는 또 다른 외적 압박은 크리스천이 길에서 만나 는 사람들을 통해 찾아온다. 세속 지혜, 무지, 수다쟁이 같은 이 들은 그가 길을 잃게 만든다. 몇몇은 그의 주의를 딴 곳으로 돌리 기만 하는 반면, 몇몇은 크리스천이 여행을 중단하도록 적극적으 로 설득한다. 그중 모든 크리스천의 싸움—죄 자체—을 상징하는 캐릭터가 번연이 가장 칭송을 받은 묘사에 등장한다.

전사 아볼루온—용의 날개, 곰의 발, 물고기 비늘, 사자의 입을 가진 사나운 생물—은 크리스천을 막아서서 자신이 그의 주인이라고 주장한다. 처음에 아볼루온은 번연이 본문에서 해설하는 대로, 크리스천이 "자신의 길을 고집하지" 못하도록 설득하려 한다.[7] 이 시도가 실패로 돌아가자 그자는 크리스천에게 여러 개의 창을 던지고 칼을 휘두른다. 크리스천은 이 모든 공격에 맞서는데, 뛰어난 지혜나 힘으로가 아니라 오직 부지런함만으로 그자를 상대한다.

하지만 아볼루온의 외적 물리적 방해보다 더 큰 장애물은 내적 유혹이다. 아볼루온은 그리스도에 대한 크리스천의 섬김과 헌신이 불완전하다고 비웃는다(모든 크리스천들이 가진 불완전함이다). 번연은 이 싸움의 장소에 '굴욕의 골짜기Valley of Humiliation'라는 적절한 이름을 붙이는데, 크리스천이 주님에게 충실하지 못한 탓에 진정한 굴욕을 당하기 때문이다. 하지만 크리스천은 앞서의 부지런함 덕분에 영적으로 더 강해졌기 때문에, 아볼루온의 고발을 감내하고 진실하게 대답할 수 있다. "네 말이 모두 사실이다. 네가 빠뜨린 숱한 잘못들이 더 있지. 그러나 내가 섬기고 예배하는 왕께서는 자비로우셔서 언제나 용서할 준비가 되어 있으시다."[8]

이 장면은 이 책에서 가장 많은 찬사를 받는 대목 중 하나인데, 번연이 악당을 생생하게 형상화하고 알레고리 언어를 능숙하게 사용했기 때문에 충분히 그럴 만하다. C. S. 루이스에 따르면, 이 대목은 번연이 알레고리에 성육신적으로 접근한 "최고 사례"에 해당한다. 평범한 일상적 경험의 언어로 심오한 영적 진리를 포착해 내기 때문이다. 크리스천은 아볼루온에게 자신이 왜 그자가 아니라 다른 주인을 섬기기로 했는지 설명하면서, 아볼루온의 삯이 "너무 박해서 그것으로는 생계를 꾸려갈 수 없었다"라고 말한다. 루이스가 지적했다시피, 물론 여기서 번연은 '죄의 삯은 사망'이라는 로마서 6장 23절의 본문을 살짝 바꾼 것이다.[9] 번연의 알레고리적 언어는 시가 그렇듯 친숙한 것을 새로운 관점에서 이해하게 해 주고, 영적 진리를 이 세상의 수준으로 가지고 내려오되, 거기에 그냥 내버려 두지 않고 독자를 끌어올려 영적 진리에 이르게 한다.

크리스천은 열심히, 그러나 신중하게 일해야 한다. 이것이 부지런함의 핵심이다. 가장 작은 오류도 재앙에 가까운 결과를 불러올 수 있고 이야기 안에서 실제로 그런 일이 일어난다. 허영의 시장을 비롯한 다른 수많은 시련에서 살아남은 크리스천은 소망과 함께 천상의 도시로 가다가 좁은 길에서 벗어나 더 편한 길처럼 보이는 초장으로 걸어가자고 제안한다. 그러나 이것은 심각한 실수였다. 초장의 주인은 '절망'이라는 거인인데, 절망 거인은 두 사람을 사로잡아 '의심의 성'에 있는 지하 감옥에 가둔다. 거기서 가차 없이 매질을 당하고 먹지도 마시지도 못하게 된 크리스천은 포기하고 싶은 유혹을 순례길 전체에서 가장 강하게 받는다. 거인의 아내 '자포자기Diffidence'(번연 당시에 '불신'을 의미했던 고어)는 남편에게 크리스천과 소망이 자살하도록 설득하라고 말하고, 거인은 그 말에 따른다. 절망과 의심에 사로잡힌 순례자는 절망 거인의 조언을 받아들이고 싶은 유혹을 크게 받지만, 소망이 포기하지 말라고 그를 설득한다. 그러다 이야기에서 내가 제일 좋아하는 장면에 이른다. 크리스천은 한 차례 기도한 후에 자신의 호주머니에 줄곧 약속이라는 열쇠가 있었음을 갑자기 깨닫는다. 그는 그 열쇠를 써서 의심의 성에서 재빨리 벗어난다.

인간의 부지런함과 하나님의 은혜의 동역

감사하게도 나는 자살하고 싶은 유혹이 들 만한 절망을 겪어 본 적은 없지만, 이 장면은 다른 방식으로 내게 공감이 되었다. 이 장면은 부지런함, 절망, 기도와 하나님의 개입 사이의 신비한 관계를 완벽하게 포착한다. 하나님의 개입은 우리에게 그것이 필요하고 우리가 실제로 받아들일 준비가 된 순간에 주어진다.

나는 두 가지 이유로 부지런함의 덕을 함양하기가 비교적 쉬웠다. 첫째, 부모님이 언행을 통해 부지런함을 훈련하셨다. 둘째, 나는 고된 노력과 훈련 없이는 어떤 일을 뛰어나게 해낼 만한 자연적 재능이 전혀 없는 복을 타고났다. 내가 지금까지 성취한 모든 선한 것은 장기간의 부지런함을 통해 얻은 것이었다. 책을 쓰는 일은 특히 부지런함의 극한까지 나를 밀어붙인다. 생각은 펑 하고 열리는 병에서 터져 나오는 샴페인처럼 쏟아지지 않는다. 내게 글쓰기는 몇 시간, 몇 날, 몇 달에 걸쳐 돌을 조각하는 것과 비슷하다. 그렇게 깎아 나가다 보면 마침내 생각의 모양이 떠오르기 시작하고, 그러면 좀 더 깎아 나간다. 나는 글쓰기에서도 다른 모든 일에서도 (내 직업인 문학 연구에서조차) 순전히 필요에 의해서, 사는 내내 부지런함의 덕을 함양했다.

성경이 우리에게 제시하는 약속들도 이와 비슷한 면이 있다. 그 약속들은 언제나 거기 있지만, 우리가 그 약속을 받을 준비가 되기 전까지는 크리스천이 호주머니에 지니고 있었으면서도 사용할 준비가 되어서야 비로소 떠올렸던 열쇠와 같다. 부지런함과 섭리는 하나님의 창조 질서의 신비라는 동전의 양면을 이루는 인간의 뜻과 하나님의 주권과 비슷하다.

알레고리로서의 부지런함

《천로역정》이 모형화한 부지런함은 나름대로 양면을 가진 동전이다. 부지런함은 이야기의 내용에서뿐 아니라 형식에서도 제시된다. 독자는 부지런함을 훈련해야만 이 작품의 의미를 최대한 파악할 수 있다.

《천로역정》은 아주 모범적인 알레고리로 손꼽힌다. 간단히 말하면 알레고리는 상징적인 이야기다. 그러나 많은 문학작품들과 달리 그저 상징들을 담고 있는 정도가 아니라 그 자체가 **통째로** 상징이다. 알레고리는 문자적인 수준과 상징적인 수준, 이 두 가지 수준에서 작동한다. 표면적으로, 《천로역정》은 크리스천이 한 도시에서 더 나은 도시로 가는 이야기이다. 그가 길에서 만나는 사람들은 여느 이야기의 캐릭터들과 같은 기능을 한다. 그러나 알레고리로 볼 때는 이 캐릭터들과 사건들 모두가 상징적 의미를 갖고 있고, 이 상징의 수준에 ─ 이 경우 기독교 교리의 수준에 ─ 작품의 진정한 의미가 담겨 있다.

번연이 알레고리 형식을 선택한 데는 픽션을 순전히 거짓으로 여기고 반대한 청교도들의 성향이 부분적 원인으로 작용했다. 알레고리는 허구적 이야기를 만들어 내는 것이 아니라 진리와 직접적으로 대응하는 상징들을 사용하기 때문에, (현대의 문학적 범주들이 존재하기 이전의) 알레고리는 오늘날 우리가 생각하는 것과 같은 픽션으로 여겨지지 않았다. 하지만 번연은 이야기의 서문 역할을 하는 시에서 자신의 방법을 옹호함으로써 이 작품을 정당화할 필요를 여전히 느꼈다.

알레고리는 기만적일 만큼 단순할 수 있고, 《천로역정》은 더할 나위 없이 직설적인 알레고리다. 크리스천은 크리스천이다. 세속 지혜는 하나님의 지혜가 아닌 세속적 지혜에 의지하는 사람이다. 소망Hopeful과 믿음Faithful이라는 캐릭터들도 정확히 소망과 믿음을 상징한다. 수다쟁이 씨는, 글쎄, 수다쟁이다. 이렇게 이어진다. 이런 손쉬운 대응이 너무 단순해 보여서 현대 독자들에게는 오히려 난관이 될 수도 있다. 그러나 좀 더 자세히 분석해 보면 독자의 부지런함이 있어야 알레고리 형식이 나타내는 더 깊은 진리를 볼 수 있다는 사실이 드러난다.

알레고리의 풍성함을 알아보려면 그것을, 상징에 담긴 진리에 대한 비상징적 해설과 비교해 보면 된다. 번연은 크리스천이 이 세상이 아니라 영원을 바라봐야 하고 세상의 지혜에 귀 기울이거나 좁은 길에서 벗어나서는 안 된다는 등의 교리적 견해를 단순히 진술하는 논문을 쓸 수도 있었을 것이다. 그러나 알레고리는 모든 이야기가 그렇듯, 말하기보다는 보여 준다. 모든 상징과 사실상 언어 자체에 내재하는 다층적 의의와 의미를 다 담아냄으로써, 알레고리는 모든 언어가 기능하는 방식을 보다 명백하게 드러낸다. 언어는 간접적이고, 이미지와 그림과는 다른 방식으로 전달된다. 모든 언어는 어떤 의미에서 은유적이고, 알레고리는 언어의 이런 측면을 증폭한다. 알레고리가 언어의 공명에 의존하여 다층적 의미를 전달한다는 사실은 알레고리를 각색한 좋은 영화가 나오기 어려운 이유를 설명해 준다. 은유적 언어를 문자적 그림으로 대체하면 알레고리의 의미심장함이 대부분 제거되는데, 알레고리의 내용은 그 형식에 있기 때문이다. 모든 문학작품의 경우도 이와 마찬가지다. 문학작품은 언어를 의사소통의 형식으로만이 아니라 예술적 매체로도 쓴다.

고전시대 플라톤의 '동굴의 알레고리'부터 17세기 번연의 《천로역정》, 그리고 그 중간에 나온 중세의 다양한 알레고리 작품들에서 우리는 문학만이 아니라 세계 자체에도 다층적 의미가 있다고 여기고 이를 전제하는 세계관을 본다. C. S. 루이스가 《폐기된 이미지The Discarded Image》(1964)에서 설명한 대로, 이 알레고리적 사고방식은 역사와 허구라는 현대적 범주를 뛰어넘는 진리 개념에 근거했다.[10] 그리스도께서 들려주신 비유들처럼, 알레고리적 이야기들은 사실일 필요가 없었다. 하지만 그 이야기들은 진리를 가리켰다. 크리스천과 소망이 천상의 도시를 앞두고 죽음의 강을 건널 때 순례자가 흔들리자 소망이 그에게 성경의 진리를 가리켜 보인 것처럼 말이다.

문학비평가 J. 폴 헌터J. Paul Hunter의 설명에 따르면, 청교도들에게 세상은 영적 진리를 가리키는 상징들이 가득한 "자연의 책"이었다. 이 진리는 해석을 통해 발견될 수 있는데, 해석의 근저에는 비유(이를테면 상징과 유비)의 작동 방식에 대한 이해의 바탕이 되는 논리가 자리 잡고 있다. 청교도들은 새긴 우상을 멀리하는 우상 파괴자들이었지만, "그림으로 추상적 개념을 상상하는 정신 습관"을 중세의 세계관에서 물려받았다. 자연의 책을 관찰하여 해석하는 것은 허구 창조가 아니라 하나님이 설계하신 세계에 이미 담겨 있는 의미들을 밝혀내는 일로 여겨졌다. 그런 "은유적 사고방식"이 알레고리를 만들어 내고 알아보게 했다.[11] 알레고리는 물리계에 대한 깊은 이해와 물리계를 영계靈界와 이어 주는 언어에 대한 깊은 이해에 의존한다. 근대의 픽션 작가는 상상력을 가지고 창조하지만, 근대 이전의 알레고리 작가는 자연의 책을 글로 옮겼다.

근대적 사고방식은 언어와 이야기에, 더 나아가 세상과 진리에도 고대인들보다 더 평면적으로 접근하게 한다. 상징적, 은유적, 시적인 것보다 문자적인 것을 선호하는 이런 근대적 시각은 청교도들이 결코 승인하지 않았을 근본주의에 힘을 보탠다. 청교도들에게는 세상은 물론이고 언어 자체도 하나님으로부터 나오고 하나님을 가리키는 의미로 가득 찬 것이었다. 이를테면, 결혼이 그리스도와 교회의 관계를 상징한다는 이해가 없으면, 결혼의 의미를 제대로 이해하기가 불가능하다. 결혼의 시적 본질(알레고리적이고 영적인 본질)을 분리해 내면 그 의미가 통째로 달라진다. 언어에 내재하는 의미의 층위들 사이의 관계가 끊어질 경우, 진리를 알고 진리 안에서 자라는 능력이 방해를 받는다. 알레고리는 이중적 구조의 언어를 사용하는데, 그것은 문자적 사고방식을 가진 이들이 흔쾌히 인정하는 정도보다 독자(와 저자)에게 더 많은 통찰력을 요구한다.

《천로역정 *Pilgrim's Progress*》이라는 제목에 나오는 단어 **progress** 전진, 전진하다, 나아가다만 보아도 알레고리가 어떻게 기능하는지 알 수 있다. 알레고리는 독자들이 이야기의 문자적이고 물질적인 수준에서 출발해 그 너머의 상징적이고 영적인 진리로 '나아갈' 거라는 기대 하에서 작동한다. 그것은 모든 문학적 글쓰기, 실제로는 모든 글쓰기와 모든 언어 사용에 내포된 해석의 과정을 명시적으로 가정하고 있다. 다시 말해, 알레고리는 독자들이 부지런함을 발휘할 것을 요구하고 가정한다.

> 알레고리는 독자들이 부지런함을 발휘할 것을 요구하고 가정한다.

progress 진보의 또 다른 의미는 유명한 '청교도 노동 윤리'와 이어져 있다. 부지런함은 고대부터 덕으로 여겨져 왔지만,《천로역정》을 탄생시킨 시기와 노동의 중요성을 강조한 청교도 노동 윤리와 특별한 관련이 있다고 볼 수 있다. 소망을 다룬 6장에서 보았다시피, 계몽주의와 그에 따른 과학 탐구 발전의 결과로 진보 관념은 시대를 규정하는 개념 중 하나가 되었다. 하지만 진보는 과학과 기술의 발전만 가리키는 것이 아니었다. 거기에는 인간의 진보도 들어 있었다. 프로테스탄트 종교개혁 ─ 나중에는 청교도주의 ─ 의 교리는 개인에게 주어진 조건이 영적인 것이든, 사회적인 것이든, 경제적인 것이든, 그 조건을 넘어서서 진보할 수 있다는 생각에 크게 기여했다. 청교도 (또는 프로테스탄트) 노동 윤리는 구원, 성화, 성경 읽기에서 개인의 역할을 강조하는 교리의 간접적 산물이다. 그 노동 윤리는 부지런함의 핵심에 있는 신중한 주목과 욕망에 의존하는 동시에 그것들을 개발한다. 물론, 6장에서 본 것처럼 진보도 그것을 성취하는 노동도 한계가 있다.

《천로역정》에서 progress 進行의 가장 의미심장한 뜻은 이 책의 무엇보다 중요한 신학적 주제인 성화 聖化이다. 이 이야기 안에서 크리스천이 구원받은 정확한 시점이 언제인가를 두고 다양한 논쟁이 있지만, 이 질문은 이야기의 더 큰 관심사를 놓치고 있다. 번연이 글을 쓴 시대는 구원의 증거가 '예수님을 마음에 영접한' 정확한 날짜와 시간의 기록에 있다고 보는 시대가 아니었다. 번연의 칼뱅주의적 믿음이 강조한 것은 구원의 순간이 아닌 구원의 증거, 곧 지속적인 성화의 역사였다. 손을 들고 기도를 따라 하고 제단 앞으로 나가는 일은 누구라도 할 수 있지만, 성화의 열매를 맺고 끝까지 견디는 일은 참으로 회심한 마음의 소유자에게만 가능하다. 이것이 《천로역정》이 다루는 진정한 progress이다. 크리스천이 지닌 믿음의 부지런함은 신자들에게 두렵고 떨림으로 너희 구원을 이루라고 했던 빌립보서 2장 12절의 권고를 그림처럼 보여 준다.

그런 부지런함에는 주의와 관심이 필요하고, 주의와 관심은 경건한 욕망의 함양에 의존한다.《천로역정》은 독서와 적용 모두에서 부지런함을 실천하라는 초청이다.

PERSUASION

BY JANE AUSTEN

10

인내

제인 오스틴, 《설득》

일의 끝이 시작보다 낫고
인내가 교만보다 낫다.

전도서 7 : 8 (현대인의 성경)

> 인내의 덕에는 단순한
> 기다림 이상이 따른다.
> 인내의 핵심은 고통을
> 기꺼이 견디려는 마음이다.

젊은 사람들에게 인생에 관한 조언을 해 달라는 요청을 받을 때마다 나는 한결같이 "인내하라"고 대답한다.

이 말이 주로 의미하는 바는 느긋하라는 것이다. 서두르지 마라. 인생은 길다. 열심히 일하면 보상은 주어질 것이다. 지금 꾸는 꿈 중에서 일부는 실현될 것이고, 일부는 다른 꿈, 어쩌면 더 나은 꿈으로 대체될 것이다.

일상생활 속에서 우리는 인내를 보다 평범한 관점에서 생각한다. 막힌 도로에 있을 때, 줄을 설 때, 식당에서 자리가 나기를 기다릴 때 인내하려고 노력한다(또는 인내하지 못한다). 그러나 인내의 덕에는 단순한 기다림 이상이 따른다. 인내의 핵심은 고통을 기꺼이 견디려는 마음이다.

수난으로서의 인내

인내patience의 어근이 '수난suffering'을 의미한다는 것[1]은 우리가 '치료를 받는 사람'을 **patient**환자라고 부른다는 사실에서 분명히 드러난다. patient는 그냥 기다리는 사람이 아니라 어떤 질병으로 '고통을 겪는' 사람이다. **patient**는 **passion**이라는 단어와 어근이 같은데, passion도 '수난'을 의미한다. 어떤 것—그 대상이 음악이든 축구든 사람이든—에 passion열정이 있는 사람은 그것에 대한 사랑 때문에 고통을 겪는다. 우리가 교회에서 '그리스도의

passion^{수난}'에 대해 말할 때, 그것은 말 그대로 그리스도가 십자가에서 우리를 대신해서 받은 고통을 가리킨다. 그리고 **suffering**과 **patience**는 두 단어 모두 'permit^{허락하다}'라는 또 다른 의미를 갖고 있다. 킹 제임스 역본의 마태복음 19장 14절에 따르면 예수께서 "Suffer little children … to come to me"라고 말씀하신 것은 어린 아이들이 오는 것을 "허락하라"는 의미였다. 여성의 참정권^{suffrage}은 여성들이 투표하도록 허락받는^{being permitted} 것을 가리킨다. 이 문맥에서 **permit**라는 단어는 의향을 나타낸다. 고통을 견디고자 하는 의향이 '**인내하는**'에 들어 있는 의미이다. '욥의 인내'라는 표현은 성경에서 욥이 겪은 거대한 믿음의 시련을 묘사하는데, 욥의 끈기뿐 아니라 그가 당한 고통도 가리킨다. 인내와 고통이 이어져 있다 보니, 신학자 N. T. 라이트가 지적한 대로, 우리가 "인내에 찬사를 보내면서도 그것이 다른 사람들이 보유한 덕이기를 바라는"² 것도 놀랍지 않다.

현대를 사는 우리는 고통을 견디는 일을 잘하지 못한다. 내가 그렇다는 것은 분명하다. 그렇기 때문에 인내를 덕이라고 말하는 것이다. 이 세상에서는 고통을 피할 수 없기 때문에 고통을 견디려는 의향을 덕으로 여기는 것이 어리석어 보일 수도 있다. 그러나 고통을 피할 수 없다고는 해도, 그것을 어떻게 감당할지는 선택할 수 있다. 우리의 상황은 우리의 의지와 무관하게 펼쳐지지만, 인내하는 성품은 의지와 긴밀한 관계가 있다.

모든 덕이 그렇듯, 인내도 과도함과 부족함 사이의 중용이다. 고통과 관련된 과도한 악덕은 분노다. 악과 고통은 의분^{義憤}으로 이

**인내는
무위無爲가 아니다.**

어져야 마땅하다. 그리고 '분을 내어
도 죄를 짓지 말'(엡 4:26)라는 바울
의 권고를 따르려면 성령의 열매인
인내가 필요하다. 인내라는 덕의 핵심은 악행을 간과하는 데 있
는 것이 아니라, 악행을 극복해 나가면서 또 다른 악행을 저지르
기를 거부하는 데 있다. 그러나 악행을 극복하고 싶은 마음이 인
내로 조절되지 않으면 분노가 된다. 고통과 관련된 부족함의 악
덕에는 기개의 결여, 부주의, 나태가 있다. 악이나 고통을 보고도
아무런 관심이 없다면 인내가 필요하지 않을 것이다. 그러나 그
러한 관심 부족은 분노와 마찬가지로 악덕이다. 인내는 무위無爲
가 아니다. 성경이 야고보서 5장 11절에서 말하는 대로, 인내는
수동성이 아니라 끈기이다. 고통이나 악행에 직면할 때 덕스러운
사람은 분노나 극기가 아닌 인내로 대응한다. 참된 인내가 있는
사람은 "화가 날 때도 덕을 발휘하는데,"[3] 그 모습은 행동하기에
앞서 감정의 열기가 잦아들 시간을 갖는 것으로 나타날 수 있고,
정의의 느린 수레바퀴가 돌아가는 것을 잠잠히 기다리는 것으로
나타날 수도 있다.

문학에서 인내로 가장 유명한 캐릭터는 고대 민담에 등장하
는 전설적인 그리셀다이다. 그녀의 이야기는 보카치오Giovanni
Boccaccio의 《데카메론 Decameron》(1351)에 나오는 내용으로 가장 잘
알려져 있지만, 초서의 《캔터베리 이야기》에서는 한 서생書生이
보다 기독교적 의미를 담아 다시 들려주고, 세계문학 곳곳에서
도 다양한 형태로 등장한다. 사냥과 매 사냥에 모든 시간을 쏟는

한 영주가 결혼하라는 신하들의 성원을 마지못해 받아들여 가난한 농사꾼의 딸을 아내로 선택한다. 그러나 그녀의 아름다움, 우아함, 본이 되는 성품은 남편의 노여움을 살 뿐이고, 그는 아내의 절개를 더없이 잔인하게 시험한다. 그는 그들 사이에서 낳은 첫째 아이에 이어 둘째 아이까지 죽이라고 명령한다. 그리고 그녀와 이혼하고 다른 사람과 재혼할 수 있는 허가를 교황에게 받았다고 말하며 젊은 여자를 집으로 데려와 새로운 신부라고 소개한다. 그리셀다는 이 모든 일을 겪으면서도 내내 우아하고 유순하게 반응한다. 그러자 남편은 그 모든 것이 시험이었음을 밝힌다. 남편이 데려온 소녀는 자신들의 딸이다. 그는 그리셀다와 자녀들이 재회하게 하고 그녀를 신실하고 사랑받는 아내로 다시 받아들인다. 그녀의 성품은 '인내하는 그리셀다'로 알려진다. 그러나 그녀가 인내하는 아내에 대한 남자들의 환상을 표현한 것일지는 몰라도, 그것은 덕스러운 인내가 아니다.

덕스럽게 인내하는 캐릭터

제인 오스틴Jane Austen의 소설 《설득Persuasion》(1817)에 나오는 앤은 그리셀다와 달리 문학에서 가장 덕스럽게 인내하는 여주인공 중 하나일 것이다. 그녀는 인내에 대한 고전적 이해와 성경적 이해 모두에 걸맞게 행동하며 인내라는 덕의 본보기와 같은 인물이다.

인내가 《설득》에서 가장 두드러지는 주제는 아니다. 《오만과 편견Pride and Prejudice》(1813)이 오만과 편견을 다루고 《이성과 감성

Sense and Sensibility》(1811)이 이성과 감성을 다루는 것처럼, 1817년 오스틴의 사후에 출간된 마지막 소설《설득》의 중심 주제도 제목 (그녀가 죽은 후 그녀의 오빠가 정했다)에 분명하게 담겨 있다. 이 소설의 등장인물 대부분은 누구에게 얼마나 쉽게 설득되는가, 하는 관점에서 평가할 수 있다.⁴ 준남작인 앤의 아버지는 재산이 줄어드는 상황인지라 지출을 줄이라는 설득을 받아야만 한다. 앤은 이야기가 시작되기 몇 년 전에 친구의 설득을 받아들여 인생의 경로를 극적으로 바꿔 놓을 결정을 내렸고, 독자는 그녀가 그 결정을 후회하고 있다는 사실을 곧 알게 된다.

앤은 열아홉 살에 프레드릭 웬트워스와 사랑에 빠졌고 금세 약혼을 했다. 웬트워스는 정직하고 성실하며 앤이 그를 사랑하는 것 못지않게 그녀를 사랑했지만, 그는 귀족이 아니라 해군 장교였다. 앤의 가족이 신뢰하고 사랑하는 친구인 레이디 러셀("무엇이든 설득 못 할 일이 없는!"⁵ 사람)은 웬트워스 대령이 앤의 신랑감으로 부적당하고 그녀가 더 나은 짝을 만날 수 있다고 앤을 설득했다. 젊고 사람을 잘 믿었던 앤은 그 조언을 따랐다. 그로부터 8년이 지난 시점에서 소설이 시작된다. 스물일곱 살이 된 앤은 아직 미혼이고(당시 기준으로는 노처녀) 얼굴과 몸매에서 한창 때의 매력이 사그라든 상태였다. 앤은 이 사실을 고통스럽게 인식하면서도 자신의 운명을 견디고 있다.

그때 웬트워스 대령이 무대에 다시 등장한다. 그 역시 독신으로 남아 있었다. 그러나 앤과 달리, 시간은 그의 지위와 매력을 높여 주었고, 그는 다시 사랑을 찾을 준비가 되어 있었다.

이야기의 중심에는 웬트워스를 포함하여 조건이 좋은 많은 남녀들이 있고, 모두가 여러 사랑의 가능성과 경쟁자들 사이에서 결혼 상대자를 찾아 정착하기로 마음을 단단히 먹고 있었다. 그런 등장인물들과 함께 어떤 설득의 행위들이 펼쳐질지 상상하기는 어렵지 않다. 사랑을 꿈꾸는 이들 중 한 사람인 참을성 없는 루이자 머스그로브는 만류하는 목소리를 무시하고 계단에서 뛰어내렸다가— 웬트워스 대령이 제때 잡아 줄 것으로 기대했으나 그가 한 박자 늦고 만다— 돌바닥에 머리를 부딪쳐 의식을 잃는다. 이 추락으로 인한 일련의 결과로 기존에 싹트고 있던 로맨스의 역학이 달라지는데, 각 로맨스마다 다양한 수준과 유형의 설득이 개입한다.

하지만 이런 표면적 수준의 설득 아래에는 더 흥미로운 주제가 흐른다. 앤의 덕스러운 인내는 그녀를 매우 흥미로운 캐릭터로 만들고, 《설득》을 오스틴의 소설 중에서 가장 기교가 뛰어난 작품으로 만든다는 것이 내 생각이다.

앤은 오스틴의 남녀 주인공들 누구와도 닮지 않았다. C. S. 루이스가 오스틴에 대한 에세이에서 지적한 대로, 그녀는 깨달음이나 깨우침을 겪지 않는다. 다른 캐릭터들과 달리 앤은 그럴 필요가 없다. 루이스가 말한 것처럼, 앤은 "오류를 범하지 않는다."[6] 지나치게 완벽한 캐릭터가 흥미로운 경우는 드물다. 그러나 앤은 현대 독자들이 소설 캐릭터에 흔히 기대하는 큰 결점이 없음에도 불구하고,[7] 열정, 통찰력, 성숙함, 꿋꿋함에 힘입어 매력적인 캐릭터가 된다. 앤과 소설 《설득》을 더없이 흥미롭게 만드는 또 하나의 특성은 그녀의 인내다. 그녀는 고통을 겪음으로써 인내의 자리에 서게 된다.

이야기의 앞부분에서 화자가 설명하는 대로, 앤이 "늘 겪는 운명"은 "그녀의 의향과는 정반대의 결정이 내려지는" 상황이다.[8] 아버지의 재정적 무책임, 가족이 그녀가 사랑하는 시골집을 떠나 그녀가 싫어하는 바스Bath 시로 이사하는 일, 동생의 난감한 건강 염려증, 언니의 자기중심적 속물근성, 혼자 남아 아픈 조카를 돌봐야 하는 상황, 가족들이 서로에 대해 늘어놓는 불평을 들어주는 역할, 사랑하던 한 사람과 결혼할 기회를 놓쳐 버린 일까지. 앤은 이 모든 일을 견딘다. 그녀 혼자서 견뎌 낸다. C. S. 루이스는 앤을 "고독한" 여주인공, 홀로 고통을 견디는 사람이라고 말한다.[9] 그러나 그녀는 덕스럽게 견딘다. 앤은 더없이 사악한 악행들을 수동적으로 받아들이는 동네북 그리셀다가 아니다. 악한 결정 또는 어리석은 결정의 직접적 결과로 본인과 주위 사람들이 경험하는 고통을 인식하지만, 분노의 악덕에 굴복하지도 않는다.

앤은 덕스럽게 견디기 때문에 고통에 휘둘려 자신에게만 몰두하지 않는다. 인내하며 고통을 감당하기에 오히려 다른 이들의 고통을 알아볼 수 있다. 아내와 사별한 지 얼마 되지 않은 벤윅 대령이 무리에 합류했을 때, 앤의 인내는 다른 이들이 할 수 없었던 방식으로 그의 입을 열게 만든다. 상실감에 빠진 홀아비 대령과 대화를 나눈 후, 앤은 자신이 "적어도 하루 저녁만큼은 그가 평소 어울리는 친구들이 전혀 관심 없어 할 관심사를 마음껏 이야기하도록 해 주었고" "고통을 이기려고 노력해야 하는 의무와 그에 따른 보상"에 관한 합당한 조언을 건넸다고 굳게 믿는다.[10] 벤윅 대령은 고통을 잘 견딜 수 있게 도와줄 앤의 추천 도서 목록을 감사하게 받는데, 이 목록에는 "최고의 도덕가들"뿐 아니라 "도덕적 종교적 인내에서 가장 강력한 본을 보이는 이들"의 서간집과 회고록이 들어 있다. 저녁 시간이 끝난 후, 앤은 "자신이 라임에 와서 처음 만난 청년에게 인내와 감수를 권고했다는 생각에 웃음" 짓는다. 그리고 나서 "수많은 도덕가와 설교자들처럼 자신 역시 제대로 실천하지 못한 일에 번지르르한 말만 앞세웠다"라고 생각한다.[11] 그녀는 고통을 견디지만, 자신이 고통을 덕스럽게 견디고 있음을 인식하지 못한다.

앤의 구혼자였던 웬트워스 대령이 관심을 보이던 루이자 머스그로브가 추락하여 머리를 부딪치고 의식을 잃었을 때, 앤의 인내는 겁에 질려 어쩔 줄 몰라 하는 사람들을 진정하고 질서 있게 움직이게 한다. 다른 사람들이 그녀를 무시하거나 그녀에게 무례하고 심술궂게 굴거나 과중한 요구를 할 때 앤의 인내가 거듭 우아함으로 드러나는 이유는 그것이 맹목적이지 않기 때문이다.

하지만 앤의 가장 큰 인내는 웬트워스와 파혼한 일에 대한 후회를 여러 해 동안 견디는 데 있다. 앤이 자신의 운명을 비통해하고, 스스로를 비통해하고, 파혼을 조언한 레이디 러셀을 원망하기가 쉬울 법한데, 그녀는 이번에도 진정한 인내를 보여 준다. 그럴 수 있는 것은 그녀가 눈이 멀지 않았기 때문이다. 인내는 앤이 뒤이은 청혼을 성급하게 받아들이거나 새로운 구혼자의 구애를 조급하게 수락하지 않게 해 준다. 새 구혼자는 알고 보니 나쁜 동기를 갖고 있었다. 그 결과, 오랜 시간이 지나 사랑하는 웬트워스가 이전보다 형편이 나아지고 앤에 대한 사랑과 욕망을 더욱 확신한 상태로 돌아왔을 때, 앤은 여전히 자유롭고 그를 맞이할 준비가 더 **잘되어** 있었다. "어려서는 신중하게 행동하도록 강요받았"지만 앤은 "나이가 들면서 로맨스를 배웠다. 그것은 부자연스러운 시작의 자연스러운 결말이라고 할 만했다."[12] 그녀는 "현명하고 이성적이 되려면"[13] 시간이 필요하다는 것을 인식하게 되었고, 자신이 아직 그렇지 못함을 알아볼 수 있을 만큼 현명하다.

후회는 없다

그녀와 웬트워스는 세월의 공백을 딛고 많은 장애물을 극복하고 마침내 재결합을 하여 오래오래 행복하게 살 것을 기대할 만한 길로 나아간다. 그 과정에서 앤은 웬트워스에게 자신이 과거에 내린 결정이 불가피한 것이었다고 설명한다.

"지난 일을 곰곰이 생각하면서 공정하게 잘잘못을 따져 보려고 노력했어요. 그러니까 나 자신에 관해서 말이에요. 그로 인해 큰 고통을 겪긴 했지만, 나는 내 결정이 옳았다고 믿을 수밖에 없어요. 당신이 앞으론 지금보다 더 사랑하게 될 내 친구의 충고를 내가 따랐던 것이 전적으로 옳았다는 뜻이에요. 그분은 내게 어머니와 다름없어요. 하지만 내 말을 오해하진 말아요. 그분의 충고가 옳았다는 건 아니니까요. 그건 아마도 결과에 따라 좋은 충고였는지 나쁜 충고였는지 가려지는 경우였던 것 같아요. 물론 나라면 비슷한 상황에서 그런 충고는 절대 하지 않을 거예요. 그렇지만 내가 하려는 말은, 그분의 말을 따른 것이 옳았다는 거예요. 그러지 않았다면 약혼은 유지했겠지만, 당신을 포기했던 것보다 더 큰 고통을 겪었을 거예요. 양심의 가책을 견뎌야 했을 테니까요. 인간 본성에 허용된 감정 안에서 이런 말을 해도 된다면, 나는 자책하지 않아요. 내 생각이 틀리지 않다면, 강한 의무감은 여성의 몫으로 괜찮은 자질이니까요."[14]

앤은 자신의 인생에서 훌륭하고 정당한(오류가 없지는 않아도) 권위를 가진 레이디 러셀의 인도를 따른 일은 옳은 결정이었다고 확신한다. 그녀는 웬트워스에게 이렇게 말한다. "다른 사람의 설득을 따른 일이 잘못이었다 해도 모험이 아니라 안전을 권하는 설득이었다는 것을 기억해 주세요. 나는 그분의 뜻을 받아들이는 것이 의무라고 생각했어요."[15]

앤의 생각은 인내가 덕스럽게 여겨지기 위한 조건으로 아우구스티누스가 내세운 인내의 특성을 드러낸다. "그러므로 누군가 어떤 고통을 참을성 있게 견딘다고 해서 곧바로 그

> 인내는 고통을 견디는 **이유**가 좋은 것일 때만 덕이라고 할 수 있다.

것을 인내라고 칭송하지 말라. 견딤이 인내인지 아닌지는 고통의 원인에 의해서만 드러나기 때문이다. 합당한 이유에서 오는 고통을 견디는 것만이 참된 인내이다."[16] 인내는 고통을 견디는 **이**

유가 좋은 것일 때만 덕이라고 할 수 있다. 하지만 고통의 **근원**이 늘 좋은 것은 아니다. 인내라는 이름으로 누군가에게 학대를 견디라고 요구할 수 없다. 그것은 고귀한 것이 아니라 악한 것이기 때문이다. 앤은 자신에게 어머니와 같은 인물이 해 준 합리적인 선의의 조언을 받아들이는 바른 결정을 내렸기 때문에 그에 따른 고통을 견뎌 냈다. 그 조언은 이후 잘못된 것으로 밝혀지지만, 앤이 자기 선택의 결과를 인내하며 감당한 것은 덕스럽다.

인내와 장래의 즐거움

소설 속 다른 사람들은 자신이 겪는 고통의 원인을 찾아내어 그 탓을 하고 싶어서 안달인 반면, 앤은 당면한 어려움에서 장래에 어떤 즐거움이 생겨날지에 더 관심이 있다. 루이자의 끔찍한 추락 사고가 있었던 라임을 다시 방문하고 싶다는 앤의 말에 웬트워스 대령이 놀라워하자 앤은 이렇게 설명한다.

"마지막 몇 시간은 확실히 아주 고통스러웠어요." 앤이 대답했다. "하지만 고통은 지나고 나면 종종 즐거운 기억이 되기도 하잖아요. 어떤 곳에서 힘든 일을 겪었다고 해서 반드시 그곳을 싫어하게 되는 건 아니에요. 거기서 힘든 일만 있었다면 모를까. 라임에서는 결코 그렇지 않았어요. 우리가 근심 걱정에 빠진 것은 마지막 두 시간에 불과했고, 그 전에는 즐거운 일이 많았잖아요. 새롭고 아름다운 일들이 얼마나 많았는지 몰라요! 나는 여행을 많이 다니지 않아서 새로운 장소는 어디나 흥미롭지만, 라임은 정말 아름다웠어요." 앤은 뭔가를 회상한 듯 얼굴에 엷은 홍조를 띠고는 말했다. "간단히 말해, 라임의 인상은 전체적으로 아주 좋답니다."[17]

아우구스티누스의 표현을 빌면 고통에 대한 앤의 시각은 "시간의 제약 아래 있는 일시적인"[18] 것 너머를 보며 더 크고 더 영구적인 것을 추구한다. 나는 아이였을 때부터 이와 비슷한 시각을 갖고 있었다. 어릴 때부터 책을 많이 읽고 이야기를 좋아했기 때문에 모종의 어려움—놀림을 받는다든지, 잘못을 저질러 곤경에 처한다든지, 친구에게 실망한다든지, 누군가에게 홀딱 반한다든지—을 만나면 늘 이야기가 하나 만들어지고 있다는 느낌을 받았다. 그로 인해 내가 처한 불쾌한 상황이 행복하게 여겨지지는 않았지만, 이야기가 어떻게 풀려나갈지 궁금해하는 것만으로도 그 상황을 조금 더 잘 견딜 수 있는 인내심이 생겼다. 이것이 앤의 방식이기도 한 것 같다.

일시적 관심사를 뛰어넘는 앤의 자세와 그녀의 아버지 엘리엇 씨가 시간과 고통이 사람들의 얼굴, 피부, 삶(특히 하류 계층 사람들의 삶)에 미치는 영향에 대해 끊임없이 말하는 데서 드러나는 삶의 자세가 책에서 미묘한 대조를 이루는 것을 볼 수 있다. 소설 곳곳에서는 시간과 인내(혹은 인내의 결핍) 사이의 연결이 수없

> 나는 늘 이야기가 하나 만들어지고 있다는 느낌을 받았다. 이야기가 어떻게 풀려나갈지 궁금해하는 것만으로도 그 상황을 조금 더 잘 견딜 수 있는 인내심이 생겼다.

이 이루어진다. "자신이 원하는 일을 확신하게 해 주는 근거는 얼마나 쉽게 눈에 띄는지!" 화자는 엘리엇의 시골 영지를 떠나 바스에 남고 싶은 레이디 러셀의 열망에 관해 이렇게 말한다.[19]

유연성persuadability도 시간과 이어져 있다. 앤의 경쟁자 루이자 머스그로브가 자신은 쉽게 설득되지 않는다고 빼기자, 앤은 단호한 성품이 늘 이상적인지 의문을 제기하며 "유연한 성품도 때로는 결단력 있는 성품만큼이나 행복에 필요하다"라고 주장한다.[20] 여기서 우리는 설득persuasion과 인내의 연관성이 암시된 것을 본다. 둘 다 시간에 뿌리내리고 시간에 쉽사리 종속되지만, 시간을 넘어서기도 한다. 앤이 아내와 사별한 벤윅 대령의 슬픔에 관해 희망적으로 말한 것처럼 말이다. "괴로운 일엔 시간이 약이란 걸 아시잖아요."[21] 친척인 젊은 엘리엇 씨의 부패한 성품을 알게 되었을 때, 앤은 문제를 무리하게 직접 해결하려 하지 않고 그의 성품이 스스로 드러나게 함으로써 인내를 보여 준다. 그리고 시간이 고통에 영향을 미쳐 "한때 날카로웠던 고통이 이제는 무뎌진" 것을 그녀 자신도 깨닫는다.[22]

앤의 초월적 설득관과 인내관은 알래스데어 매킨타이어가 《덕의 상실》에서 앤의 "목적론적 시각"[23]이라고 부른 것, 즉 궁극적 목적과 목표를 염두에 두는 시각에서 나온 것이다. 우리가 보았다시피, 《덕의 상실》은 인간 번영에서 덕이 본질적 부분을 차지한다고 더 이상 믿지 않는 현대 세계에서 사는 일의 의미를 탐구한다. 매킨타이어는 덕 윤리로 세계관이 형성된 마지막 근대 작가 중 한 사람으로 오스틴을 지목한다. 매킨타이어에 따르면, 덕의 원리는 "오스틴의 예술에서 본질적"이고 그녀의 소설 세계 안에서 "행동의 문법"을 이룬다.[24] 그 세계는 사회적 유동성, 이데올로기적 변화, 그리고 권위에 대한 회의의 증가를 새로운 특징으로 한다. 오스틴이 살았던 세계를 엄습했던 근대성과 달리, 그녀의 행복관은 아리스토텔레스적인 것이었고 자신의 소설에서 아리스토텔레스적 주제와 기독교적 주제들을 한데 모았다.[25] 둘 다 "유쾌한 중용"을 강조한다는 공통점이 있었다.[26] 그녀의 소설들은 "덕과 그 덕으로만 극복하게 될 해악은 텔로스가 성취될 수 있는 조건인 삶의 구조를 제공하는 동시에 그런 삶의 이야기가 전개될 수 있는 무대인 서사 구조도 제공한다."[27]

매킨타이어는 오스틴의 세계에 독특한 한 가지 덕이 있다고 말하는데, 대부분의 고전적 덕의 목록에서 강조되지 않았던 이 덕은 지조constancy이다. 매킨타이어에 따르면 지조는 오스틴 캐릭터들의 세계에서 중요하다. 그 세계는 오스틴의 소설들 곳곳에서 풍부하게 발견되는 두 가지 다른 특성인 상냥함amiability과 우호성agreeableness을 강조하기 때문이다. 우호성은 사람들이 기대하는 풍습을 따를 때 주게 되는 인상이다(이것은 오스틴이 《오만과 편견》에 원래 붙였던 제목인 《첫인상》에 뚜렷이 반영되어 있다). 그런데 상냥함은 단순한 우호성보다 더 깊고 더 진실하다. 누군가에게 상냥하려면 "진정한 사랑의 배려가 있어야 한다. 그런 배려의 인상을 주는 풍습을 따르는 것만으로는 부족하다."[28] 많은 규칙과 기대가 있는 세계에서는 외적 순응에 따라 일정한 인상을 남기게 되는데, 그 인상이 내적 본질과 일치할 필요는 없다. 외양이 중요할수록 가짜가 더욱 판친다.

풍습 희극 작가인 오스틴은 매킨타이어가 말하는 덕의 모조품에 관심을 갖는다. 모든 모조품의 경우가 그렇듯, 덕의 모조품에 가장 잘 속는 사람들은 덕의 모조품을 가진 이들이다. 오스틴의 소설들은 덕의 모조품의 해독제가 '자기 인식'이라는 사실을 보여 준다. 그리고 지조는 자기 인식에 의존한다. 자기 인식은 '특히 현대 세계에서 인격의 온전함을 위협하는 특정한 위험에 대한 인식'이다. 지조는 다른 모든 덕이 유지되게 한다. 지조는 "인내로 강화되고 인내를 강화시키며", 인내는 "세계의 특성에 대한 인식을 포함"한다.[29] 이것이 정확히 앤 엘리엇이 보여 주는 인내—와 지조—이다.

> 세상의 현재 상태나 미래에 대한 약속을 인식하지 못하면 인내의 조정을 받아야 하는 두 악덕 중 하나에 빠지게 된다. 현실 거부로 인한 분노와 현실에서 물러남의 한 형태인 의기소침이다.

타락했으나 새롭게 창조되리라는 것이 세상의 본질이다. 세상은 타락했기 때문에 세상에는 타락한 이들이 가득하지만 그들에게는 구원의 가능성이 있다. 그렇지만 이러한 타락성 때문에 고통, 고난, 악행, 불의가 불가피하다. 사람들이 세상의 현재 상태나 미래에 대한 약속을 인식하지 못하면 인내의 조정을 받아야 하는 두 악덕 중 하나에 빠지게 된다. 현실 거부로 인한 분노와 현실에서 물러남의 한 형태인 의기소침이다. 앤 엘리엇은 이야기가 진행되는 내내 변하지 않는 캐릭터이지만, 인내를 통해 세상의 상태와 미래의 약속 사이의 긴장을 구현하는 인물이기 때문에 흥미롭다.

세상의 참된 특성을 인식하려면 세상을 만드신 하나님과 그분의 특성을 아는 일이 필요하다. 가장 완전한 인내는 목적론뿐 아니라 종말론에서도 자란다. "일의 끝이 시작보다 낫고 인내가 교만보다 낫다. 성급하게 화를 내지 말아라. 그것은 바보들이나 하는 짓이다"(전 7:8-9, 현대인의 성경). N. T. 라이트는 인내의 덕에 관해 이렇게 말한다. "창조주 하나님과 세상을 향한 그분의 선한 목적이 궁극적으로 승리할 것임을 믿는 사람들은 자신의 삶에서나 직업과 선교의 영역에서 서둘러 임기응변식 처방을 붙잡으려고 하지 않을 것이다. 물론 하나님이 기회를 주실 때는 적시에 그것을 붙잡겠지만 말이다."[30] 하나님은 자연적 현상을 포함한 모든 것의 주권자이시고, 그래서 제임스 스피겔James S. Spiegel은 "모든 인내나 조급함은 그분에 대한 인내나 조급함이다"라고 설명한다. 이 사실은 조급함이 궁극적으로 자기중심성에 뿌리를 내리게 되는 이유를 설명하는 데 도움이 된다. 인내는 "철학자들이 말하는 '유아론적唯我論的 한계 상황'과 관련이 있고, 이 한계 상황은 자신의 생각과 감정만을 즉각적으로 인식하는 자연적 인간 상태이다." 그래서 인내가 어려운 것이다. 제임스 스피겔은 추가적으로 이렇게 말한다. "하지만 나는 내 생각만 알고 내 자신의 필요만 직접적으로 인식하기에 자신을 최우선에 두려는 경향이 있다. 그 결과는 내가 최우선이 아니라는 데서 오는 당혹스러움이다. 이것은 내가 조급해지도록 강하게 유혹한다." 인내는 "근본적 덕이라기보다는 다른 덕들의 복합체", 특히 관대함, 절제, 겸손의 복합체이다.[31] 이 덕들은 우리가 자연적이고 인간적인 자기중심주의에서 빠져나오는 데 필요하다.

오스틴의 소설들은 문학 형식마저도 캐릭터와 주제 이상으로 인내의 습관을 이루는 데 필요한 자아의 탈중심화를 구현한다. 오스틴이 사용하는 풍자의 형식은 아이러니라는 이중적 시각에 의존한다. 의도된 의미와 진술된 의미가 정반대일 때 아이러니가 일어난다. 독자가 아이러니를 이해하려면 진술된 의미와 의도된 의미를 모두 수용해야 하고, 이것은 독자가 그의 내면생활의 대부분을 규정하는 단일한 시각에서 벗어나게 한다. 아이러니의 서술 형식은 이런 식으로 인내의 덕을 함양한다.

여기에 더해, 오스틴 같은 그리스도인 작가에게 아이러니 기법은 구체적으로 기독교적 목적을 갖고 있다. 매킨타이어가 설명한 대로, "제인 오스틴의 도덕적 관점과 그녀가 소설을 서술하는 형식은 일치한다. 그녀의 소설들은 아이러니한 희극 형식으로 이루어진다… 그녀는 기독교인이고, 일상이라는 형식에 내포된 인간 삶의 **텔로스**를 본다. 그녀의 아이러니는 등장인물들과 독자들이 애초에 그들이 의도했던 것보다 더 많은 것을 보고 말하게 되어 결과적으로 그들과 우리가 스스로를 교정하게 되는 방식에 있다."[32]

인내 그리고 자기 영혼을 얻음

N. T. 라이트는 인내가 있어야 다른 덕들을 얻을 수 있다고 말한다.[33] 그는 "인내는 믿음과 소망과 사랑이 모두 만나는 장소 중 하

나"라고 썼다.³⁴ 아우구스티누스의 묘사에 따르면, 우리는 인내라는 덕에 기대어 "악한 일들을 차분한 마음으로 견딘다." 이어서 그는 인내하는 사람은 악에 대한 반응으로 다른 악을 저지르는 대신 악을 견디는 쪽을 선택한다고 말한다. 인내는 우리가 "시간의 제약 아래 있는 일시적인" 악에 굴복하지 않고 "더 크고 더 영구적인 좋은 것들"을 지키게 해 준다.³⁵ 인내는 분명 고귀한 덕이다. 인내가 전통적으로 용기의 하위 덕으로 이해된 것은 놀랍지 않다. 아퀴나스는 모든 덕은 "영혼의 선을 지향한다"라고 말하고 다시 이렇게 썼다. "그런데 이것은 주로 인내에 해당하는 말 같다. 성경(눅 21:19)에 이렇게 기록되어 있기 때문이다. '너희의 인내로 너희 영혼을 얻으리라.' 그러므로 인내는 가장 큰 덕이다."³⁶

앤 엘리엇은 오스틴의 모든 캐릭터 중에서 가장 사랑스럽고 훌륭한 인물이다. 엘리자베스 베넷(《오만과 편견Pride and Prejudice》의 주인공─옮긴이)도 사랑스럽지만, 오만을 극복하기 이전의 모습은 전적으로 훌륭하다고 말하기 어렵다. 패니 프라이스(《맨스필드 파크Mansfield Park》의 주인공─옮긴이)와 엘리너 대쉬우드(《이성과 감성Sense and Sensibility》의 주인공─옮긴이)를 오스틴의 가장 훌륭한 두 캐릭터로 꼽을 수도 있겠지만, 이들에게는 열정이 너무 없어서 그리 사랑스럽지는 않다. 앤 엘리엇은 이 두 면모를 다 갖추고 있다. 그녀에게는 자기 통제력self-possessed이 있기 때문에 가능한 일이다. 앤은 인내를 통해 자기 영혼을 얻는다possesses her soul.

Tenth of December

By George Saunders

11

친절

조지 손더스, 〈12월 10일〉

벗에게 친절을 베풀지 아니하는 자,
전능하신 분을 두려워하지 아니하는 자.

욥기 6 : 14 (NIV)

2017년 6월 19일 월요일, 펜실베이니아주 시골의 열다섯 살 소녀가 스스로 목을 맸다.

그녀의 가족은 소녀의 부고에서 사망 원인을 밝히는 흔치 않은 결정을 내렸다. 자살은 언제나 죄책감, 수치심, 그리고 다른 어떤 죽음보다 큰 고통의 짐을 남기기 때문에 유족이 가족의 자살을 이런 공개적 방식으로 인정하는 경우는 드물다. 그러나 부고에 실린 설명에 따르면, 고인의 가족은 사실을 제시하여 소녀의 죽음에 관한 소문을 몰아내기 원했다. 부고는 사망의 원인을 밝히고 이런 배경 설명을 덧붙인다.

여러분이 잠시 시간을 내어 세이디 가족의 구성을 살펴보신다면, 아이 인생의 상당수 사람들이 혈연으로 맺어지지 않았고, 이 아이에게 가족이 필요함을 아셨던 하나님이 아이를 우리에게 보내 주셨다는 사실을 알게 될 것입니다. 세이디는 힘든 삶을 살았지만, 최근 학교에서 벌어진 어떤 사건 이전까지는 인생의 모든 일을 꿋꿋이 감당했습니다. 고등학교에 간다고 그렇게 신나 하던 어린 숙녀에게 끔찍한 일이 일어났습니다. 세이디를 괴롭힌 모든 아이들은, 세이디가 스스로를 무가치한 존재로 느끼게 만드는 데 성공했다는 것을 알아 두길 바랍니다.

부고는, 꽃을 안 보내도 좋으니 "서로에게 친절하기를" 바란다는 가족의 호소로 끝난다.[1]

친절은 자연스럽지도 다정하지도 않다

친절은 다른 덕과 달리, "우리는 대부분의 일상적 상황에서 그것이 무엇인지 알지만, 그렇기 때문에 그것을 회피하기가 더 쉽다."[2] 우리는 "친절에 관해 철저히 양면적"이다. "우리가 스스로 원하는 정도만큼 친절을 베푼 일은 없으면서도, 우리에게 불친절한 사람들에게는 무엇보다 크게 분노한다"는 점에서 그렇다.[3]

> 친절은 우리 대부분에게 자연스럽지 않다.
> 그래서 가르치고 함양해야 할 필요가 있는 덕이다.

친절은 우리 대부분에게 자연스럽지 않다. 그래서 가르치고 함양해야 할 필요가 있는 덕이다. 내가 어릴 때 부모님과 두 명의 선생님은 내게 학급과 동네에서 자주 무시당하거나 소외되는 아이들에게 시간을 내고 관심을 갖도록 '격려했다'(고 쓰고 '압박했다'고 읽기). 그렇게 해야 하는 것이 늘 좋기만 한 것은 아니었지만, 지금은 그에 대해 감사하고 있다. 다른 사람들에게 연민과 관심을 가지라는 가르침은 내 인생의 어른들이 어린 내게 준 커다란 선물이었다. 그런 친절을 특히 '가장 작은 자들'에게 베푸는 사람들은 그것을 받는 이들보다 훨씬 더 복될 것이다.

친절은 섹시하지 않다. 친절은 재치와 매력과 활력으로 사람을 현혹하지 않는다. 우리는 친절한 사람이 되고 싶지는 않으면서 친절한 이들과 함께 있고 싶어 한다. 사람들은 부유한 사람, 아름다운 사람, 힘 있는 사람, 용감한 사람, 지혜로운 사람을 시기한다. 그런데 우리가 친절한 사람들을 시기하는 일이 있던가?

사실, 고전 전통에서 시기라는 악덕은 친절과 반대된다. 이것이 이상하게 보일지 모르지만, 친절이 정말 무엇인지 살펴보면 생각이 달라질 것이다.

친절은 단순한 다정함이 아니다. 요즘에는 친절한kind과 다정한nice이 거의 동의어로 쓰이지만, 두 단어의 역사는 한때 날카롭던 의미의 차이를 보여 준다. 이것을 살펴보는 것은 오늘날에도 유용하다. nice는 '알지 못하는' 또는 '무지한'을 뜻하는 라틴어 단어에서 나왔고, 중세 영어에서는 '지각없는' 또는 '어리석은'을 뜻하게 되었다.[4] 언어학자 헨리 왓슨 파울러Henry Watson Fowler가 특유의 화려한 방식으로 제시한 바에 따르면, kind와 비슷한 nice의 현재 의미가 생겨난 것은 nice를 "너무나 좋아했던 여성들이 그 단어에서 일체의 개별성을 제거하여 모호하고 부드러운 우호성 agreeableness을 퍼뜨리는 단어로 바꿔 버리면서부터였다."[5]

어원으로 볼 때, **친절한**kind의 의미는 단순한 우호성과는 근본적으로 다르다. 참으로, 올바로 이해한 **친절함**은 온갖 종류의 비우호성을 포함할 수 있다. **kind**는 kin친척이라는 단어와 같은 어근에서 나왔다. 그렇다면 친절하다는 것은 누군가를 가족처럼 대한다는 의미이다. 친절의 덕을 보유하는 것은 모든 사람을 가족처럼 대하는 습관을 갖는 것이다.

친절은 사랑과 같다. 우리가 가족 구성원에게 갖는 사랑은 다양한 형태를 띤다. 그것이 늘 성탄절 아침이나 영화 보는 저녁 같을 수는 없다. 그러나 가족에 대한 사랑은 항상 상대방의 선을 추구하고 기뻐한다. 친절의 경우도 마찬가지다. 아우구스티누스가 《하나님의 도성De Civitate Dei》에서 덕스러운 삶에 대해 말한 대로,

친절을 특징으로 하는 삶은 "사회적이고, 자신에 대해 원하는 바를 순수한 마음으로 친구에 대해 바랄 뿐 아니라 친구의 선을 그 자체로 자기의 선처럼 귀하게 여긴다." 아우구스티누스는 이어서 그가 말하는 '친구'가 가족, 일가, 공동체, 세계의 구성원들, 심지어 천사들까지 의미한다고 설명한다.[6] 모두가 친척이다.

시기: 친절의 반대

친절kindness과 혈연kinship, 유대감의 연관성은 시기가 왜 친절에 반대되는 악덕인지 이해하는 데 도움이 된다. 아퀴나스는 시기가 "다른 사람의 선을 슬퍼하는 것"이라고 말한다.[7] 모종의 역기능으로 관계가 훼손된 경우가 아닌 한, 가족 구성원의 행복 또는

> 다른 사람들의 선을 추구하고 기뻐하는 것은 그들을 이런 식으로 가족처럼 대한다는 뜻이다. 이것이 친절함이 의미하는 바다.

성공을 축하하는 것은 자연스러운 일이다. 가족 중 누군가에게 좋은 일이 일어나면, 그런 일이 마치 자신에게 벌어진 것과 같다. 우리는 그 선을 시기하기보다 함께 나눈다. 그러므로 다른 사람들의 선을 추구하고 기뻐하는 것은 그들을 이런 식으로 가족처럼 대한다는 뜻이다. 이것이 친절함이 의미하는 바다.

예수님이 누가복음 10장에서 말씀하신 '선한 사마리아인 비유'는 친절이 무엇인지 잘 보여 준다. 예수님이, 강도에게 폭행당하고 도움을 받은 사람(도운 사람은 종교 지도자들이 아니라 사마

리아인인데, 그는 유대교 율법을 지키지 못했다고 멸시받는 계층에 속한 사람이다)의 이야기를 들려주신 후 던지신 질문은 누가 폭행당한 그 사람에게 이웃으로 행동했는가와 관련이 있다. 이런 맥락에서 이웃은 친척과 아주 유사하다. 우리와 가까이 있는 사람, 우리와 관련이 있는 사람이라는 것이다. 친척kin으로 행동한 사람, 즉 친절하게kindly 행동한 사람은 다들 알다시피 하찮은 사마리아인이었다.

친절에 관한 좀 더 미묘한 또 다른 사실은 두 여인이 한 아기를 두고 서로 자기 아이라고 주장한 사건을 다룬 솔로몬 왕의 지혜로운 판결에서 찾을 수 있다(왕상 3:16-28). 한 여인이 밤중에 실수로 자기 아이를 질식시켜 죽이고는 죽은 아이를 다른 여자의 살아 있는 아이와 몰래 바꾸었다. 솔로몬 왕은 두 여인 중 누가 살아 있는 아이의 친모인지 알 수 없으니, 아이를 둘로 쪼개어 여인들에게 반씩 나눠 주는 것으로 간단히 문제를 해결하겠다고 말했다. 이 끔찍한 해결책에 동의한 여자는 아이 어머니가 아닌 것이 분명했다. 그녀는 자신에게 더 이상 없는 것을 다른 여자가 가지느니 살아 있는 아이가 죽는 쪽이 낫다고 여겼다. 그런 반응은 그녀의 시기뿐만 아니라 그녀와 아이가 혈연이 아니라는 사실을 드러낸다. 아이의 진짜 엄마는 다른 여자가 아이를 갖는다 해도 아이의 선, 즉 아이의 생명이 지켜지길 원했고, 그럼으로써 아이와의 혈연과 친절 모두를 드러냈다.

썩 다정한 이야기는 아니다. 그러나 친절을 보여 주는 이 이야기는 친절이 언제나 **다정하지는**nice 않다는 것도 보여 준다. 친절이 누군가를 가족처럼 대하는 일이라면, 가족들이 처하는 여러 다양한 상황, 조건, 환경에서 서로에 대한 사랑을 보여 주는 온갖 다양한 방식을 아우를 수밖에 없다. 가족 구성원을 사랑하기 위해 때로는 온유함이 있어야 하고, 때로는 엄격함이 필요하다. 많은 경우 관용이 있어야 하고, 정직과 진실은 항상 필요하다.

이것은 친절함과 다정함의 또 다른 차이이다. 다정함은 진실과 본질적인 연관성이 없다. 참으로, 무지와 어원적으로 이어져 있는 다정함은 진실과 아무 연관성이 없을 수도 있다. **nice**의 현재 의미—유쾌한 또는 즐거운—조차도 진실과 상충할 수 있

> 친절은 가족들이 처하는 여러 다양한 상황, 조건에서 서로에 대한 사랑을 보여 주는 온갖 다양한 방식을 아우를 수밖에 없다.

다. 진실은 종종 즐겁지도 유쾌하지도 않다. 새로운 헤어스타일이 매력적이지 않아도 단순히 알고 지내는 정도의 사람은 매력적이라고 말하는 다정함을 베풀겠지만, 진짜 친구는 가족에 더 가까운 사람이기에 다른 스타일이 더 잘 어울린다고 친절하게 지적할 것이다. 친절의 덕은 진실과 간단히 분리할 수 없다.

잔인할 만큼 친절한

"가혹한 진실조차도 우리를 거짓에서 진실로 빠르게 옮겨 준다는 의미에서 자비로울 수 있다."[8] 오늘날 가장 뛰어난 작가 중 한 사람인 조지 손더스의 설명이다. 풍자가인 손더스는 교정을 목표로

악덕과 어리석음을 유머러스하게 대하지만, 그의 풍자는 헨리 필딩의 《톰 존스의 모험》에서 본 것처럼 단순하지가 않다. 고전적 풍자가는 상황 바깥에 자리를 잡고 판단을 내린다는 점에서 《톰 존스의 모험》 속 전지적 화자와 상당히 비슷하다. 그러나 손더스는 몸을 굽히고 자신의 등장인물들 속으로 들어가 그 안에 살면서, 멀찍이서 조롱하지 않고 진실한 자애의 본을 보여 등장인물과 독자 모두의 오류를 바로잡는다.

어느 인터뷰에서 손더스는 "풍자란 '나는 이 문화를 사랑한다'고 말하는 한 가지 방식"이라는 그의 말에 관해 질문을 받았다. 그는 이렇게 설명했다. "자신이 좋아하지 않는 대상을 풍자하는 데 충분히 깊이 참여하기는 어렵습니다. 그것은 조롱일 뿐이지요. 풍자는 일종의 미끼 상술이라는 게 제 생각입니다. 어떤 것을 풍자하기로 결정하면 그것을 오랫동안 충분하게 골똘히 쳐다봅니다. 그러면 뭔가 참되고 재미있는 것, 어쩌면 성나거나 비판적인 내용을 말할 수 있게 되지요. 그러나 먼저 그것을 오랫동안 응시해야 합니다. 제 말은, 응시는 사랑의 한 형태라는 것입니다. 그렇지 않습니까?"[9]

손더스는 자신이 어렸을 때만 해도 사람들에 관한 우스운 이야기를 하는 것이 가정생활과 사회생활의 일부였다고 말한다. 표면상으로는 "그냥 한번 웃거나 누군가를 놀리려"는 것이 목적이었지만, 그가 말하는 소위 그 "선문답 같은 작은 이야기들" 배후에는 "좀 더 심오한 질문들이 똬리를 틀고 있었다. 우리는 누구인가, 도대체 우리는 여기서 무엇을 하고 있는가, 어떻게 사랑해야 하는가, 어떤 것을 귀하게 여겨야 하는가, 이 눈물의 베일을 어떻게 이해해야 하는가?"[10]

손더스는 2013년 시라큐스대학교에서 한 졸업 연설이 입소문을 타면서 기존의 인상적인 문학적 평판(그는 세계에서 가장 저명한 문학상을 다수 수상했다)을 훌쩍 넘어서 폭발적으로 명성이 높아졌다. 그 연설의 가장 감동적이고 기억에 남는 대목에서 손더스는 졸업생들에게 이렇게 말했다. "제 인생에서 가장 뉘우치는 것은 **친절에 실패한 순간들**입니다." 손더스는 그 실패의 순간들을 설명해 나간다. "다른 사람이 거기, 제 앞에서 고통받고 있는데, 제가… 분별 있게 반응한 순간들입니다. 신중하게. 조심스럽게 말이지요."[11]

> 친절하다는 것은 분별 있고 신중하고 조심스럽게 행동하는 것보다 훨씬 많은 것을 의미한다. 다정함보다 훨씬 많은 것을 의미한다.

친절하다는 것, 가족처럼 대한다는 것은 분별 있고 신중하고 조심스럽게 행동하는 것보다 훨씬 많은 것을 의미한다. 다정함보다 훨씬 많은 것을 의미한다.

가족 구성원들이 서로를 위해, 서로 모여 어떻게 하는지 생각해 보라. 가족 구성원들은 같은 공간에 살면서 식사를 같이 한다. 화장실과 침실을 함께 쓴다. 서로의 몸에서 나는 소리를 듣고 냄새를 맡는다. 마지막 남은 레드 벨벳 컵케이크를 누가 먹을지, 누구를 대통령으로 뽑을지, 거실 깔개에 쏟아진 개의 토사물을 누가 치울지를 놓고 입씨름을 한다. 그들은 서로에 관한 재미있고 민망한 이야기들을 공유한다. 서로의 기억을 서로 나눈다. 그들의 이야기는 오랜 세월에 걸쳐 두고두고 전해지다가 나중에는 누가 그 경험을 했고 누가 보고 전해 주었는지 모를 지경이 된다. 가족은 나이가 어린(또는 나이가 훨씬 많은) 구성원의 코를 닦아 주고 기저귀를 갈아 준다. 그들은 새 구성원이 태어나고, 성공하고, 사랑을 찾고, 늙어 가고, 병들고, 죽음을 맞을 때 서로 함께한다.

이것이 손더스의 문학 기술에 스며 있는 지독히 현실적인 친절이다. 그의 이야기들은 종종 괴이하고, 심지어 초현실적이다. 거기에는 음란하고 불경한 요소들도 있다. 이런 거북한 외양이 눈에 거슬려 손더스 예술의 중심적 특성인 친절을 알아보기가 힘든 이들도 있을 것이다. 그러나 친절은 본질적으로 진실과 이어져 있기에 **실재**에 근거해야 한다. 덕을 상실한 문화에서는 친절을 돋보이게 만드는 배경이 아주 어두울 것이다. 그런 시대에는 친절의 빛이 조금만 있어도 환하게 타오르는 법이다. 친절에 대한 한 정신분석학 연구에 따르면, "신—스스로 취약하지 않기에 우리를 보호할 능력이 있는 존재—을 믿지 않으면 우리는 자신의 상대적 무력함과 서로의 필요성을 직시할 수밖에 없다. 어쩌면 이것이 세속화가 초래한 여러 위험 중 하나인지도 모른다."[12]

손더스의 단편 〈12월 10일Tenth of December〉(2013)에서는 그런 위험 가운데 피어난 친절이 친절을 받는 사람들뿐 아니라 친절을 베푸는 사람들도 변화시킨다.

> 그러나 친절은 본질적으로 진실과 이어져 있기에 **실재에** 근거해야 한다.

숲속으로

〈12월 10일〉은 12월의 어느 추운 날 어린 소년 로빈이 숲속으로 들어가 상상의 모험에 나서는 장면으로 시작된다. 이 모험에서 로 빈은 곤경에 빠진 소녀(그의 상상 속에서 이 역할을 맡은 예쁜 급 우는 로빈의 이름조차 모른다)를 구하는 영웅 역할을 한다. 자신이 지어낸 모험을 펼치는 로빈의 생각을 따라가 보면, 그가 학교에서는 놀림을 받지만 집에서는 사랑을 받는다는 것을 알 수 있다. 로빈은 눈 속에서 마침내 어떤 (진짜) 발자국을 발견하고 그것을 상상의 모험에 엮어 넣는다. 발자국을 따라간 끝에 그는 아직 체온이 남아 있는 겨울 코트가 버려져 있는 것을 발견한다. 그러자 본능적 친절이 발동하고 생기가 돈다. "여기서 뭔가 잘못됐어." 로빈은 그 사실을 깨닫고 이렇게 생각한다. "이런 날씨엔 코트를 입어야 해. 그 사람이 어른이라고 해도 말이야."[13] 코트의 주인은 돈 에버. 쉰세 살의 말기 환자인 그는 목숨을 끊을 요량으로 숲속으로 들어왔던 것이다.

이 이야기는 삼인칭 서술과 의식의 흐름 기법을 놀랍게 결합하여 로빈의 관점과 돈의 관점을 이리저리 오간다. 각 캐릭터의 고유한 목소리를 포착해 내는 손더스의 탁월한 기술 덕분에 우리는 사건들을 경험하고 처리하는 그들의 내면세계로 들어갈 수 있다. 이렇게 해서 독자는 사건이 일어날 때 캐릭터가 마음속으로 스스로에게 말하는 내용을 직접 경험하게 되는데, 현실에서 우리가 머릿속에서 우리 이야기를 하는 방식으로 상황을 재창조하는 기법이 쓰인 것이다.

하지만 독자는 캐릭터들이 아는 내용보다 더 많은 것을 안다. 우리는 캐릭터의 머리 안팎에 동시에 존재한다. 그렇게 해서 세 가지 이야기를 동시에 볼 수 있다. 로빈의 이야기, 돈의 이야기, 그리고 그들 내면의 경험 너머의 세계에 대한 더 큰 이야기. 우리는 로빈과 돈이 상상하는 이야기들에 참여하여 공감하고 연대감을 느끼면서도 그들의 이야기 너머를 보고 그들 이야기의 한계와 왜곡된 지각을 인식한다. 그런데 우리 자신의 삶에 대해 자신에게 들려주는 우리 이야기에도 동일한 종류의 한계와 왜곡된 지각이 자리 잡고 있다.

서술 관점이 돈의 시각으로 바뀜에 따라, 우리는 그가 가족을 사랑하고 자신의 고통으로 인한 가족의 짐을 덜어 주고 싶어 한다는 것을 알게 된다. 그것이 아내와 가족을 사랑하는 남편과 아버지가 하는 일이라고 생각한다. "사랑하는 사람들의 짐을 덜어 줘야지."[14] 그 역시 로빈처럼 영웅이 되고 싶어 한다.

물론 그것이 전부는 아니다. 돈은 고통받고 있고, 그의 고통은 나날이 커질 것 같다. 목숨을 끊는 것은 그가 통제력을 행사하고 "미래의 모든 치욕"을 미연에 방지하는 길이다.[15] 돈은 그가 어릴 때 친절하지 않았던 아버지를 생각한다. 돈의 아버지와 그 친구는 "아내를 맞바꾸고 결국 맞바꾼 아내들마저 버린 뒤 함께 캘리포니아로 도망쳤다." 그는 자신과 엄마를 떠난 그들을 용서하고 그 대가로 "남자다운 유익한 조언"을 듣는 상상을 한다.[16] 그는 새아버지 앨런도 생각한다. 앨런은 돈에게 좋은 아버지였고, 돈의 엄마에게는 좋은 남편이었다. 병들기 전까지는 그랬다. 치매가 시작되면서 앨런은 거의 괴물로 변했다. 돈은 이런 두려운 상황을 자살로 피하고 싶어 한다. 질병 때문에 자신이 괴물이 되고 가족들도 괴로운 일을 당하기 전에.

그는 아내가 그의 약을 타러 집을 나간 틈에 탈출의 기회를 잡는다. 아직은 짧은 거리를 운전해서 숲속으로 걸어 들어가 목숨을 끊을 힘이 (간신히) 남아 있었다. 그는 지금 끝내고 싶어 한다. "깨끗이. 깔끔하게."[17] 그것은 "상황을 존엄하게 끝낼 수 있는 믿기 어려운 기회"이다.[18]

일상의 친절이 가장 위대한 영웅적인 행위일 수 있음을

로빈과 돈 모두 자신이 지금 하고 있는 행동이 영웅적이라고 상상한다. 그러나 두 인물의 길이 만나는 순간, 일상의 친절이 가장 위대한 영웅적인 행위일 수 있음을 그들도 독자도 알게 될 것이다. 친절은 이야기의 결과를 바꿔 놓을 다른 사람들을 끌어들이고, 그로 인해 이야기는 우리가 상상하던 것과 달라진다.

돈은 자신의 코트를 들고 자신을 찾아 나서는 소년을 지켜본다. 그리고 정신이 약해진 상태였지만, 자신이 만들어 내려는 죽음의 장면을 아이가 우연히 목격할 생각에 고민한다. 그는 아이에게 트라우마를 남겨 주고 싶지 않다. 그도 두 아이를 둔 부모다. 지금은 모두 장성했지만. 그가 목숨을 끊을 생각을 한 것은 "사랑하는 사람들에게 평생 잊을 수 없는 고통스러운 마지막 모습"[19]을 남겨 주지 않으려는 마음 때문이다. 그런데 여기에 한 소년이 있다. 그의 가족이 아니라 전혀 모르는 아이다. 그가 계획대로 여기 숲속에서 자살을 하면, 우연히 그를 발견하게 될 이 아이, 낯선 아이에게 어쩌면 평생 잊히지 않을 고통스러운 심상을 새겨 주게 될 것이다. "그건 아이에게 큰 상처가 될 수 있어." 돈은 그렇게 생각한다.[20] 그는 어렸을 때 아버지가 엄마가 아닌 여자와 벌거벗고 있는 사진을 발견하고 큰 충격을 받았던 일을 기억한다.

돈이 자신의 자살 계획을 가로막는 이 뜻밖의 장애물 앞에서 어떻게 해야 할지 생각하는 동안, 소년이 그를 찾아서 코트를 갖다주려고 시도하다가 연못 얼음 사이로 빠지는 광경이 갑자기 눈에 들어온다. 돈의 몸과 마음과 정신은 병들고 약한 상태이지만 그는 이렇게 반응한다.

한밤중에 병상에서 잠이 깨어 이건 현실이 아니야, 이건 현실이 아니야 하며 죽어 가던 그가 갑자기 예전 모습을 조금이나마 되찾았다. 바나나를 냉동실에 넣어 두었다가 꺼내 조리대에 놓고 부순 다음 그 위에 초콜릿을 붓던 남자, 폭풍우가 쏟아질 때 조디의 교실 창밖에 서서 그 아이가 학급 문고에 있는 책들을 보지 못하게 밀어내는 못된 빨간 머리 아이와 어떻게 지내는지 지켜보던 남자, 대학 시절 새 모이통에 그림을 그려 주말에 볼더에서 광대 모자를 쓰고 작은 묘기를 보여 주면서 그것을 팔던 남자….

그는 다시 쓰러지려다 몸을 가누어 웅크린 자세를 잠시 유지하는가 싶더니 앞으로 고꾸라지면서 얼굴을 박고 엎어졌다. 나무뿌리에 턱을 부딪쳤다.

웃어야 한다.

정말 거의 웃을 뻔했다.

그는 일어났다. 고집스럽게 일어났다.[21]

돈은 모르는 사람의 목숨을 구하기 위해 죽음을 포기하면서 진정한 자신을 되찾는다. 분명히 죽어 가고 있지만 자신의 생명을, 자신이 살아 있음을 잊지 않는 그를 되찾는다. 소년을 향한 그의 친절kindness은 가족과의 혈연kinship을 떠올리게 한다. 그가 사나 죽으나 변함없이 이어져 있는 그들과의 연대를.

돈이 마침내 연못에 이르렀을 때, 소년은 자력으로 연못가에 이르렀지만 저체온증으로 목숨을 잃을 위험에 처해 있다. 돈은 소년의 젖은 옷을 벗기고(그 과정에서 여러 해 전, 자신의 아이들을 재우려고 아이들 옷을

> 돈은 모르는 사람의 목숨을
> 구하기 위해
> 죽음을 포기하면서
> 진정한 자신을 되찾는다.

벗기던 일을 떠올리며) 자신의 겉옷을 벗어 소년에게 입힌다. 그러고는 "아버지처럼 근엄한 목소리로" 집으로 가라고 재촉한다.[22]

로빈은 돈과 헤어져서 들판을 가로질러 집으로 달려가다가 중요한 전환점이 되는 현현을 경험한다. 물에 빠져 죽을 뻔하고 얼어 죽을 뻔했던 충격에서 헤어나지 못한 그는 자신의 물리적 곤경을 제대로 기억하거나 파악하지 못한다. 그러나 그날 자신이 숲속으로 들어간 이유, 즉 공상 놀이에 몰두한 것이 한낱 어리석은 짓이었음을 문득 차분히 깨닫는다. 그는 "현실에서 자신을 로

지(로빈이 아닌)라고 불렀던 여자애랑 머릿속으로 대화하는 것"이 얼마나 "어리석은" 일인지 알게 된다.[23]

　사춘기 소년 로빈의 작은 현현은 이 이야기의 더 큰 현현을 가리킨다. 그 안에서 이야기의 모든 의미가 정점에 이른다. 로빈이 낭만적이고 환상적인 생각을 버리는 것은 돈이 이날, 이 평범한 날인 12월 10일의 결과로 얻게 되는 현현과 유사하다.

숲 밖으로

온기를 포기하고 로빈에게 자기 옷을 입혀 준 뒤 추위에 떨고 있던 상태로 로빈의 엄마에게 발견되기 직전, 돈은 목숨을 끊음으로써 가족에게 보탬이 될 거라는 생각이 얼마나 잘못된 판단이었는지 깨닫는다. "어린 두 아이를 남겨 놓고 갈 수는 없었다."[24] 그는 실상을 깨닫고 기겁을 한다. "이 무슨 잔인한 짓이란 말인가. 그게 얼마나 잔인한 짓인지 그는 문득 분명하게 깨달았다. 그리고 얼마나 이기적인 짓인지. 맙소사."[25] 로빈의 엄마는 아들의 목숨을 구해 준 낯선 사람, 돈을 집으로 데려간다. 그곳에서 돈은 자기 생명과 아이의 생명을 선택함으로써 자신이 무슨 일을 했는지 깨닫기 시작한다. 그는 새로운 삶의 기쁨으로 가득 찼다. "기막힌 일이었다. 눈 속에서 속옷 차림으로 죽어 가고 있었는데, 이런 곳에 오다니! 온기가 있고, 색깔이 있고, 벽에는 사슴뿔이 걸려 있고, 무성영화에나 나올 법한 구식 크랭크 전화기가 있는 곳. 놀라웠다. 매 순간이 놀라웠다. 그는 눈 쌓인 연못가에서 팬티만 입은 채로 죽지 않았다. 그 아이도 죽지 않았다. 그는 아무도 죽이지 않았다. 하! 어쨌든 그는 모든 것을 되돌려 놓았다. 이제 모든 것이 좋았다."[26]

로빈이 방 안으로 들어온다. 수줍어하고 여전히 떨고 있다. 로빈은 돈의 손을 잡고 무서워서 달아난 것을 사과한다. 그러자 돈은 이렇게 대답한다. "넌 아주 잘했다. 완벽하게 해냈어. 아저씨가 지금 여기 있잖아. 이게 누구 덕분인데?" 그다음 돈은 이런 생각을 한다. "그렇다. 그는 이런 것도 할 수 있다. 이제 아이는 기분이 좀 나아졌겠지? 그가 그렇게 만들어 준 것이다. 그것이 한 가지 이유가 될 수 있다. 이 세상에 남아야 하는 이유. 그렇지 않은가? 남지 않으면 누군가를 위로할 수도 없지 않은가? 떠나 버리면 아무것도 할 수 없지 않은가?"[27]

이것은 돈에게 찾아온 현현의 바깥면에 불과하다. 내러티브가 끝나감에 따라 독자는 이야기의 중심으로 다가간다. 생명을 선택하는 일은 살아남아서 다른 사람들에게 사랑을 베푸는 것 이상의 의미를 담고 있다. 물론 사랑을 베푸는 것은 삶의 대단히 귀중한 부분이다. 그러나 생명을 선택하는 것은 사랑을 받겠다는 선택이기도 하다. 그의 아내가 사라진 남편을 찾아 로빈의 집에 도착했을 때, 그녀는 한 인간이 알 수 있는 모든 감정에 시달리고 있었다.

> 그녀가 사과를 하며 허둥지둥 들어왔다. 조금은 화가 난 얼굴, 그가 아내를 창피하게 만들었다. 그는 그것을 깨달았다. 그가 이런

짓을 저질렀다는 긴 그에게 그녀가 필요할 때 그녀가 눈치채지 못했다는 뜻이니 창피할 수밖에 없었다. 그녀는 그를 간호하느라 바쁜 나머지, 그가 얼마나 두려워하고 있는지 눈치채지 못했던 것이다. 그녀는 어리석은 짓을 저지른 그에게 화가 나 있었고, 이렇게 위급한 상황에서 그에게 화를 내는 자신이 창피했고, 지금은 시급한 일을 처리하기 위해 분노와 창피함을 잠시 미뤄 두려 애쓰고 있었다.

이 모든 것이 그녀의 얼굴에 드러나 있었다. 그는 그렇게나 그녀를 잘 알았다. 그리고 걱정도.[28]

"친절은 사람들을 우리가 이해할 수 있는 정도 이상으로 알 수 있는 방법이다."

그는 그녀를 그렇게나 잘 알았다. "친절은 사람들을 우리가 이해할 수 있는 정도 이상으로 알 수 있는 방법이다."[29] 친절은 "다른 사람들의 취약함을 품는, 그럼으로써 자신의 취약함까지 품는 능력"이다.[30] 그런 앎과 알려짐은 함께하는 지루한 일상을 통해서만 주어진다.

결혼 초에 그들은 자주 싸웠다. 정신 나간 말들을 퍼부어 댔다. 지나고 나면 눈물을 쏟기도 했다. 침대에서 눈물을 쏟았다고? 다른 곳에서 쏟고 왔다. 그러고 나면 그들은 … 몰리는 축축하고 뜨거운 얼굴을 그의 축축하고 뜨거운 얼굴에 갖다 댔다. 미안해, 하고 그들은 몸으로 말하고 서로를 다시 받아들였다. 그 느낌, 몇 번이고 다시 받아들여지는 느낌, 새로이 어떤 결점이 드러난다고 해도 그것까지 모두 포용할 만큼 누군가 나를 사랑해 주는 느낌, 그것은 가장 깊고도 가장 소중한….

그 사랑스런 얼굴에서 걱정이 다른 모든 감정을 압도하고 있었다. 이 낯선 집에서 이제 그녀가 바닥의 턱에 발이 걸려 비틀거리며 그에게 다가왔다.[31]

낯선 이의 집과 사랑의 유대감 사이의 연관성은 강력하고 역설적이다. 친절은 "우리가 갈망하면서도 두려워하는 방식으로 다른 사람들의 세상(과 세상들)에다 우리를 열어젖히게 한다."[32] 친절은 우리를 취약하게 만든다. 그것은 우리의 상호 의존성을 인정하는 일이기에 위험하다.[33] 하지만 "우리의 공통점"이 바로 "우리의 취약성이다."[34] 친절은 우리 머릿속에 있는 이야기 속으로 다른 사람들을 끌어들인다. 이것은 그들의 삶과 우리 삶을 예측할 수 없는 방식으로 바꿀 수 있다.

> 친절은 우리 머릿속에 있는 이야기 속으로 다른 사람들을 끌어들인다.

앞부분, 그러니까 아내와 재회하기 직전에 돈은 한 번 더 멈춰서 자신이 정말 삶을 이어 가고 싶은지 따져 본다. 자신에게 남은 날이 얼마 되지 않고 그나마도 큰 고통으로 가득할 것임을 알고 있었기 때문이다. 그는 이렇게 생각한다. '맙소사. 앞으로 겪어야 할 온갖 일이 고스란히 남아 있구나.'

그래도 삶을 원하는가? 그래도 아직 살고 싶은가?

그래, 그렇다. 오, 하나님, 살고 싶습니다.

그는 이제야 깨달았다. 이제야 겨우 깨닫기 시작했다. 설령 자기가 무너져 내려 몹쓸 말을 지껄이거나 몹쓸 짓을 한다 해도, 혹은 도움을, 그러니까 아주 큰 도움을 받아야 한다 해도 상관없었기 때문이다. 그게 뭐? 그게 뭐 어쨌단 말인가? 이상한 말을 하면 안 된단 말인가? 이상하거나 흉측해 보이면 안 될 이유라도 있는가? 다리로 똥이 흘러내리면 안 되는가? 사랑하는 사람들이 그를 들어 주고 굽혀 주고 먹여 주고 닦아 주는 게 뭐 어떻단 말인가? 입장이 바뀌었다면 그도 기꺼이 그들에게 그런 일을 해 줄 텐데 말이다. 다른 사람들이 그를 들어 주고 굽혀 주고 먹여 주고 닦아 주면 초라해질까 봐 두려웠지만, 그리고 지금도 두렵지만, 한편으로는 아직 많은 것이, 많은 선의 방울들로 다가올 많은 행복의 방울들이, 많은 유대의 방울이 남아 있음을, 그런 유대는 예나 지금이나 거부해선 안 된다는 것을 이제 깨달았다.[35]

나는 이 대목을 여러 번 읽었다. 그때마다 이 내용이 사무치게 다가온다.

음, 나는 죽는 것이 끔찍하게, 너무나 끔찍하게 무섭다. 내가 죽는 것과 다른 사람들이 죽는 것과 동물들이 죽는 것이 무섭다. 앞으로 누군가가 들어 주고 굽혀 주고 먹여 주고 닦아 주는 처지가 될까 봐 무섭다. 피와 체액과 고통과 통증이 무섭다. 약해지고 병들고 움직이지 못하고 치매를 앓고 눈멀고 귀먹는 일이 두렵다.

그중 하나라도 나에게 닥칠까 봐, 내가 사랑하는 사람들에게 닥칠까 봐 두렵다.

나는 이런 두려움이 자연스럽고 정상적인 것임을 안다. 하지만 이런 두려움은 젊음, 아름다움, 건강, 그리고 무엇보다 생산성을 우상화하는 문화의 거짓된 가치관 때문에 증폭된다. 나는 프로테스탄트 노동 윤리에 따라 양육을 받았고, 생산성은 내가 사랑하는 언어다. 이런 가치들은 우리 마음에 흡수되어 우리가 삶을 결정하는 방식에 그대로 나타난다. 그리고 우리가 죽음을 결정하는 방식에도.

자살은 내 가족과 내게 큰 타격을 주었다. 시아버지의 죽음은 돈 에버가 계획했던 죽음처럼 으스스했다. 돈과 달리, 시아버지는 본인의 계획을 실행에 옮기셨다. 지나칠 정도로 극기심과 독립심이 강하시던 그분은 시한부 선고를 받았을 때 자신이 할 수 있는 가장 합리적인 일이 본인이 자주 다니시던 숲속에서 가끔 발견하던 덫에 걸린 동물들처럼 자신을 대하는 것이라고, 즉 고통에서 벗어나게 해 주는 것이라고 생각하셨다.

시아버지는 돈처럼 아내가 잠시 볼일을 보러 나가서 집에 홀로 남을 때까지 기다리셨다. 그리고 자신이 어차피 죽음을 맞이할 장소가 될 집에서 계획을 실행에 옮기셨다. 돈 에버는 자신이 자살한 장면이 그것을 우연히 보게 될 사람들에게 얼마나 큰 충격을 줄지 제때 깨달았지만, 내 시아버지는 그렇지 못했다.

그분이 내 남편을 포함한 장성한 자녀들에게 남긴 물리적 충격은 군인들이 전쟁 중에 겪은 일에 대해 도무지 말하지 못한 채 평생토록 안고 살아가는 충격과 같은 것이다. 남은 아내와 자녀들은 죄책감을 짊어진 채 그분이 그런 선택을 내리지 않도록 어떤 일을 해야 했는지 자문해야 했다. 그리고 남편은 성인이 된 이후 거의 평생을 아버지 없이 헤쳐 나가야 했다.

너무 아프거나 두렵거나 우울해진 나머지 자신이 없으면 가족들의 형편이 나아질 거라고 생각하는 이들이 있을 것이다. 돈 에버가 알게 된 것을 그들도 알게 되었으면 너무나 좋겠다. 돌봄의 대상이 우리 몸이든 다른 사람의 몸이든, 우리가 한동안 거하는 육신을 돌보는 일은 삶에서 중요한 것을 하지 못하게 가로막는 방해 요소가 아니다. 그것 자체가 바로 삶의 본질이다.

죽음을 택하는 대신, 서로에게 친절하라.

Revelation, Everything That Rises Must Converge

—————— By Flannery O'Connor ——————

12

겸손

플래너리 오코너, 〈계시〉 〈오르는 것은 모두 한데 모인다〉

그러므로 하나님의 능하신 손 아래에서 겸손하라
때가 되면 너희를 높이시리라

베드로전서 5 : 6

"터핀 부인은 언제나 사람들의 발을 살폈다."[1]

　　모든 뛰어난 픽션 작가가 그렇듯, 플래너리 오코너는 말하기보다는 보여 준다. 그녀는 그 일을 절묘하게 잘 해낸다. 이런 기술 때문에 그녀의 이야기는 첫눈에 이해하기가 아주 어려울 수 있다. 오코너는 독자들에게 많은 말을 하기를 거부한다. 대신 예리한 눈과 고화질 렌즈를 갖춘 사진가처럼, 그녀는 자신의 캐릭터들의 실상을 보여 주는 세부 내용들을 포착하여 독자가 의미라는 알맹이를 싼 구체적 껍데기, 신비를 드러내는 양식에 관심을 집중하게 만든다. 참으로, 오코너가 글쓰기 배후의 사고방식과 기법을 다룬 에세이와 강연 모음집《신비와 양식樣式 Mystery and Manners》에서 설명하는 대로, 양식(만질 수 있고 관찰 가능한 세부 내용들)은 참으로 존재의 신비(본질, 진리, 보편자)를 드러낸다. "터핀 부인은 언제나 사람들의 발을 살폈다"라는 단순한 몇 단어가 오코너의 단편 〈계시Revelation〉에 등장하는 주인공의 본질을 포착해 낸다. 또한 이 단어들은 그녀의 핵심 문제도 간파한다. 누군가의 발을 보려면 그 발을 내려다봐야 한다. 터핀 부인은 모든 사람을 내려다본다.

우리는 모두 터핀 부인이다

루비 터핀의 주된 죄는 오코너 소설의 많은 등장인물처럼 교만pride이다. 루비의 경우 이중의 아이러니가 있다. 첫째, 자신이 겸손하다고 생각하지만 그렇지 않다. 둘째, 그녀가 다른 사람들을 심판하는 잣대로 삼는 특성들이 그녀 자신에게도 있다. 그러나 이것은 보편적 진실이고, 오코너가 특정한 사례를 통해 드러내는 미스터리다. 그러니 우리 중 누구도 다른 사람을 내려다볼 이유가 없다. 하지만 우리는 다른 사람을 내려다본다. 우리는 모두 터핀 부인이다.

> 인간은 누구나 자부심과 씨름한다. 자부심이 너무 적은 사람은 소수이고, 대부분은 너무 많다.

인간은 누구나 자부심과 씨름한다. 자부심이 너무 적은 사람은 소수이고, 대부분은 너무 많다. 물론 자신이 한 일이나 자녀를 자랑스러워하는 것처럼 좋은 의미의 자부심이 있다. 아리스토텔레스가 덕이라고 말한 자부심은 이런 종류의 자부심을 의미한다. 기독교 전통에서는 교만을 이런 좋은 자부심의 과도함, 아리스토텔레스 식으로 말하면 **허영**으로 이해한다. 아리스토텔레스주의 전통과 기독교 전통 모두 스스로에 대한 균형 잡힌 존중을 요구한다. 아퀴나스는 교만을 "과도한 자기 사랑"이라고 간단히 정의하는데, 그의 설명에 따르면 "모든 사람의 의지는 자기 분수에 맞는 것을 추구해야 한다." 그러므로 교만은 올바른 이성에 역행한다.[2]

교만은 단순하고 인간적인 것일 수도 있지만 치명적인 악덕이다. 아퀴나스에 따르면, 교만의 뿌리는 하나님에게 순복하지 않음에 있고, 따라서 교만은 "모든 죄의 시작"이다.[3] 교만은 루시퍼가 타락한 원인이라고 하는데, 그자는 하나님의 보좌로 올라가서 가장 높으신 분과 같아지려고 했다(사 14:12-15). 교만은 아담과 하와의 죄다. 그들은 금단의 열매를 먹음으로써 하나님처럼 되려고 했다(창 3:5). 신약성경은 이렇게 가르친다. '하나님은 교만한 자를 대적하시되 겸손한 자들에게는 은혜를 주시느니라'(벧전 5:5). 6세기의 교황 그레고리우스 1세가 교만을 "악덕들의 뿌리", 7대 죄 중에서도 가장 치명적인 죄라고 부른 것은 당연한 처사다.[4] 교회사 내내 사람들은 교만을 그렇게 인식했다.

> 겸손이 없으면,
> 우리는 다른 덕들을
> 기를 수 없다.

따라서 오랫동안 도덕철학자들은 교만에 반대되는 덕인 겸손이 다른 모든 덕의 기초라고 여겼다.

요한 크리소스토무스Johannes Chrysostomus*는 겸손을 "모든 선한 것들의 어머니, 뿌리, 유모, 토대, 끈"이라고 말했다. "이것이 없으면 우리는 가증스럽고 형편없고 더러운 존재일 뿐이다."[5] 또 피터 크리프트Peter Kreeft는 "가장 큰 덕이 가장 큰 악덕에서 우리를 지켜 준다"[6]라고 썼다.

겸손이 없어 창조 질서 안에서 우리의 적절한 위치를 이해하지 못하면, 우리는 다른 덕들을 기를 수 없다. 겸손 없이는 그리스도께 나아갈 수 없고, 참된 지식을 추구할 수 없다. 아우구스티누스는 그의 편지에서 진리로 가는 길이 겸손에서 시작해서 겸손으로 끝난다고 썼다.

그런 식으로 첫째도 겸손, 둘째도 겸손, 셋째도 겸손입니다. 제게 조

---

* 347(?)–407, 그리스 교부, 설교가 뛰어나 '황금의 입'(크리소스토무스)이라고 불렸다 – 옮긴이

언을 구하실 때마다 이 대답을 반복할 것입니다. 드릴 만한 다른 조언이 없어서가 아니라, 우리가 수행하는 모든 선행에 겸손이 앞서고 동행하고 뒤따라 우리가 그것을 늘 명심하고, 그것이 우리가 붙잡을 지지대와 우리를 견제하는 감시자가 되지 않으면, 교만이 우리가 자축하는 모든 선행을 우리 손에서 빼앗아 가기 때문입니다.[7]

그러나 진정한 겸손이 무엇인지 우리가 알까?《오만과 편견》속 피츠 윌리엄 다아시는 이렇게 말한다. "세상에서 가장 기만적인 것은 겸손해 보이는 태도입니다. 그건 흔히 자기 생각이 없는 것에 불과하고, 가끔은 은근한 자기과시일 뿐이지요."[8] 거짓 겸손은 너무 흔해서 우리는 겸손의 현장을 보면서도 종종 그것을 불신한다. 탁월한 뭔가를 해내고는 하늘을 가리키는 유명 인사나 운동선수, 소셜 미디어에 올린 '겸손을 가장한 자랑humblebrag'("러시아어를 배우는 게 너무 힘들어요. 프랑스어, 스페인어, 일본어는 이렇게 힘들지 않았는데!"), 더 명예로운 자리를 수락하면서 "겸허한 마음이 든다"라고 의례적 인사를 하는 공인, 자신이 더 매력적이고 친근하게 보이도록 만들 뿐인 작고 흔한 죄를 공석에서 극적으로 고백하여 스스로를 '겸허하게 낮추는' 교회 지도자, 이 사례 중 어느 것도 진짜 겸손이 실제로 얼마나 **굴욕적인지** 보여 주지 않는다.

겸손은 발을 땅에 딛는 것이다

종종 그렇듯, 단어의 어원을 살펴보는 일은 유용하다. 내가 단어를 좋아하는 이유는 단어들의 이야기가 해당 개념을 더 깊이 이해하게 해 줄 뿐 아니라 관념과 세계관의 역사에 관해 아주 많은 것들을 드러내기 때문이다. **겸손**humility 이 그런 단어다. humility의 오래된 어근은 자매어인 **humble**과 함께 '흙' 또는 '땅'을 의미한다. 유진 피터슨 Eugene H. Peterson 은 이렇게 설명한다.

> 땅이 그렇듯,
> 겸손한 사람은 낮다.
> 겸손은 우리 모두 **인간**임을
> 인정하는 일이다.

"이것이 창세기가 말하는 우리 존재의 기원인 흙이다. 주 하나님이 우리를 인간으로 만드실 때 쓰셨던 흙 말이다. 우리가 자신의 기원에 대한 생생한 감각과 그것과의 연속성에 대한 감각을 계발하고 기른다면, 혹시 모른다. 우리도 겸손을 얻게 될지."[9] **겸손**이라는 단어에는 '모두 흙에서 나와서, 흙으로 돌아간다'(전 3:20, 새번역)는 인식이 들어 있다. 흙(땅)이 그렇듯, 겸손한 사람은 낮다. 겸손한 사람은 문자적으로도 비유적으로도 땅에 **발을 디디고 있다**. 겸손은 우리가 모두 **인간**human —같은 어근에서 나온 또 다른 단어—이고 우리 중 누구도 하나님이 아님을 인정하는 일이다. 신이 아니라 지상의 피조물이라는 우리의 위치를 기억하는 것이 겸손의 본질이다. 겸손의 덕을 아주 간단히 정의하면 자신에 대한 정확한 평가라고 할 수 있다. 물론, 하나님과 별개로 자신을 올바르게 평가하는 일은 불가능하다.

겸손의 정의는 간단하지만, 자신에 대한 이런 정확한 평가에 이르는 것은 쉽지 않다. 사실, 〈계시〉에서 그것은 신적 은혜grace 의 작용을 통해서만 주어진다. 정확히 말하면 메리 그레이스Mary Grace를 통해.

메리 그레이스는 루비 터핀이 병원 대기실에서 만나는 젊은 여성의 이름이다. 터핀은 치료를 받으러 온 남편 클로드와 함께 그곳에 앉아 있다. 터핀 부인의 "작고 빛나는 검은 눈"은 사람이 많고 지저분한 대기실에서 "환자들을 살펴본다." 그녀는 오만하게 그들을 경멸적으로 판단하면서 시간을 보낸다. 아이러니하게도, 루비 터핀은 특권층의 높은 위치에서 서민들을 내려다보는, 부유하고 세련되고 좋은 가문의 사람이 아니다. 터핀 부인과 그녀의 남편은 농부다. 정확히 말하면, 돼지 치는 농부다. 그러나 다른 이들보다 형편이 조금 낫다 보니 터핀 부인은 자신들이 날품팔이로 고용하는 흑인들과 병원 대기실의 보통 사람들을 내려다보는 일이 정당하다고 느낀다. 자신과 자신의 지위에 대한 자부심이 컸던 그녀는 대기실에서 한 여성과 대화를 나누다 이렇게 말한다. "우리 집 돼지는 더럽지 않고 냄새도 안 나요."[10]

자기 집 돼지는 냄새가 안 난다고 생각하게 만드는 교만만큼 눈먼 교만은 없을 것이다.

전통적으로 교만은 눈먼 상태와 연계되었는데, 이런 연관성은 멀리 소포클레스의 고대 그리스 연극에 나오는 유명한 주인공 오이디푸스 왕까지 거슬러 올라간다. 오이디푸스는 교만이라는 비극적 결함 때문에 결국 자기 눈을 찔러 맹인이 된다. 그것은 자기도 모른 채 아버지를 죽이고 어머니와 결혼한 데 대한 시적 정의*를 실현하는 행위였다. 그가 자초한 물리적 눈먼 상태는 정확한 자기 평가(겸손)를 가로막았던 교만의 상징이자 엄청난 대가를 치르고 얻은 자기 지식의 상징이다.

교만은 언제나 자신을 제대로 보지 못하는 길인 반면, 겸손은 "완전해진 자기 지식"[11]이다. 설령 자신을 아는 것이 크게 어렵지 않다 해도(물론 어려운 일이다. 사람의 마음에 있는 기만성을 생각하면 불가능할 정도로 어렵다), 진정한 겸손을 얻기 위해서는 자기 이해가 있어야 하고 자기 바깥의 객관적 현실도 이해해야 한다. 요제프 피퍼가 설명한 대로, "겸손의 근거는 진리에 따른 인간의 자기평가이다."[12]

> 교만은 언제나 자신을
> 제대로 보지 못하는
> 길이다.

이야기 속 터핀 부인은 오이디푸스와 달리 신체적으로 눈이 멀지는 않았지만 눈먼 상태에 상당히 근접한다. 오이디푸스처럼 그녀는 영적 눈먼 상태로 인해 몰락한다. 그녀의 눈먼 상태는 자신을 높이 평가한다는 점에서 드러나고, 다른 사람들에 대한 지식의 한계에서도 드러난다. 그녀의 눈먼 상태는 과도한 자부심으로 이어진다. 이 교만은 동전처럼 양면을 지닌다. 한쪽 면은 터핀 부인이 자신을 높이 평가하는 태도이고, 다른 면은 다른 사람들을 낮게 보는 태도이다.

---

* 시나 소설 속 권선징악, 인과응보의 사상으로, 17세기 후반 영국의 문학 비평가인 토머스 라이머가 여러 등장인물들의 선행이나 악행에 비례하여 작품 마지막에서 속세의 상과 벌을 내리는 것을 가리키기 위해 만들어 낸 용어—옮긴이

도움이 필요한 사람이라면 누구든 돕는 것이 그녀의 인생철학이었다. 그런 사람을 보면 상대가 백인이든 흑인이든, 쓰레기든 점잖은 사람이든 수고를 아끼지 않았다. 그녀는 자신이 감사해야 마땅한 모든 일 가운데 이 점이 가장 감사했다. 예수님이 "너는 상류층이 되어서 돈을 원하는 만큼 가질 수 있고 몸매도 날씬해질 수 있지만 좋은 여자는 될 수 없다"라고 하신다면 그녀는 이렇게 대답할 것이다. "그렇다면 저를 그렇게 만들지 말아 주세요. 저를 좋은 여자로 만들어 주시면 나머지는 아무래도 상관없어요. 아무리 뚱뚱해도 아무리 못생겨도 아무리 가난해도!" 그녀는 가슴이 부풀었다. 예수님은 그녀를 검둥이로도, 백인 쓰레기로도, 못생긴 여자로도 만들지 않으셨다! 예수님은 그녀를 지금의 모습으로 만드셨고 모든 것을 조금씩 골고루 주셨다. 예수님, 감사합니다! 그녀가 말했다. 감사합니다, 감사합니다, 감사합니다![13]

터핀 부인은 어떤 의미에서 제인 오스틴의 《오만과 편견》에 나오는 베넷의 과장된 버전에 불과하다. 베넷 역시 자신의 직관력을 지나치게 신뢰하는 사람이었다. 두 캐릭터와 그들의 이야기는 완전히 다르지만, 교만의 어리석음을 폭로한다는 점에서는 유사하다. 엘리자벳 베넷의 교만이 미묘하고 상대방에게 매력적으로 느껴지기까지 한다면, 터핀 부인의 오만은 충격적이다. "그런 사람들(백인 쓰레기)에 대해서라면 그녀는 모르는 게 없었다." 의미심장하게도, 이야기는 바로 다음 문장에서 그녀는 "모든 것을 경험을 통해 알았다"[14]라고 명시한다. 물론 이 경험은 계시와 날카롭게 대비되는 앎의 방식이라는 점이 이야기 끝부분에서 선명하게 드러난다. 경험은 자아에 뿌리박고 있기에 사람을 교만하게 만들기 딱 좋은 지식의 원천이다.

얼마 지나지 않아 터핀 부인은 방금까지 생각하던 내용을 소리 내어 말하지 않고는 배길 수 없게 되어 대기실에서 잡담을 나누던 여자에게 이렇게 말한다. "지금의 제가 아니라 얼마든지 다른 모습일 수 있었다는 생각이 들 때, 그리고 제가 모든 걸 조금씩 다 가진 데다 성격까지 좋다는 생각이 들 때 저는 이렇게 외치고 싶어져요. '예수님, 감사합니다. 모든 것을 지금처럼 만들어 주셔서요…. 오, 감사합니다, 예수님, 예수님, 감사합니다!'"[15]

계시의 순간

터핀 부인은 자신의 좋은 위치에 감사한다. 그런데 이야기는 곧장 이렇게 이어진다. "책이 터핀 부인의 왼쪽 눈 바로 위를 강타했다."[16]

이런 뜻밖의 폭력이 발생하는 것은 오코너의 필살기다. 갑작스럽고 혼란스럽고 설명할 수 없는 폭력. 그러나 오코너의 소설에서 이런 폭력은 결코 까닭 없거나 불필요하지 않다. 아니, 오코너에게 이것은 언제나 가장 필요한 폭력이고, 하나님이 구원의 은혜를 베푸실 때 사용하시는 수단인 그리스도의 십자가 처형이라는 폭력을 반영한다. 오코너는 폭력적이고 괴이한 캐릭터 사용에 대해 이렇게 설명한다. "저자는 독자들이 자신과 같은 믿음을 갖고 있다고 전제할 수 있을 때 긴장을 어느 정도 풀고 보다 통상적인 수단으로 그 믿음에 대해 이야기할 수 있을 것이다. 그러나 독자들에게 믿음이 없다고 가정해야 할 때는 충격요법을 써서 자신의 시각을 분명히 드러내야 한다. 귀가 어두운 사람에게는 큰소리로 말하고, 눈이 거의 먼 사람에게는 크고 놀라운 그림을 그려 보여야 한다."[17]

오코너의 경우, 그녀가 상정하는 독자와 다루는 주제는 모두 소위 "그리스도가 망령처럼 떠도는Christ-haunted" 문화 특유의 조건을 반영한다. 그리스도를 잃은 그런 사회에는 여러 특성이 있지만, 한 가지 두드러지는 것은 교만이다. 눈에 아주 잘 보이는 교만이 아니라, 탐지하기 어렵고 그래서 떨쳐 버리기도 가장 어려운 교만이다. 스스로를 믿는 고요하고 집요한 교만 말이다. 오코너의 이야기들에 나오는 많은 등장인물이 이런 교만을 드러낸다. 〈좋은 시골 사람들Good Country People〉의 헐가, 〈좋은 사람은 찾기 힘들다A Good Man Is Hard to Find〉의 할머니, 〈불속의 원A Circle in the Fire〉의 코프 부인과 〈계시〉의 루비 터핀.

터핀 부인에게 책을 집어 던진 사람은 메리 그레이스이다. 방금 전까지 터핀 부인이 대화를 나누던 여자의 딸이다. 터핀 부인은 여드름투성이 얼굴과 무뚝뚝한 태도 때문에 메리를 멸시했지만, 소녀는 터핀 부인을 꿰뚫어 본 것 같다. 그녀는 책을 읽다가 몇 번이나 터핀 부인에게 성난 눈길을 보냈고 결국 책을 집어 던졌다. 뒤이은 혼란은 메리 그레이스가 제압을 당하고 약을 투여받고 정신병자 취급을 받으며 끌려가는 것으로 마무리된다. 부상을 입고 충격을 받은 터핀 부인은 멍한 상태로 집에 돌아간다.

공격의 충격이 가시지 않은 터핀 부인은 메리 그레이스가 병원 바닥에서 제압당한 채 자신에게 쏘아붙이던 끔찍한 말이 하나님의 메시지라고 느낀다. 그 말은 아무리 해도 그녀의 뇌리에서 떠나지 않았다. "당신 고향인 지옥으로 돌아가. 더러운 흑돼지."[18] 터핀 부인은 마음이 진정되지 않아 마침내 돈사로 가서 돼지들에게 호스로 물을 뿌리기 시작한다. 거기서 그녀는 하나님과 씨름한다. "내가 어떻게 돼지예요?" 그녀는 하나님에게 따진다. "쓰레기를 원하셨다면 나를 쓰레기로 만들지 그러셨어요?" 그녀는 탄원한다. 교만은 조금도 누그러들지 않았다.[19]

그렇게 하나님께 분노를 쏟아 내면서 그녀는 눈앞의 풍경을 바라본다. 고속도로를 달리는 남편의 트럭, 돈사 구석에 모여 있는 돼지들, 하늘에 떠 있는 태양. 그러다 "그녀의 눈에 환상적인 빛이 내려앉았다."[20] 오코너의 소설에서 흔히 그렇듯, 먼저 폭풍 같은 폭력이 있고, 그다음에 빛이 있다.

터핀 부인은 거기 서서 손에 든 호스로 더러운 돼지들에게 물세례를 주다가 환상을 본다. 약속의 땅으로 들어가는 사람들의 행렬이다. 그 무리를 이끄는 것은 그녀가 교만하게 경멸했던 사람들이다. "그리고 그녀는 행렬의 끝에서 따라가는 사람들이 남편과 자신 같은… 이들이라는 것을 금세 알아볼 수 있었다…. 그들은 다른 이들 뒤에서 위엄 있게 행진했다. 그들은 언제나 그랬듯 질서와 상식과 예의를 보였다. 그들만이 곡조에 맞게 노래했다. 하지만 그녀는 충격을 받고 달라진 그들의 얼굴에서 그들의 미덕마저 다 타서 없어지고 있다는 걸 읽어 낼 수 있었다."[21]

폭력적 수단의 은혜에 의해 마침내 터핀 부인은 "첫째가 꼴찌 된다"는 사실을 이해한다. 그녀와 클로드가 꼴찌일 수도 있지만, 그 환상을 통해 그녀는 순서는 전혀 중요하지 않다는 사실을 마침내 이해한다. 중요한 것은 약속의 땅에 들어가는 것이다. 그리고 거기 들어갈 때는 자신의 덕―선행과 좋은 예절과 좋은 소유물―은 아무 가치도 없을 것이다.

그러나 그 사실을 받아들일 만큼 겸손하기 전에는 결코 들어갈 수 없을 것이다.

이야기의 끝부분에서 터핀 부인은 "별빛 가득한 들판으로 올라가며 할렐루야를 외치는 영혼들의 목소리"에 귀를 기울인다.[22]

각성의 폭력과 구원의 환상 사이에는 고통이 있다. 그러므로 "비자발적 겸손의 한 형태"인 고통은 "신적 은혜의 한 형태"이다.[23] 터핀 부인은 메리 그레이스의 폭력적 행동 때문에 고통을 겪는다. 그녀의 고통은 물리적인 것일 뿐 아니라 정신적이고 영적인 것이기도 하다. 사실, 그녀에게 육체적 고통보다 더한 것은 지옥으로 돌아가라는 메리 그레이스의 저주에 담긴 의미를 계시해 달라고 하나님께 간청하면서 경험한 영적 고뇌이다.

굴욕과 고난

시몬 베유Simone Weil*는 《신을 기다리며Attente de Dieu》(1966)에서 고

---

* 1909–1943, 프랑스의 사상가―옮긴이

통과 고난을 구분한다. 베유의 용어 구분을 따르면 고통suffering은 물리적 통증을 의미하지만, 고난affliction은 영혼의 고뇌를 포함한다. 베유는 순교자들의 죽음을 그리스도의 죽음과 대조하면서 고통과 고난의 차이를 보여 준다. "믿음 때문에 박해받는다는 사실을 아는 자들은 아무리 고통스러워도 고난 당하지 않는다. 고통이나 두려움이 영혼을 점령하여 급기야 그들이 박해받는 이유를 잊어버리기에 이른다면 그때 비로소 고난에 떨어지는 것이다. 맹수의 밥이 될 상황에서도 찬송을 부르며 원형경기장에 들어갔던 순교자들은 고난 당하지 않았다. 그러나 그리스도는 고난을 당한 이였다."[24]

터핀 부인은 물리적 고통뿐 아니라 더 큰 고뇌인 고난을 경험한다. 책으로 얻어맞은 것보다 더 큰 상처가 된 것은 하나님이 메리 그레이스의 끔찍한 말을 통해 자신을 훈계하신다는 확신이었다. 터핀 부인은 보는 사람마다 낮추어 보다가 (거의) 눈을 얻어맞고서야 자신의 교만이 부질없었음을 깨닫게 된다. 베유의 말대로, 이런 진짜 고난은 "사회적 실추 또는 모종의 실추에 대한 두려움"을 포함한다.[25] 터핀 부인의 교만은 그녀가 어울리는 사람들과의 관계에서 자신의 위치에 대한 견해로부터 온 것이었다. 그녀의 구원은 자신이 천국에서 첫째가 아니라 꼴찌로 제자리를 찾은 것을 알려 주는 환상을 보고 겸허해지는 데 있다.

메리 그레이스가 던진 책에 얻어맞기 전, 터핀 부인은 대기실에서 기다리면서 라디오 음악을 한 귀로 듣고 한 귀로 흘리고 있었다. "〈내가 우러러보고 주님 내려다보실 때〉라는 복음성가가 흘러나오고 있었다. 그 노래를 아는 터라 부인은 마지막 구절을 속으로 따라 불렀다."²⁶ 그녀는 그 노래의 가사를 알고 있었지만, 은총의 순간이 오기 전까지 그 의미를 파악하지 못했다. "교만은 내려다본다. 우러러보지 않고는 누구도 하나님을 볼 수 없다."²⁷

굴욕은 단순한 고통이 아니라 고난의 한 종류다. 오코너의 이야기에서 폭력 사용은 영혼의 고난—굴욕—을 초래하고, 그것은 회개와 구원의 여지를 만들어 낸다. 비유에 따르면 그런 굴욕은 "분연히 일어나 모욕을 떨쳐 내고 싶지만 두려움이나 무력함 때문에 자제할 수밖에 없어서 온몸이 격앙된 상태"이다.²⁸ 그리스도께서 십자가의 고통과 고난 가운데서 견디셨던 굴욕을 생각해 보라.

그분은 본래 하나님의 본체이셨으나
하나님과 동등 됨을 기득권으로 여기지 않으시고
오히려 자신을 비워
종의 형체를 가져
사람의 모양이 되셨습니다.
그리고 그분은 자신을 낮춰
죽기까지 순종하셨으니,
곧 십자가에 달려 죽으신 것입니다.
(빌 2:6-8, 우리말성경)

이 대목에서 겹겹의 층위로 등장하는 **낮추셨다**humbled는 단어는 그리스도 성육신의 깊이를 반영한다. 문자적 수준에서 이 단어는 그리스도께서 인간(지상의 존재)이 되셨다는 사실을 가리킨다. 그러나 이 단어는 우리가 오늘날 이 단어를 생각할 때 바로 떠올리는 의미도 시사한다. 그리스도께서는 자신을 낮추어 내려오시고 하늘의 정당한 높은 자리를 포기하고 우리와 인간성을 공유하셨다. **굴욕**humiliation의 문자적 의미와 누적된 의미 모두 그리스도의 행하심을 포착한다. 그리스도의 굴욕은 겸손의 덕이 좋은 삶의 중심이 되는 이유를 설명하기 위해 도덕철학자들이 제시하는 증거이다.[29]

굴욕의 인생

플래너리 오코너는 굴욕을 잘 알았다. 여러 면에서는 그녀의 인생 자체가 하나의 굴욕이었다. 어릴 때부터 그녀는 진정한 남부 숙녀가 되라는 어머니의 기대를 채울 수 없었다. 나중에는 자신을 "안짱다리에 턱이 움푹 들어가고 '건드리면 가만두지 않겠다'는 반항심을 가진 외동"으로 묘사했다.[30] 소녀 시절에 그녀는 교정 신발을 신어야 했고 "독특한 방식으로 성큼성큼 걸었다."[31] 이후 몇 차례 어설프게 연애를 시도했지만 제대로 된 반응을 얻지 못했다. 나중에는 루푸스에 걸려 북동부에서 작가로서 꾸렸던 독립생활을 포기하고 조지아에 있는 어머니 집으로 돌아와야 했고, 그곳에서 죽 살다가 서른아홉 살에 그 병으로 죽었다.

  물론 우리 삶의 모든 굴욕은 그리스도의 굴욕(비하)의 창백한 그림자일 뿐이다. 우리가 겪는 모든 일을 그리스도께서 겪으신 일과 비교하는 것은 우리의 고난을 균형 잡힌 시각으로 보게 해 준다. 이것이 겸손의 시작이다. 그러므로 겸손은 단순히 자신을 낮추어 보는 것이 아니다. 겸손은 하나님과 비교할 때 낮은 위치에 있는 자신을 제대로 보고 인간의 타락성을 인정하는 것이다.[32] "겸손은 자신에 **관해** 덜 생각하는 것이지 자신을 **하찮게** 생각하는 것이 아니다."[33]

팔복은 겸손한 사람의 특성을 이렇게 묘사한다. 심령이 가난한 자, 온유한 자, 애통하는 자, 긍휼히 여기는 자, 마음이 깨끗한 자, 화평케 하는 자, 의에 주리고 목마른 자. 그러나 산상설교는 이런 특성들에 찬사를 보내는 데서 그치지 않고 꼴찌가 첫째가 될 거라는 역설적인 약속을 한다. (그리고 터핀 부인의 계시가 드러내듯, 세상에 있는 터핀 부인 같은 사람들은 꼴찌가 될 것이다.) 그리스도의 비하는 이것의 가장 극적인 본보기이다. 위에서 인용한 빌립보서의 구절은 이어서 그리스도께서 희생의 대가로 받으신 보상을 묘사한다.

그러므로 하나님께서는 그를 지극히 높여
모든 이름 위에 뛰어난 이름을 주셨습니다.
이는 하늘과 땅과 땅 아래 있는 모든 사람들이
예수의 이름 앞에 무릎을 꿇게 하시고
모든 입으로 예수 그리스도를 주라 시인하게 하셔서
하나님 아버지께 영광을 돌리게 하시려는 것입니다.

(빌 2:9-10, 우리말성경)

이것이 겸손의 덕이 갖는 "도덕적 아이러니"요, "겸손이 결국 높아짐을 낳는다는 아이러니한 성경의 원리"이다.[34] 겸손의 역설은 그것을 통해 우리가 높아진다는 것이다(마 23:12). 그리고 교만의 역설은 교만을 통해 우리가 추락한다는 것이다. 이것은 오코너의 또 다른 이야기 〈오르는 것은 모두 한데 모인다Everything that rises must converge〉에서 통렬하게 그려지는 진리다.

교만의 역설

얼마 전 대학을 졸업한 줄리언 체스트니는 작가로서의 성공을 기약하며 집에 머물면서 타자기를 팔고 있다. 그와 어머니는 새롭게 흑백이 통합된 남부의 쇠락해 가는 동네에 산다. 줄리언의 어머니는 아들을 위해 많은 것을 희생했다. "아들의 치아 교정을 위해 자신은 충치조차 치료하지 않았"고 "그를 잘 키워서 대학에 보냈다." 그러나 줄리언은 어머니에게 감사하지 않는다. "감사는 타인이 하는 일과 타인의 존재를 인정하고 귀하게 여기는 것이기"[35] 때문에 감사하려면 먼저 겸손이 있어야 한다. 줄리언은 감사할 줄 모를뿐더러 교만하다. 그는 자신이 직업적으로 성공하지 못하는 이유가 "성공하기에는 너무 똑똑하기" 때문이라고 생각한다.[36] 교만한 데다 감사할 줄 모르다 보니 그는 어머니를 수치스럽게 여긴다. 어머니의 인종차별주의, 편견, 오만, 후진성을 부끄러워하고, 지금은 아무 의미도 없는 가문의 고귀한 과거에 대한 어머니의 자부심까지 부끄럽게 여긴다.

줄리언의 어머니(이 이야기에서 그녀는 이름 대신에 늘 이렇게 불린다)는 분명히 이런 결점들을 갖고 있다. 그녀의 도덕적 맹목성과 엉터리 자부심은 성품의 심각한 결점이다. 그것 자체로 짜증스러운 것은 사실이다. "네 증조할아버지는 이 주의 주지사셨어." 어머니는 YMCA 체중 감량 수업을 받으러 버스를 타러 가면서 줄리언에게 상기시킨다. 줄리언은 어머니와 버스를 같이 타야 한다. 어머니는 이제 흑백이 함께 타게 된 버스에 혼자 타고 싶어 하지 않기 때문이다. "할아버지는 부유한 지주셨다…. 네 증조할아버지는 200명의 노예를 거느린 대농장주셨어." 자신들은 지금 추레한 도시에 살고 있고 이제 노예는 없다는 사실을 줄리언이 상기시키자 어머니는 이렇게 응수한다. "그 사람들은 노예일 때가 사정이 나았어."[37] 어머니가 버스에서 어린 시절 그녀의 유모였던 "늙은 흑인" 캐롤라인에 대해서와 자신이 얼마나 "흑인 친구들을 항상 크게 존중했는지" 애틋하게 회상하기 시작하자, 줄리언은 제발 화제를 바꾸자고 간청한다. 다른 승객들이 어머니의 말을 들으면 상처가 될 수도 있음을 알았기 때문이다. 그는 어머니의 인종차별주의가 너무 괴로워서 "혼자 버스에 탈 때면 어머니의 죄를 속죄하듯 꼭 깜둥이 옆자리에 앉았다."[38]

독자는 스스로가 너무 괜찮은 사람이라고 생각하는 이 여인의 맹목적 편견을 지켜보면서 줄리언과 더불어 고통을 느끼지 않을 수 없다. 우리는 그녀를 내려다볼 수밖에 없다. 그러나 이것은 우리가 깨닫든 깨닫지 못하든 스스로를 아주 높이 평가한다는 뜻이다. 그렇게 우리는 오코너의 덫에 걸려들게 된다. 줄리언이 어머니에 대한 경멸 조의 생각을 계속하면서 자신을 드높일 때 독자의 마음도 그와 똑같이 놀랄 만큼 잔뜩 높아지기 때문이다.

이 모든 일의 더 깊은 아이러니는 그가 그런 어머니 슬하에서도 잘 자랐다는 사실이었다. 겨우 삼류 대학에 갔지만 스스로 노력해서 일류 교육을 받았다. 옹졸한 마음의 소유자의 통제를 받으며 자랐지만 결국 너그러운 마음을 품었다. 어머니의 온갖 어리석은 견해에 노출되었어도, 두려워하지 않고 편견 없이 사실을 직시했다. 그중에서도 가장 큰 기적은 자식에 대한 사랑으로 눈이 먼 어머니와 달리 어머니에 대한 사랑에 눈멀지 않고 정서적으로 분리되어 어머니를 객관적으로 볼 수 있었다는 것이다. 그는 어머니에게 지배되지 않았다.[39]

줄리언이 버스를 타고 가면서 어머니 생각에 초조해하는(어머니에게 휘둘리지 않겠다는 고집과는 달리) 동안, 그의 끔찍한 측면이 독자에게 서서히 계속 드러난다. 그는 "어머니에게 교훈을 가르치고" 싶은 사악한 욕망을 품게 되고 그것은 점점 커져 간다. 그는 그저 어머니의 혈압을 올리기 위해서 "어떤 저명한 깜둥이 교수나 변호사"와 친구가 되고 그들을 집으로 데리고 오는 일을 상상한다. 그의 공상은 점점 충격적일 만큼 폭력적인 내용으로 채워진다.

그는 어머니가 병으로 위독한 모습과 다른 의사가 없어서 자신이 깜둥이 의사를 데려온 상황을 상상했다. 몇 분 동안 즐거이 그 생각을 하다가 자신이 흑인 시위에 동조자로 참여하는 상상으로 잠깐 넘어갔다. 그것은 가능한 일이었지만 그 생각을 오래 하지는 않았다. 대신 궁극의 공포에 다가갔다. 흑인의 혈통으로 의심되는 아름다운 여자를 집에 데려가는 것이었다. 마음의 준비를 하세요, 어머니. 이건 어머니가 어쩔 수 없는 일이에요. 나는 이 여자를 선택했어요. 똑똑하고 품위 있고 게다가 착해요. 이 여자는 고통받았고 그걸 재미있어하지 않았어요. 이제 우리를 괴롭혀 봐요. 어서 괴롭혀 봐요. 여자를 내쫓아 봐요. 하지만 그러면 저도 집을 나갈 거예요. 그는 눈이 가늘어졌고 마음속에 만들어 낸 분노의 렌즈로 맞은편의 어머니를 보았다. 그녀의 얼굴은 자줏빛이었고, 덕성의 크기에 걸맞게 난쟁이처럼 작아진 모습이었다.[40]

줄리언은 어머니의 도덕이 작고 편협하다고 여기지만, 어머니를 대하는 자신의 부도덕함은 인식하지 못한다. 심지어 그는 아이를 때리듯 어머니를 때리는 상상까지 한다. 그리고 버스에서 내렸을 때, 줄리언의 바람은 비극적으로 성취된다.

버스에서 내린 후, 어머니는 옆자리에 앉았던 작은 흑인 아이에게 1센트를 주려고 한다. 그러나 줄리언 어머니의 생색내는 태도가 몹시 불쾌했던 아이 엄마는 충격적이게도 줄리언 어머니의 얼굴을 가격한다. 하지만 그보다 더 충격적인 것은 어머니에게 가해진 폭력에 대한 줄리언의 반응이다.

그는 인도에 쓰러져 있는 어머니에게 야유를 보낸다. "제가 뭐라고 그랬어요. 그러지 마시라고 했잖아요." 독선에 사로잡힌 그의 말은 이렇게 이어진다. "어머니가 자초한 일이에요. 이제 일어나세요." 그가 몇 분 전에 앙심처럼 품었던 공상이 현실이 되었다. "어머니가 이 일로 교훈을 얻으셨으면 해요." 그는 그렇게 어머니를 타이른다. 그에 대한 어머니의 반응은 가슴 아프다. "어머니는 몸을 앞으로 기울여 그의 얼굴을 훑어보았다. 그의 정체를 파악하려는 것 같았다. 그러더니 아는 사람이 아니라는 듯 반대 방향으로 황급히 걷기 시작했다."[41]

이야기의 마지막 몇 분 동안, 줄리언 어머니의 정신은 현실을 벗어나 과거로 빠져든다. 슬프게도, 그녀가 자신의 보물을 잔뜩 쌓아 둔 곳이다. 그녀는 먼저 아버지를 불러 달라고 하고, 그다음에는 어린 시절의 흑인 유모를 불러 달라고 한다. 줄리언과 달리 그녀의 사랑에 사랑으로 화답했던 이들이다. 줄리언은 겸손이 없기 때문에 사랑도 없다. "참된 사랑은 겸손이 있어야 가능하다. 겸손이 없으면 자아가 가용 공간을 모두 차지하고 다른 사람을 대상으로 … 또는 적으로 본다."[42] 참으로, 사랑이 "덕의 최고 열매"라면 겸손은 덕의 뿌리이다.[43]

줄리언의 어머니는 섬망이 심해지다가 결국 도로 위에 털썩 주저앉고 그대로 생명이 빠져나간다. 줄리언이 무력하게 어머니를 불러 보지만 이미 늦었다. 줄리언이 앞서 말한 대로, 그것은 "정확히 그녀가 자초한" 일이다. 오로지 겸손과 함께 찾아오는 은혜가 없으면 우리도 모두 그녀와 같은 처지이다. 이야기 말미에서 줄리언은 휘몰아치는 어둠에 사로잡힌다. 그 어둠은 "그를 다시 어머니에게 밀고 가면서 그가 죄와 슬픔의 세계로 들어서는 것을 시시각각 미루는 것 같았다."**44**

자신에 대한 정당한 평가

이 마지막 문장의 세미한 희망은 오코너 작품 전체에서 나타나는 패턴이다. 그녀의 작품들은 전부, 구원이 있으려면 죄책의 인정과 죄책에 대한 슬픔이 선행되어야 함을 보여 준다. 그 슬픔은 겸손, 즉 "자신이 만나는 진짜 관계에 비추어 자신을 제대로 평가"하는 일로 이어진다.**45** 의미심장하게도, 줄리언은 사람들과의 실제 관계가 아니라 상상 속의 관계에 비추어 자신을 규정한다. 이야기의 앞부분에서 우리는 그가 흑인들과 친구가 되려고 시도하지만, 그 대상은 그가 실제와 다른 모습으로 상상하는 이들뿐임을 알게 된다. 그들은 줄리언이 자신에게 있는 줄도 모르는 편견 어린 기준에 미치지 못한다. 아이러니하게도, 어머니의 부도덕한 인종차별주의 때문에 어머니를 거부하는 것이 그의 부도덕이다. 그가 자기 삶에서 가장 중요한 진짜 인물을 거부한 것은 그야말로 겸손이 없기 때문이었다. "하나님 앞에서 겸손하게" 사는 것은 "다른 죄인을 감내하고 그에게 복종하는 일을 뜻하지만"**46** 줄리언은 이것을 거부하고 교만 안에 스스로를 가둬 버린다.

한나 앤더슨Hannah Anderson이 《겸손한 뿌리Humble Roots》(2016)에서 통찰력 있게 지적한 대로, "겸손은 우리가 스스로를 정죄하지 않게 해 주는 것만큼이나 다른 사람들도 정죄하지 않게 해 주기"

때문이다.[47] 이 이야기는 자신의 바람이 이루어지는 것을 보게 된 줄리언이 스스로의 진면목을 알아보고, 그리하여 구원의 은혜까지 인식하게 될 거라는 암시로 끝난다.

참된 겸손은 우리 자신이 정말 누구인지 알아보는 것이고, 이를 위해서는 하나님과의 관계에서 자신을 볼 수 있어야 한다. 오코너는 《신비와 양식》에서 이렇게 적고 있다. "자신을 안다는 것은 무엇보다 자신에게 무엇이 부족한지를 아는 것이다. 그것은 진리이신 분에 비추어 자신을 측정하는 것이고 그 반대가 아니다. 자기 지식의 첫 번째 산물은 겸손이다."[48] 그러나 겸손을 얻는 것 —우리가 누구인지 아는 것— 이 낮아짐과 결핍만 안겨 주지는 않는다. 겸손을 얻을 때 우리는 자신이 누구이고 어떤 존재가 되도록 창조되었는지 아는 자유를 얻게 되고 그 안에서 높아짐을 경험하게 된다.

서투르고 안짱다리에 병까지 든 오코너는 그녀의 삶과 활동을 통해 겸손이 선사하는 높아짐을 아름답게 드러냈다. 한번은 강의 시간에 한 학생이 "오코너 선생님, 왜 글을 쓰시나요?"라고 질문하자 그녀는 이렇게 대답했다. "제가 잘하는 일이니까요."[49] 당장에는 이 대답이 우쭐대거나 교만한 것처럼 느껴질 수 있다. 그러나 진실을 말하자면, 우리가 잘하는 일과 잘하지 못하는 일을 알고, 해서는 안 될 일이 아니라 해야 할 일을 하고, 엉뚱한 존재가 아니라 우리가 되어야 할 존재가 되는 것이 참된 겸손의 본질이다.

오코너가 자신이 누구이고 무엇을 잘하는지 확실히 알기 전, 그것을 알아 가는 동시에 글쓰기 기술을 배우고자 분투하던 시절, 그녀는 학교에서 기도 일기를 썼다. 그 일기에는 이런 기도문이 남아 있다. "그러나 사랑하는 하나님, 부디 제게 자리를 하나 주소서. 아무리 작더라도 상관없사오니 제가 그 자리를 알아보게 하시고 그곳을 지키게 하소서. 제가 두 번째 계단을 매일 닦아야 한다면, 제가 그 사실을 알게 하시고 그것을 닦게 하시고 그 일을 하는 제 마음에 사랑이 흘러넘치게 하소서."[50] 겸손은 우리가 있어야 할 자리가 아무리 작더라도 (또는 크더라도) 그곳에 자리를 잡고 사랑이 넘치는 마음으로 그 자리를 채우는 것이다.

좋은 삶은 겸손으로 시작해서 겸손으로 끝난다.

감사의 글

브라조스출판사 팀 모두에게 감사한다. 그들은 전문가이고 인격적이며 박식하고 따뜻하고 내게 격려를 아끼지 않았다. 이 책은 기획하고 쓰기까지 오랜 시간이 걸렸다. 밥 호잭의 관심과 지원, 그리고 줄곧 이어진 노련한 인도가 없었다면 이 책은 전혀 다른 (그리고 열등한) 책이 되었을 것이다. 에릭 살로는 처음부터 끝까지 귀하디 귀한 시간과 능력을 쏟아 주었다. 그의 주의 깊은 눈과 경청하는 귀도 아주 소중했다. 제레미 웰스는 모든 부분을 하나로 이어주는 핀과 같았다. 그의 열정과 전문적 능력이 고마울 뿐이다.

레베카 코넌다이크 디영—나와 달리 철학 분야의 전문가이자 학자이다—은 내가 연구를 시작할 때(부터 줄곧) 너그럽고도 고맙게 현재 나와 있는 덕 윤리 분야에 관한 최고의 자료들을 안내해 주었다.

몇 명의 대학원생과 학부생들이 자료 조사와 사무 작업을 도와준 덕분에 혼자서는 어림도 없었을 많은 일을 해낼 수 있었다. 베일리 자녀건, 에밀리 메도우즈, 레베카 올슨, 에밀리 톰슨, 해나 언더힐에게 감사를 전한다. 아울러 이 학부생 일꾼들과 대학원생 연구 조교들을 지원하고 글 쓸 시간을 허락해 준 리버티대학에도 감사한다.

이 책의 일부는 내 강의 자료에서 많이 가져왔다. 책의 또 다른 부분은 새로운 분야에 대한 연구로 나온 결과물이다. 이 두 자료를 정확하고도 (바라건대) 설득력 있게 엮어 내는 것은 만만찮은 과제였는데, 전에 가르친 학생들, 동료들, 친구들이 이 책의 초고 일부를 읽고 논평하는 일을 자청해 주었다. 메리베스 베깃, 크리스티 치체스터, 지나 달폰조, 폴 포스트, 캐스린 하먼, 에밀리 베스 힐, 진저 호튼, 테리 허커스, 로버트 주스트라, 팸 키팅, 로렌 런드, 더스틴 메서, 애덤 마이어스, 닉 올슨, 리오 퍼서, 켈리 소스코저스, 케일라 스노우, 재너 캠벨 위어스마에게 고마움을 전한다. (뜻하지 않게 이름을 빼먹은 사람이 있다면 진심으로 사과드린다.) 제니퍼 볼란 울릭을 특별히 언급해야겠다. 그녀는 이 책의 여러 장을 읽고 거듭거듭 유용한 논평을 제시해 주었다. 글쓰기는 많은 부분 혼자서 하는 행위이지만, 공동체에 뿌리를 내리고 그 안에서 열매를 맺는다. 이 책을 지금과 같은 모습으로, 나를 지금의 나로 만들어 준 동료 독자들과 작가들의 풍성하고 깊이 있는 공동체에 둘러싸인 것에 감사한다.

내 글을 뛰어난 판화가인 네드 버스터드의 멋지고 굵은 선의 작품으로 장식하게 된 것은 주님만이 주실 수 있었을 복이자 영광이다. 너무나 통찰력 있는 화가와 책의 지면을 공유하게 되어 감사하다.(그림은 원서에만 있음-편집자)

끝으로, 나를 늘 지원해 주는 가족에게 감사한다. 읽고 쓰고, 읽고 고치고, 읽고 좀 더 쓰는 데 필요한 시간과 공간을 마련해 주어 고맙고, 내가 좀 더 시간을 내어 그 외의 다른 일들을 하게 한 것도 감사한다. 결국 중용이 덕이기 때문이다.

토의용 질문

도입: 잘 읽고 잘 살자

1. 왜 '닥치는 대로' 읽어야 할까? 그리스도인들이 특별히 더 그렇게 해야 할 중요한 이유가 있을까?

2. 읽기는 어떤 면에서 그 자체로 덕을 함양하는 활동일까?

3. 읽기와 잘 읽기를 방해하는 장애물은 어떤 것이 있을까? 그 장애물을 어떻게 극복할 수 있을까?

4. 문학 언어는 일상 언어와 어떻게 다른가? 문학 언어의 기술이 일상 언어를 더 잘 사용하고 이해하는 데 어떤 식으로 도움이 될까?

5. 문학작품의 내용과 구별되는 형식을 고려한다는 것은 무엇을 의미하는가? 문학작품의 미학적 가치와 실용적 가치는 어떻게 다른가?

1. 분별: 헨리 필딩의 《톰 존스의 모험》

1. 분별과 도덕은 어떤 관계에 있는가? 분별과 부도덕은 어떤 관계에 있는가?

2. 분별의 덕은, 완벽주의가 선한 사람들에게 안겨 주는 장애물에 어떻게 맞서 싸우는가?

3. 분별의 과도함은 무엇인가? 분별의 부족함은 무엇인가? 이런 악덕들은 현실에서 어떤 모습으로 나타나는가? 분별은 현실에서 어떤 모습으로 나타나는가?

4. 《톰 존스의 모험》의 형식은 이야기의 내용을 어떤 식으로 뒷받침하는가?

5. 풍자의 강점과 약점은 무엇인가?

2. 절제: F. 스콧 피츠제럴드의 《위대한 개츠비》

1. 절제는 다른 덕들과 어떻게 다른가?

2. 아리스토텔레스는 절제가 인간이 다른 동물과 공유하는 욕구들과 관련이 있다고 보았다. 절제를 보다 광범위하게 적용할 방법은 무엇일까?

3. 절제는 그리스도인의 삶과 어떤 관련이 있는가?

4. 절제는 제이 개츠비의 삶에서 어떤 역할을 하는가?

5. 미국의 삶과 문화는 절제를 반영하는가, 아니면 무절제를 반영하는가?

3. 정의: 찰스 디킨스의 《두 도시 이야기》

1. 정의는 어떤 방식으로 공동체와 개인 모두에게 의존하는가?

그로 인해서 정의의 덕이 다른 덕들과 어떻게 달라지는가?

2. "정의의 수레바퀴는 천천히 굴러간다"라는 말이 있다. 정의의 수레바퀴가 천천히라도 굴러간다면, 그럼에도 정의가 결국 꺾이는 일은 왜 일어날까?

3. 《두 도시 이야기》에 있는 우연의 일치, 낭만주의, 고딕주의는 정의라는 주제를 펼치는 데 도움이 되는가, 방해가 되는가? 어떻게 그런가?

4. 기요틴에서 찰스 다네이의 자리를 대신하겠다는 시드니 카턴의 결정은 정의일까, 아니면 다른 무엇일까?

5. 정의와 아름다움의 관계는 무엇인가?

4. 용기: 마크 트웨인의 《허클베리 핀의 모험》

1. 위험을 감수하는 것이 용기의 덕이 되려면 어떤 요소들이 필요할까?

2. 용기의 실제 사례를 본 적이 있는가? 어떤 사례였는가?

3. 오합지졸에 있는 어떤 요소 때문에 진정한 용기에 필요한 특성이 결여되어 있다고 보아야 하는 걸까?

4. 헉 핀, 톰 소여, 짐은 용기의 덕을 어떻게 보여 주는가(또는 보여 주지 못하는가)?

5. 용기는 다른 덕을 돕는 데 어떤 역할을 하는가?

5. 믿음: 엔도 슈사쿠의 《침묵》

1. 신학적 덕으로서의 믿음은 아리스토텔레스가 다룬 고전적 덕들과 어떤 면에서 다른가?

2. 믿음을 측정하고 확신하는 일은 무엇 때문에 그렇게 어려울까?

3. 《침묵》에서는 믿음에 대한 어떤 사례들을 볼 수 있는가?

4. 자기 믿음의 상징을 부인하는 것은 자기 믿음을 부인하는 것과 같은가? 당신이 그렇게 생각하는 이유는 무엇인가?

5. '감춰진 믿음'을 가지고 산다는 것은 어떤 의미일까? 그런 일이 가능할까? 그리스도인들이 박해를 받는 지역에서 살면 그런 믿음이 어떤 차이를 만들어 낼까? 당신이 그렇게 답변하는 이유를 말해 보라.

6. 소망: 코맥 매카시의 《로드》

1. 대재앙 이후의 세계는 우리의 세계와 인간의 조건에 관해 무엇을 알려 줄 수 있을까?

2. 인간과 동물이 공유하는 자연적 열망인 소망과 인간에게만 있는 신학적 소망에는 어떤 차이가 있을까?

3. 자연적 소망은 하나님으로부터 오는 신학적 소망을 받아들이도록 사람을 어떻게 준비시킬 수 있을까? 세상에 있는 자연적 소망의 존재가 어떻게 초자연적 소망을 더 잘 이해하도록 도울 수 있을까?

4. 남자와 소년의 관계를 묘사해 보라. 남자의 소망은 그들의 생존

에 어떤 도움을 주는가?

5. 평범하고 일상적인 선은 소망을 함양하는 데 어떤 역할을 하는가?

7. 사랑: 레프 톨스토이의 《이반 일리치의 죽음》

1. **사랑**이라는 단어에는 어떤 다양한 의미가 있는가? 그 의미들에는 어떤 공통점이 있으며, 서로 어떻게 다른가?

2. 우정과 교제는 인간의 번영에 어떤 식으로 중요한가?

3. 물질주의가 사람에 대한 사랑을 대체하는 경우가 그토록 잦은 이유는 무엇일까?

4. 동정과 공감은 어떻게 다른가? 자비, 즉 **아가페**는 동정, 공감과 어떻게 다른가?

5. 이반 일리치의 죽음에 대해 토의하고, 고통과 사랑이 그의 죽음에서 각각 어떤 역할을 했는지 토의해 보라.

8. 정결: 이디스 워튼의 《이선 프롬》

1. 정결에 대한 긍정적 이해와 부정적 이해는 무엇인가?

2. 정결은 왜 그런 오해를 살까?

3. 다양한 종류의 정욕이 정결에 불리하게 작용하는 사례를 《이선 프롬》과 현실에서 찾아보라.

4. 이선은 어떤 면에서 정결하지 못했는가? 그가 어떻게 했더라

면 이야기의 결과가 달라졌을까?

5. 공동체는 구성원들이 정결을 함양하는 데 어떤 역할을 하는 가? 공동체가 그 일을 더 잘 해낼 수 있는 방법은 무엇일까?

9. 부지런함: 존 번연의 《천로역정》

1. 부지런함이라는 덕은 왜 관심을 받지 못할까?

2. 부지런함을 주된 기반으로 하는 삶의 성취에는 어떤 것들이 있을까?

3. 부지런함은 《천로역정》에서 어떻게 드러나는가?

4. 알레고리의 언어가 어떤 식으로 부지런함에 기대고, 또 부지런 함을 함양하는지 토의해 보라.

5. 언어, 물리계, 영계는 어떤 관계에 있는가? 알레고리는 이 관 계를 드러내는 일을 어떻게 돕는가?

10. 인내: 제인 오스틴의 《설득》

1. **인내**patience 라는 단어와 그것을 다양하게 적용한 역사는 인내 의 덕을 더 잘 이해하는 데 어떤 도움을 주는가?

2. 인내라는 덕의 필수적 구성 요소로는 기다림 외에 무엇이 있는가?

3. 인내를 요구한다는 점에서 일상적 상황과 극도로 고통스러운 상황은 어떻게 비슷하고 어떻게 다른가?

4. 앤 엘리엇의 행동은 인내의 덕을 어떤 식으로 보여 주는가?

5. 《설득》의 형식은 독자가 인내를 실천하도록 어떻게 돕는가?

11. 친절: 조지 손더스의 〈12월 10일〉

1. 친절이 그렇게 쉽고 간단하다면, 우리 주위에서 친절이 드문 이유는 무엇일까?

2. **다정한**nice과 **친절한**Kind은 어떻게 다른가?

3. 〈12월 10일〉의 등장인물들은 친절의 덕을 어떻게 보여 주는가?

4. 이 이야기의 서술 방식은 독자가 친절을 실천하도록 어떤 식으로 돕는가?

5. 현실에서 당신이 생각하는 친절의 덕이 필요한 상황 또는 이미 작용하고 있는 상황에 대해 말해 보라.

12. 겸손: 플래너리 오코너의 〈계시〉
〈오르는 것은 모두 한데 모인다〉

1. **겸손**humility의 어원이 밝히는 겸손한 태도의 의미는 무엇인가?

2. 거짓 겸손은 무엇인가? 거짓 겸손이 때때로 참된 겸손과 혼동되는 이유는 무엇인가?

3. 그리스도께서 십자가에서 당하신 굴욕은 겸손의 덕을 이해하는 데 어떤 도움을 주는가?

4. 고통과 고난은 어떻게 다른가?

5. 이 이야기들에서 오코너의 기독교 신앙은 어떻게 작용하는가?

서문

1 Aristotle, *Poetics* 13.

2 Philip Sidney, *A Defense of Poetry*, in *English Essays from Sir Philip Sidney to Macaulay* (New York: Collier, 1910), 26, 32.

3 Ernest Hemingway, *Death in the Afternoon* (New York: Scribner, 1932), 4. (《오후의 죽음》, 장왕록 옮김, 책미래)

4 Oscar Wilde, preface to *Picture of Dorian Gray* (New York: Dover, 1993), vii.

5 C. S. Lewis, *English Literature in the Sixteenth Century: Excluding Drama* (Oxford: Oxford University Press, 1973), 346.

도입: 잘 읽고 잘 살자

1 John Milton, *Areopagitica: A Speech of John Milton*, 1644, The John Milton Reading Room, 2017년 11월 1일 접속, https://www.dartmouth.edu/~milton/reading_room/areopagitica/text.html.

2 Nicholas Carr, *The Shallows: What the Internet Is Doing to Our Brains* (New York: Norton, 2011), 10. (《생각하지 않는 사람들》, 최지향 옮김, 청림출판)

3 Paul Lewis, "Our Minds Can Be Hijacked: The Tech Insiders Who Fear a Smartphone Dystopia," *The Guardian*, October 6, 2017, https://www.theguardian.com/technology/2017/oct/05/smartphone-addiction-silicon-valley-dystopia.

4 즐거움을 얻기 위한 독서를 다루고 있는 더 많은 내용을 보려면, 다음을 보라. Alan Jacobs, *The Pleasures of Reading in an Age of Distraction* (Oxford: Oxford University Press, 2011). (《유혹하는 책 읽기》, 고기탁 옮김, 교보문고)

5 Shane Parrish, "If You Want to Get Smarter, Speed-Reading Is Worse Than Not Reading at All", Quartz, January 23, 2017, https://qz.com/892276/speed-reading-wont-make-you-smarter-but-reading-for-deep-understanding-will.

6 저명한 학자 David Mikics가 하버드에서 출간한 책 *Slow Reading in a Hurried Age* (Cambridge, MA: Belknap, 2013)는 느리게 읽기를 격려한다. (《느리게 읽기》, 이영아 옮김, 위즈덤하우스)

7 Baxter, *Christian Directory*, part3, "Christian Ecclesiastics", in *The Practical Works of the Rev. Richard Baxter* (London: James Duncan, 1830) 5:584, available at https://play.google.com/books/reader?id=MKcOAAAAQAAJ. (《기독교 생활 지침》, 박홍규 옮김, 부흥과 개혁사)

8 책에 표시하는 법을 철저히 다룬 책으로 다음의 고전을 보라. *How to Read a Book* by Mortimer J. Adler and Charles Van Doren (New York: Touchstone, 1972). (《생각을 넓혀 주는 독서법》, 독고앤 옮김, 멘토)

9 Tony Reinke, Facebook discussion, March 10, 2018.

10 Billy Collins, "Marginalia", available at https://www.poetryfoundation.org/poetry magazine/browse?contentId=39493.

11 C. S. Lewis, *An Experiment in Criticism* (Cambridge: Cambridge University Press, 2000), 9. (《오독: 문학비평의 실험》, 홍종락 옮김, 홍성사)

12 Lewis, *An Experiment in Criticism*, 88.

13 Thomas Jefferson, "To Robert Skip with a List of Books", August 3, 1771, Yale Law School: Avalon Project, The Letters of Thomas Jefferson, 2017년 12월 1일 접속, http://avalon.law.yale.edu/18th_century/let4.asp.

14 Paul A. Taylor, "Sympathy and Insight in Aristotle's *Poetics*", *The Journal of Aesthetics and Art Criticism* 66, no.3 (Summer 2008): 268.

15 Taylor, "Sympathy and Insight in Aristotle's *Poetics*", 265-80.

16 George Saunders, lecture, Festival of Faith and Writing, Calvin College, Grand Rapids, April 15, 2016.

17 Taylor, "Sympathy and Insight in Aristotle's *Poetics*", 265.

18 Taylor, "Sympathy and Insight in Aristotle's *Poetics*", 266.

19 Taylor, "Sympathy and Insight in Aristotle's *Poetics*", 276.

20 형성(formation)과 단순한 정보(information)를 다룬 보다 포괄적 논의를 찾는다면 다음 책 18 페이지부터 시작해서 전체를 보라. James K. A. Smith, *Desiring the Kingdom* (Grand Rapids: Baker Academic, 2009). (《하나님 나라를 욕망하라》, 박세혁 옮김, IVP)

21 Sir Philip Sidney, *A Defence of Poetry* (Oxford: Oxford University Press, 2006), 31-32.

22 Sidney, *Defence of Poetry*, 29.

23 Will Durant, *The Story of Philosophy* (New York: Simon & Schuster, 1926), 87. (《철학 이야기》, 임헌영 옮김, 동서문화사)

24 Alasdair MacIntyre, *After Virtue: A Study in Moral Theory*, 3rd ed. (Notre Dame, IN: University of Notre Dame Press, 2007), 11-12. (《덕의 상실》, 이진우 옮김, 문예출판사)

25 MacIntyre, *After Virtue*, 5.

26 MacIntyre, *After Virtue*, 2.

27 Keith Oatley, *Such Stuff as Dreams: The Psychology of Fiction* (Sussex: Wiley-Blackwell,

2011), 28, 29, 30.

28 이 성경 구절에 대해 쓰인 이 표현은 Jason Alvis에게서 빌려 왔다. 그는 다음 논문에서 이 표현을 다른 맥락에서 쓰고 있다. "How to Write a Christian Sentence: Some Reflections on Scholarship", *Faith and the Academy* 2, no. 2 (Spring 2018): 38-41.

29 Graham Ward, "How Literature Resists Secularity", *Literature and Theology* 24, no. 1 (March 2010): 82.

30 Ward, "How Literature Resists Secularity", 85.

31 Emily Dickinson, "I dwell in Possibility—," in *The Norton Anthology of Women's Literature*, 3rd ed., ed. Sandra M. Gilbert and Susan Gubar (New York: Norton, 2007), 1:1053.

32 Sidney, *Defence of Poetry*, 54.

33 Smith, *Imagining the Kingdom*, 133, 137. (《하나님 나라를 상상하라》, 박세혁 옮김, IVP)

34 Jacques Ellul, *The Humiliation of the Word*, trans. Joyce Main Hanks (Grand Rapids: Eerdmans, 1985), 53. (《굴욕당한 말》, 박동열 · 이상민 옮김, 대장간)

35 Marcel Proust, *Days of Reading* (London: Penguin, 2008), 70.

36 《책에 빠지다》에서 보바리 부인에 대해 언급한 장을 보라. *Booked: Literature in the Soul of Me* (Ossining, NY: TS Poetry Press, 2012).

37 Mark Edmundson, *Why Read?* (New York: Bloomsbury, 2004), 112.

38 Edmundson, *Why Read?*, 73.

39 Marshall Gregory, *Shaped by Stories: The Ethical Power of Narrative* (Notre Dame, IN: Notre Dame Press, 2009), 20.

40 Smith, *Imagining the Kingdom*, 108.

41 Smith, *Imagining the Kingdom*, 116, 36.

42 Keith Oatley, *Such Stuff as Dreams: The Psychology of Fiction* (Sussex: Wiley-Blackwell, 2011), 112, 221.

43 Smith, *Imagining the Kingdom*, 108.

44 Martha Nussbaum, *Love's Knowledge: Essays on Philosophy and Literature* (Oxford: Oxford University Press, 1990), 3-4.

45 Nussbaum, *Love's Knowledge*, 5.

46 Nussbaum, *Love's Knowledge*, 47.

47 Joseph Epstein, *A Literary Education and Other Essays* (Edinburg, VA: Axios, 2014), 16.

48 Nussbaum, *Love's Knowledge*, 44.

49 Aristotle, *Nicomachean Ethics*, ed. Roger Crisp, rev.ed. (Cambridge: Cambridge University Press, 2014), 27.

50 Aristotle, *Nicomachean Ethics*, 29-31.

51 Baxter, *Christian Directory*, part 1, "Christian Ethics," in *The Practical Works of the Rev.*

Richard Baxter (London: James Duncan, 1830) 2:151, available at https://play.google.com/books/reader?id=7XcAAAAMAAJ. (《기독교 생활 지침》, 박홍규 옮김, 부흥과 개혁사)

1. 분별: 헨리 필딩의 《톰 존스의 모험》

1 *Catechism of the Catholic Church*, para. 1806, 2017년 10월 17일 접속, http://www.vatican.va/archive/ccc_css/archive/catechism/p3s1cla7.htm.

2 André Comte-Sponville, *A Small Treatise on the Great Virtues: The Uses of Philosophy in Everyday Life* (New York: Picador, 2002), 37.

3 W. Jay Wood, "Prudence", in *Virtues and Their Vices*, ed. Kevin Timpe and Craig A. Boyd (Oxford: Oxford University Press, 2014), 38.

4 Cicero, *The Cyclopaedia of Practical Quotations, English and Latin* (Funk and Wagnalls, 1889), 557.

5 Josef Pieper, *The Four Cardinal Virtues* (Notre Dame, IN: University of Notre Dame Press, 1966), 3.

6 Wood, "Prudence", 37.

7 Pieper, *Four Cardinal Virtues*, 7.

8 Pieper, *Four Cardinal Virtues*, 4.

9 *Cathechism of the Catholic Church*, para. 1806.

10 Alasdair MacIntyre, *After Virtue: A Study in Moral Theory*, 3rd ed. (Notre Dame, IN: University of Notre Dame Press, 2007), 39.

11 MacIntyre, *After Virtue*, 39.

12 하지만 필딩의 신학적 틀인 광교회주의latitudinarianism 자체가 전통적 충동보다는 현대적 충동을 더 많이 반영한다는 점에 주목해야 한다.

13 MacIntyre, *After Virtue*, 11-12.

14 Christian Smith, *Soul Searching: The Religious and Spiritual Lives of Emerging Adults* (Oxford: Oxford University Press, 2009).

15 Henry Fielding, *The History of Tom Jones, A Foundling* (Middletown, CT: Wesleyan University Press, 1975), 7.

16 Martin Battestin, introduction to *The History of Tom Jones, A Foundling*, by Henry Fielding (Middletown, CT: Wesleyan University Press, 1975). xxv.

17 "Prudence", *Online Etymology Dictionary*, 2018년 1월 15일 접속, https://www.etymonline.com/word/prudence.

18 Cicero, cited in Comte-Sponville, *Small Treatise on the Great Virtues*, 34.

19 Battestin, introduction to *History of Tom Jones*, xxv.

20 Pieper, *Four Cardinal Virtues*, 11.

21 MacIntyre, *After Virtue*, 70-74.

22 Comte-Sponville, *Small Treatise on the Great Virtues*, 37.

23 Fielding, *History of Tom Jones*, 8.

24 Fielding, *History of Tom Jones*, 316.

25 Pieper, *Four Cardinal Virtues*, 19; Wood, "Prudence", 47.

26 "Prudence", *Merriam-Webster Dictionary*, 2017년 10월 17일 접속, http://www.merriam-webster.com/dictionary/prudence.

27 Fielding, *History of Tom Jones*, 165.

28 Pieper, *Four Cardinal Virtues*, 22.

29 Pieper, *Four Cardinal Virtues*, 21.

30 Wood, "Prudence", 38.

31 Pieper, *Four Cardinal Virtues*, 37.

32 Augustine, cited in Comte-Sponville, *Small Treatise on the Great Virtues*, 295n19.

33 Augustine, *On Christian Teaching*, ed. R. P. H. Green (Oxford: Oxford World's Classics, 1999), 21.

34 Fielding, *History of Tom Jones*, 960.

35 Fielding, *History of Tom Jones*, 165.

36 Pieper, *Four Cardinal Virtues*, 31.

37 Thomas Aquinas, *Summa Theologiae* II - II, Q.47, Art.1, in *Summa Theologiae of St. Thomas Aquinas*, 2nd and rev.ed., 1920, Fathers of the English Dominican Province 옮김. http://www.newadvent.org/summa.에서 확인할 수 있다.

38 Stanley Hauerwas and Charles Pinches, *Christians among the Virtues: Theological Conversations with Ancient and Modern Ethics* (Notre Dame, IN: University of Notre Dame Press, 1997), 102.

39 Hauerwas and Pinches, *Christians among the Virtues*, 101-2.

40 Pieper, *Four Cardinal Virtues*, 20.

41 Pieper, *Four Cardinal Virtues*, 22.

42 Wood, "Prudence", 49.

43 Wood, "Prudence", 49.

44 Fielding, *History of Tom Jones*, 768.

45 Pieper, *Four Cardinal Virtues*, 20.

46 Fielding, *History of Tom Jones*, 141.

47 Pieper, *Four Cardinal Virtues*, 21.

48 Wood, "Prudence", 44-45.

49 MacIntyre, *After Virtue*, 53-54.

50 Fielding, *History of Tom Jones*, 960.

51 Fielding, *History of Tom Jones*, 981.

52 Wood, "Prudence", 38.

2. 절제: F. 스콧 피츠제럴드의 《위대한 개츠비》

1 André Comte-Sponville, *A Small Treatise on the Great Virtues: The Uses of Philosophy in Everyday Life* (New York: Picador, 2002), 42.

2 William C. Mattison III, *Introducing Moral Theology: True Happiness and the Virtues* (Grand Rapids: Brazos, 2008), 76.

3 Mattison, *Introducing Moral Theology*, 76.

4 Aristotle, *Nicomachean Ethics*, ed. Roger Crisp, rev. ed. (Cambridge: Cambridge University Press, 2014), 54.

5 Aristotle, *Nicomachean Ethics*, 54-57.

6 *Catechism of the Catholic Church*, para. 1809, 2017년 10월 17일 접속, http://www.vatican.va/archive/ccc_css/archive/catechism/p3s1c1a7.htm.

7 Thomas Aquinas, *Summa Theologiae* I - II, Q. 3, Art. 1, in *Summa Theologiae of St. Thomas Aquinas*, 2nd and rev. ed., 1920, Fathers of the English Dominican Province 옮김, http://www.newadvent.org/summa.에서 확인할 수 있다.

8 Robert C. Roberts, "Temperance", in *Virtues and Their Vices*, ed. Kevin Timpe and Craig A. Boyd (Oxford: Oxford University Press, 2014), 99.

9 Comte-Sponville, *Small Treatise on the Great Virtues*, 39.

10 장 보드리야르Jean Baudrillard 같은 포스트모던 철학자들은 성관계를 포함한 현실이 과도(過度) 현실적 또는 기술적 자극과 현실의 복제로 대체될 것이라는 이론을 제시한다. 사실, 최근 십대들의 성 활동과 임신이 감소한 현상은 체화된 관계가 기술로 중개된 관계로 대체된 것에 일부 기인했을 가능성이 있다.

11 *Prohibition*, directed by Ken Burns and Lynn Novick, aired 2011, on PBS, http://www.pbs.org/kenburns/prohibition.

12 Frank A. Salamone, "Prohibition", in S. Bronner, ed., *Encyclopedia of American Studies* (Baltimore: Johns Hopkins University Press, 2016), http://eas-ref.press.jhu.edu/view?aid=614; Robin A. LaVellee and Hsiao-ye Yi, "Surveillance Report #104: Apparent Per Capita Alcohol Consumption: National, State, and Regional Trends, 1977-2014", National Institute on

Alcohol Abuse and Alcoholism, March 2016, https://pubs.niaaa.nih.gov/publications/ surveillance104/CONS14.pdf.

13 F. Scott Fitzgerald, *The Great Gatsby* (New York: Scribner, 1992), 105.

14 Fitzgerald, *Great Gatsby*, 104-5.

15 Fitzgerald, *Great Gatsby*, 77.

16 Fitzgerald, *Great Gatsby*, 155.

17 Fitzgerald, *Great Gatsby*, 117.

18 William R. Leach, *Land of Desire: Merchants, Power, and the Rise of a New American Culture* (New York: Vintage, 1994), 7.

19 Fitzgerald, *Great Gatsby*, 83.

20 Fitzgerald, *Great Gatsby*, 96.

21 Fitzgerald, *Great Gatsby*, 42-43.

22 Leach, *Land of Desire*, xiii.

23 Leach, *Land of Desire*, 3.

24 Leach, *Land of Desire*, xiv.

25 Beth Teitell, "Today's Families Are Prisoners of Their Own Clutter", *Boston Globe*, July 9, 2012, https://www.bostonglobe.com/lifestyle/2012/07/09/new-study-says-american-families-are-overwhelmed-clutter-rarely-eat-together-and-are-generally-stressed-out-about-all/G4VdOwzXNinxMhKA1YtyO/story.html.

26 Glenn Tinder, *The Fabric of Hope* (Atlanta: Scholars Press, 1999), 17.

27 Josef Pieper, *The Four Cardinal Virtues* (Notre Dame, IN: University of Notre Dame Press, 1966), 148.

28 Fitzgerald, *Great Gatsby*, 85.

29 Fitzgerald, *Great Gatsby*, 33.

30 "Temper", *Oxford Dictionary*, 2018년 1월 15일 접속, https://en.oxford dictionaries.com/defintion/temper.

31 "Temper", *Online Etymology Dictionary*, 2017년 10월 17일 접속, http://www.etymonline.com/word/temper.

32 "Temper", *Online Etymology Dictionary*.

33 Fitzgerald, *Great Gatsby*, 116.

34 Fitzgerald, *Great Gatsby*, 117.

35 Fitzgerald, *Great Gatsby*, 68.

36 Fitzgerald, *Great Gatsby*, 130.

37 Fitzgerald, *Great Gatsby*, 189.

38 Fitzgerald, *Great Gatsby*, 181-82.

39 Benjamin Franklin, *The Autobiography of Benjamin Franklin* (New Yok: Houghton Mifflin, 1888), 101.

40 Franklin, *Autobiography*, 102.

41 Fitzgerald, *Great Gatsby*, 104.

42 Fitzgerald, *Great Gatsby*, 101.

43 Fitzgerald, *Great Gatsby*, 98.

44 Comte-Sponville, *Small Treatise on the Great Virtues*, 40.

45 Fitzgerald, *Great Gatsby*, 12.

46 Fitzgerald, *Great Gatsby*, 97-98.

47 Fitzgerald, *Great Gatsby*, 98.

48 Guy Debord, *Society of the Spectacle* (Detroit: Black and Red, 1983), thesis 17. (《스펙타클의 사회》, 유재홍 옮김, 울력)

49 Debord, *Society of the Spectacle*, thesis 67.

50 Leach, *Land of Desire*, 42.

51 Fitzgerald, *Great Gatsby*, 167.

52 Fitzgerald, *Great Gatsby*, 5.

53 Fitzgerald, *Great Gatsby*, 188.

3. 정의: 찰스 디킨스의 《두 도시 이야기》

1 William Faulkner, *Requiem for a Nun* (New York: Vintage, 2011), 73.

2 Aristotle, *Nicomachean Ethics*, ed. Roger Crisp, rev. ed. (Cambridge: Cambridge University Press, 2014), 80.

3 Plato, *The Republic*, trans. Allan Bloom, 2nd ed. (New York: Basic Books, 1991), 124.

4 Michael Novak and Paul Adams, *Social Justice Isn't What You Think It Is* (New York: Encounter Books, 2015), 19.

5 Aristotle, *Nicomachean Ethics*, 79.

6 Gerard Manley Hopkins, *Hopkins: Poems and Prose* (New York: Knopf, 1995), 18.

7 Elaine Scarry, *On Beauty and Being Just* (Princeton, NJ: Princeton University Press, 1999), 93. (《아름다움과 정의로움에 대하여》, 이성민 옮김, 도서출판 b)

8 André Comte-Sponville, *A Small Treatise on the Great Virtues: The Uses of Philosophy in Everyday Life* (New York: Picador, 2002), 61.

9 Josef Pieper, *The Four Cardinal Virtues* (Notre Dame, IN: University of Notre Dame Press, 1966), 61-62.

10 Aristotle, *Nicomachean Ethics*, 81.

11 Pieper, *Four Cardinal Virtues*, 65.

12 Charles Dickens, *A Tale of Two Cities* (New York: Bantam Classic, 1989), 1.

13 Stephen Koch, afterword to *Tale of Two Cities*, 358.

14 Dickens, *Tale of Two Cities*, 53-54.

15 Dickens, *Tale of Two Cities*, 47.

16 Dickens, *Tale of Two Cities*, 2-3.

17 Dickens, *Tale of Two Cities*, 47.

18 Dickens, *Tale of Two Cities*, 53.

19 Aristotle, *Nicomachean Ethics*, 80.

20 Augustine, *On the Free Choice of the Will, On Grace and Free Choice, and Other Writings*, ed. and trans. Peter King (Cambridge: Cambridge University Press, 2010), 10.

21 Martin Luther King Jr., "Letter from a Birmingham Jail", April 16, 1963, 2017년 10월 28일 접속, https://www.africa.upenn.edu/Articles_Gen/Letter_Birmingham. html.

22 Dickens, *Tale of Two Cities*, 53-54.

23 Dickens, *Tale of Two Cities*, 2.

24 Dickens, *Tale of Two Cities*, 95.

25 Dickens, *Tale of Two Cities*, 107.

26 Dickens, *Tale of Two Cities*, 102.

27 Dickens, *Tale of Two Cities*, 102.

28 Dickens, *Tale of Two Cities*, 143.

29 Dickens, *Tale of Two Cities*, 206.

30 Dickens, *Tale of Two Cities*, 206-7.

31 Dickens, *Tale of Two Cities*, 208.

32 Dickens, *Tale of Two Cities*, 252.

33 Dickens, *Tale of Two Cities*, 251.

34 Dickens, *Tale of Two Cities*, 294-95.

35 King, "Letter from a Birmingham Jail."

36 그와 유사하게 우리 시대에는 미국에서 극형의 적용 범위가 점점 더 좁아지고 극형이 용인되는 경우도 줄어들었다. 이를테면, 세월이 지남에 따라 공개 처형과 미성년자 및 정신 지체자들에 대한 처형이 거부되었고, 일부 주에서는 사형이 완전히 폐지되었다. Shane Claiborne, *Executing Grace: How the Death Penalty Killed Jesus and Why It's Killing Us* (San Francisco: HarperOne, 2016), 156쪽을 참조하라.

37 Dickens, *Tale of Two Cities*, 347.

38 Dickens, *Tale of Two Cities*, 344-45.

39 Dickens, *Tale of Two Cities*, 346.

40 Dickens, *Tale of Two Cities*, 71.

41 Dickens, *Tale of Two Cities*, 192-93.

42 Dickens, *Tale of Two Cities*, 193.

43 Comte-Sponville, *Small Treatise on the Great Virtues*, 83.

44 David Schmidtz and John Thrasher, "The Virtues of Justice", in *Virtues and Their Vices*, ed. Kevin Timpe and Craig A. Boyd (Oxford: Oxford University Press, 2014), 68.

45 Schmidtz and Thrasher, "Virtues of Justice", 67.

46 Koch, afterword to *Tale of Two Cities*, 364.

47 Dickens, *Tale of Two Cities*, 138.

48 Plato, *The Republic*, 118-19.

49 Dickens, *Tale of Two Cities*, 80.

50 Dickens, *Tale of Two Cities*, 191.

51 Dickens, *Tale of Two Cities*, 76.

52 Scarry, *On Beauty and Being Just*, 91.

53 Scarry, *On Beauty and Being Just*, 42.

54 Scarry, *On Beauty and Being Just*, 81.

55 Dickens, *Tale of Two Cities*, 351.

56 Dickens, *Tale of Two Cities*, 351-52.

4. 용기: 마크 트웨인의 《허클베리 핀의 모험》

1 "Brave", *Online Etymology Dictionary*, 2017년 10월 17일 접속, http://www. etymonline. com/index.php?term=brave.

2 "Alex Skarlatos Says Gut Instinct, Military Training Helped Subdue Gunman in France Train Attack", *Oregon Live*, August 23, 2015, http://www.oregonlive.com/today/index. ssf/2015/08/alex_skarlatos_says_gut_instin.html.

3 William C. Mattison III, *Introducing Moral Theology: True Happiness and the Virtues* (Grand Rapids: Brazos, 2008), 180.

4 Mark Twain, *The Adventures of Huckleberry Finn* (New York: Penguin, 2003), 9.

5 Twain, *Adventures of Huckleberry Finn*, 19.

6 물론, 미국이 건국된 시기인 신고전주의적 18세기에는 행복을 아리스토텔레스적으로, 즉 덕과 떼려야 뗄 수 없이 이어져 있다고 이해했다. 지금의 아메리칸드림은 2장에서 우리가 보았다시피, 덕으로만 얻을 수 있다고 여기던 행복을 물질주의로 얻을 수 있다고 본다.

7 Twain, *Adventures of Huckleberry Finn*, 48.

8 Twain, *Adventures of Huckleberry Finn*, 19.

9 Twain, *Adventures of Huckleberry Finn*, 158-59.

10 "우리는 불명예, 가난, 질병, 우정의 결여, 죽음 같은 모든 나쁜 것들을 두려워하지만, 용감한 사람이 이 모든 것을 우려하지는 않는 것 같다. 그중 일부, 예를 들어 불명예라면 두려하는 것이 옳고 고귀한 일이고, 두려워하지 않는 것이 오히려 부끄러운 일이다. 이런 것을 두려워하는 사람은 선하고 부끄러움을 아는 제대로 된 사람인 반면, 두려워하지 않는 사람은 파렴치한이다." Aristotle, *Nicomachean Ethics*, ed. Roger Crisp, rev. ed. (Cambridge: Cambridge University Press, 2014), 48.

11 Josef Pieper, *The Four Cardinal Virtues* (Notre Dame, IN: University of Notre Dame Press, 1966), 122.

12 Aristotle, *Nicomachean Ethics*, 49.

13 Ambrose, "On the Duties of the Clergy" 1.35, in *A Select Library of Nicene and Post-Nicene Fathers of the Christian Church*, 2nd Series, ed. Philip Schaff and Henry Wace, 14 vols. (repr., Peabody, MA: Hendrickson, 1994), 10:30.

14 Daniel McInerny, "Fortitude and the Conflict of Frameworks", in *Virtues and Their Vices*, ed. Kevin Timpe and Craig A. Boyd (Oxford: Oxford University Press, 2014), 85.

15 윌리엄 베넷이 다음 책의 용기를 다룬 장에서 우리에게 상기시켜 주었듯이 말이다. *The Book of Virtues* (New York: Simon & Schuster, 1993), 441.

16 Aristotle, *Nicomachean Ethics*, 49.

17 Pieper, *Four Cardinal Virtues*, 117.

18 Twain, *Adventures of Huckleberry Finn*, 247.

19 Twain, *Adventures of Huckleberry Finn*, 252.

20 McInerny, "Fortitude and the Conflict of Frameworks", 84.

21 Pieper, *Four Cardinal Virtues*, 123.

22 Pieper, *Four Cardinal Virtues*, 120.

23 Pieper, *Four Cardinal Virtues*, 124.

24 Pieper, *Four Cardinal Virtues*, 128.

25 Thomas Aquinas, *Summa Theologiae* I, Q. 79, Art. 13, in *Summa Theologiae of St. Thomas Aquinas*, 2nd and rev. ed., 1920, Fathers of the English Dominican Province 옮김, http://www.newadvent.org/summa.에서 확인할 수 있다.

26 Henry Fielding, *The History of Tom Jones, A Foundling* (Middletown, CT: Wesleyan University Press, 1975), 171n.

27 Mattison, *Introducing Moral Theology*, 107.

28 Mattison, *Introducing Moral Theology*, 108.

29 Twain, *Adventures of Huckleberry Finn*, 240.

30 Twain, *Adventures of Huckleberry Finn*, 247-48.

31 Twain, *Adventures of Huckleberry Finn*, 167.

32 Twain, *Adventures of Huckleberry Finn*, 101.

33 Mattison, *Introducing Moral Theology*, 108-9.

34 Mattison, *Introducing Moral Theology*, 110.

35 Twain, *Adventures of Huckleberry Finn*, 103-4.

36 Twain, *Adventures of Huckleberry Finn*, 227.

37 Twain, *Adventures of Huckleberry Finn*, 228.

38 Pieper, *Four Cardinal Virtues*, 126.

39 Dietrich Bonhoeffer, *Ethics*, trans. Neville Horton Smith (New York: Simon & Schuster, 1995), 244. (《윤리학》, 손규태 외 2인 옮김, 대한기독교서회)

40 McInerny, "Fortitude and the Conflict of Frameworks ", 87.

41 Azar Nafisi, *The Republic of Imagination: America in Three Books* (New York: Viking, 2014), 142.

5. 믿음: 엔도 슈사쿠의 《침묵》

1 "What is the Nature of True Saving Faith?", Grace to You, 2017년 10월 12일 접속, https://www.gty.org/library/questions/QA164/what-is-the-nature-of-true-saving-faith.

2 Josef Pieper, *Faith, Hope, Love* (San Francisco: Ignatius, 2012), 99-100.

3 Pieper, *Faith, Hope, Love*, 33.

4 Thomas Aquinas, *Summa Theologiae* I - II, Q. 62, Art. 1, in *Summa Theologiae of St. Thomas Aquinas*, 2nd and rev. ed., 1920, Fathers of the English Dominican Province 옮김, http://www.newadvent.org/summa.에서 확인할 수 있다.

5 Karl Clifton-Soderstrom, *The Cardinal and the Deadly: Reimagining the Seven Virtues and Seven Vices* (Eugene, OR: Cascade, 2015), 42.

6 Clifton-Soderstrom, *The Cardinal and the Deadly*, 35.

7 "Faith Defined", Ligonier Ministries, 2017년 10월 14일 접속, http://www.ligonier.org/learn/devotionals/faith-defined.

8 Chad Thornhill, personal correspondence, January 28, 2017.

9 Makoto Fujimura, *Silence and Beauty: Hidden Faith Born of Suffering* (Downers Grove, IL: InterVarsity, 2016), 85.

10 Philip Zaleski, "Book Awards: Harper Collins 100 Best Spiritual Books of the Century",

LibraryThing, November 1999, https://www.librarything.com/bookaward/HarperCollins+100+Best+Spiritual+Books+of+the+Century.

11 Shusaku Endo, *Silence*, trans. William Johnston (New York: Picador, 2016), 38.

12 Endo, *Silence*, 56.

13 Endo, *Silence*, 182.

14 Endo, *Silence*, 183.

15 Endo, *Silence*, 183.

16 Endo, *Silence*, 183.

17 Endo, *Silence*, 204.

18 Shusaku Endo, *Journeying Together: Conversation between Shusaku Endo and Yasumata Sato* (Tokyo: Kodansha Bungei, 1991), 25, Fujimura, *Silence and Beauty*, 40에 인용됨.

19 Endo, *Silence*, 203.

20 Endo, *Silence*, 203-4.

21 James Martin, SJ, "Fr. James Martin Answers 5 Common Questions about 'Silence'", *America: The Jesuit Review*, January 18, 2017, https://www.america magazine.org/arts-culture/2017/01/18/fr-james-martin-answers-5-common-questions-about-silence.

22 Peter Epps, "Interpret Carefully: Balancing Caution and Hope in Responding to Shusaku Endo's Novel *Silence*", *Christ and Pop Culture*, January 20, 2017, https://christandpopculture.com/interpret-carefully-balancing-caution-hope-responding-shusaku-endos-novel-silence.

23 William Johnston, translator's preface to *Silence* by Shusaku Endo (New York: Picador, 2016), xix.

24 Fujimura, *Silence and Beauty*, 47-50.

25 Fujimura, *Silence and Beauty*, 48-49.

26 Fujimura, *Silence and Beauty*, 50.

27 Fujimura, *Silence and Beauty*, 41.

28 Shusaku Endo, *The Voice of Silence* (Tokyo: President Company, 1992), 86, Fujimura, *Silence and Beauty*, 80에 인용됨.

29 Fujimura, *Silence and Beauty*, 41.

30 Mark Jenkins, "Scorsese's Silence: A Clash of Cultures—and Creeds—in 16th Century Japan", NPR, December 23, 2016, http://www.npr.org/2016/12/23/506341698/scorseses-silence-a-clash-of-cultures-and-creeds-in-16th-century-japan.

31 Patricia Snow, "Empathy Is Not Charity", *First Things*, October 2017, https://www.firstthings.com/article/2017/10/empathy-is-not-charity.

32 "Oedipus: The Message in the Myth", OpenLearn, December 6, 2007, http://www.open.edu/openlearn/history-the-arts/history/classical-studies/oedipus-the-message-the-myth.

33 Joseph Schwartz, "Chesterton on the Idea of Christian Tragedy", *Renascence: Essays on Values in Literature* 53, no.3 (2001): 227.

34 "The Real Life of 'Silence's' Characters", News and Events, Society of Saint Pius X (website), May 2, 2017, http://sspx.org/en/news-events/news/real-life-silences-character.

35 Snow, "Empathy Is Not Charity."

36 Sigmund Freud, *The Basic Writings of Sigmund Freud*, trans. A. A. Brill (New York: Random House, 1938), 307.

37 Aristotle, *Poetics* 14, par. 15.

38 Schwartz, "Chesterton on the Idea of Christian Tragedy", 227.

39 Fujimura, *Silence and Beauty*, 80.

40 Fujimura, *Silence and Beauty*, 81.

41 Fujimura, *Silence and Beauty*, 49.

42 Martin Luther, "Babylonian Captivity", Clifton-Soderstrom, *The Cardinal and the Deadly*, 41에 인용됨.

43 Todd E. Outcalt, *Seven Deadly Virtues* (Downers Grove, IL: IVP Books, 2017), 35.

44 R. Scott Clark, "Is Faith a Virtue?" *The Heidelblog*, June 28, 2014, https://heidelblog.net/2014/06/is-faith-a-virtue-2.

45 Clifton-Soderstrom, *The Cardinal and the Deadly*, 40.

6. 소망: 코맥 매카시의 《로드》

1 "Apocalypse", *Online Etymology Dictionary*, 2017년 10월 18일 접속, http://www.etymonline.com/index.php?term=apocalypse.

2 Robert Joustra and Alissa Wilkinson, *How to Survive the Apocalypse* (Grand Rapids: Eerdmans, 2016), 2.

3 Elizabeth H. Rosen, *Apocalyptic Transformation and the Postmodern Imagination* (New York: Lexington, 2008), xii, Joustra and Wilkinson, *How to Survive the Apocalypse*, 57에 인용됨.

4 Joustra and Wilkinson, *How to Survive the Apocalypse*, 5.

5 Jason Heller, "Does Post-Apocalyptic Literature Have a (Non-Dystopian) Future?", *NPR Books*, May 2, 2015, http://www.npr.org/2015/05/02/402852849/does-post-apocalyptic-literature-have-a-non-dystopian-future.

6 Josef Pieper, *Faith, Hope, Love* (San Francisco: Ignatius, 2012), 92.

7 Charles Pinches, "On Hope", in *Virtues and Their Vices*, ed. Kevin Timpe and Craig A. Boyd

(Oxford: Oxford University Press, 2014), 362.

Cormac McCarthy, *The Road* (New York: Vintage, 2006), 3.

9 McCarthy, *The Road*, 126.

10 Thomas Aquinas, *Summa Theologiae* I - II, Q. 40, Art. 2, in *Summa Theologiae of St. Thomas Aquinas*, 2nd and rev. ed., 1920, Fathers of the English Dominican Province 옮김, http://www.newadvent.org/summa.에서 확인할 수 있다.

11 James K. A. Smith, *Desiring the Kingdom* (Grand Rapids: Baker Academic, 2009), 30.

12 Thomas Aquinas, *Summa Theologiae* I - II, Q. 40, Art. 3.

13 Robert Miner, *Thomas Aquinas on the Passions* (Cambridge: Cambridge University Press, 2009), 219.

14 Thomas Aquinas, *Summa Theologiae* I - II, Q. 40, Art. 5.

15 Pieper, *Faith, Hope, Love*, 100.

16 Pieper, *Faith, Hope, Love*, 105.

17 Claudia Bloeser and Titus Stahl, "Hope", *The Stanford Encyclopedia of Philosophy*, ed. Edward N. Zalta, Spring 2017, https://plato.stanford.edu/entries/hope.

18 Miner, *Thomas Aquinas on the Passions*, 227.

19 McCarthy, *The Road*, 57.

20 McCarthy, *The Road*, 55-57.

21 Pieper, *Faith, Hope, Love*, 98.

22 Pieper, *Faith, Hope, Love*, 113.

23 Thomas Aquinas, *Summa Theologiae* II - II, Q. 21, Art. 1.

24 Thomas Aquinas, *Summa Theologiae* II - II, Q. 21, Art. 2.

25 Thomas Aquinas, *Summa Theologiae* II - II, Q. 20, Art. 2.

26 McCarthy, *The Road*, 5.

27 Thomas Aquinas, *Summa Theologiae* I - II, Q. 40, Art. 7.

28 Thomas Aquinas, *Summa Theologiae* I - II, Q. 40, Art. 7.

29 Thomas Aquinas, *Summa Theologiae* I - II, Q. 40, Art. 7.

30 Glenn Tinder, *The Fabric of Hope* (Atlanta: Scholars Press, 1999), 18.

31 McCarthy, *The Road*, 158.

32 McCarthy, *The Road*, 244.

33 McCarthy, *The Road*, 83.

34 McCarthy, *The Road*, 137.

35 John Piper, "What is Hope?" *Desiring God*, April 6, 1986, https://www.desiringgod.org/messages/what-is-hope.

36 Pinches, "On Hope", 363.

37 McCarthy, *The Road*, 10.

38 McCarthy, *The Road*, 177.

39 McCarthy, *The Road*, 189.

40 McCarthy, *The Road*, 260.

41 McCarthy, *The Road*, 258-59.

42 McCarthy, *The Road*, 160.

43 McCarthy, *The Road*, 88.

44 Pinches, "On Hope", 353.

45 McCarthy, *The Road*, 230.

46 McCarthy, *The Road*, 130.

47 McCarthy, *The Road*, 88-89.

48 McCarthy, *The Road*, 272.

49 McCarthy, *The Road*, 129.

50 McCarthy, *The Road*, 144.

51 McCarthy, *The Road*, 151.

52 Pieper, *Faith, Hope, Love*, 117-19.

53 Pieper, *Faith, Hope, Love*, 120.

54 Pieper, *Faith, Hope, Love*, 122.

55 Miner, *Thomas Aquinas on the Passions*, 227.

56 Thomas Aquinas, *Summa Theologiae* II‑II, Q. 17, Art. 5.

57 Pinches, "On Hope", 356.

58 Miner, *Thomas Aquinas on the Passions*, 228.

59 Pieper, *Faith, Hope, Love*, 101-2.

60 George Saunders, "Tenth of December", in *Tenth of December* (New York: Random House, 2013), 249.

61 Vladimir Nabokov, *Lectures on Literature* (New York: Harcourt, 1980), 375. (《나보코프 문학 강의》, 김승욱 옮김, 문학동네)

62 Nabokov, *Lectures on Literature*, 373.

63 Nabokov, *Lectures on Literature*, 374.

64 McCarthy, *The Road*, 23.

65 McCarthy, *The Road*, 39.

66 McCarthy, *The Road*, 40-41.

67 McCarthy, *The Road*, 280-81.

68 McCarthy, *The Road*, 77.

69 McCarthy, *The Road*, 128-29.

70 Thomas Aquinas, *Summa Theologiae* II-II, Q. 17, Art. 5.

71 Miner, *Thomas Aquinas on the Passions*, 229.

72 Miner, *Thomas Aquinas on the Passions*, 228.

73 Miner, *Thomas Aquinas on the Passions*, 228.

74 N. T. Wright, *Surprised by Hope* (New York: HarperCollins, 2008), 7. (《마침내 드러난 하나님 나라》, 양혜원 옮김, IVP)

75 Tinder, *Fabric of Hope*, 34.

76 Joustra and Wilkinson, *How to Survive the Apocalypse*, 57.

77 McCarthy, *The Road*, 54.

78 Tinder, *Fabric of Hope*, 31.

79 Alasdair MacIntyre, *After Virtue: A Study in Moral Theory*, 3rd ed. (Notre Dame, IN: University of Notre Dame Press, 2007), 1-2.

80 McCarthy, *The Road*, 16.

81 McCarthy, *The Road*, 278-79.

82 McCarthy, *The Road*, 5.

83 McCarthy, *The Road*, 75.

84 Pinches, "On Hope", 362.

85 Charles Taylor, *A Secular Age* (Cambridge, MA: Belknap, 2007), 20.

86 Taylor, *Secular Age*, 19.

87 Tinder, *Fabric of Hope*, 27.

88 Wright, *Surprised by Hope*, 85.

89 Wright, *Surprised by Hope*, 93-96.

90 Tinder, *Fabric of Hope*, 25.

91 Taylor, *Secular Age*, 18.

92 McCarthy, *The Road*, 246.

7. 사랑: 레프 톨스토이의 《이반 일리치의 죽음》

1 Aristotle, *Nicomachean Ethics*, ed. Roger Crisp, rev. ed. (Cambridge: Cambridge University Press, 2014), 141.

2 Erich Fromm, *The Art of Loving* (New York: Harper and Row, 1962), 9.

3 Josef Pieper, *Faith, Hope, Love* (San Francisco: Ignatius, 2012), 175.

4 Maia Szalavitz, "How Orphanages Kill Babies—And Why No Child Under 5 Should Be in One", *Huffington Post*, June 23, 2010, http://www.huffingtonpost.com/maia-szalavitz/

how-orphanages-kill-babie_b_549608.html.

5   Scott Stossel, "What Makes Us Happy, Revisited", *The Atlantic*, May 2013, https://www. theatlantic.com/magazine/archive/2013/05/thanks-mom/309287.

6   Dante Alighieri, *The Divine Comedy*, trans. John Ciardi (London: Penguin, 2003), 894.

7   Pieper, *Faith, Hope, Love*, 174.

8   Wayne Pacelle, *The Bond: Our Kinship with Animals, Our Call to Defend Them* (New York: Morrow, 2011), 135-52.

9   Katey Rich, "Watch Lin-Manuel Miranda's Emotional Tony Awards Acceptance Sonnet", *Vanity Fair*, June 12, 2016, https://www.vanityfair.com/culture/2016/06/lin-manuel-miranda-tony-speech. 2016년 토니상 수락 연설에서 Lin-Miranda가 한 말 중에서.

10 William C. Mattison III, *Introducing Moral Theology: True Happiness and the Virtues* (Grand Rapids: Brazos, 2008), 300.

11 Mattison, *Introducing Moral Theology*, 300.

12 Mattison, *Introducing Moral Theology*, 302.

13 Thomas Aquinas, *Summa Theologiae* II - II, Q. 23, Art. 1, in *Summa Theologiae of St. Thomas Aquinas*, 2nd and rev. ed., 1920, Fathers of the English Dominican Province 옮김, http://www.newadvent.org/summa.에서 확인할 수 있다.

14 Thomas Aquinas, *Summa Theologiae* II - II, Q. 184, Art.1.

15 James S. Spiegel, *How to Be Good in a World Gone Bad* (Grand Rapids: Kregel, 2004), 200-201.

16 Mattison, *Introducing Moral Theology*, 302.

17 Augustine, "Homily 7 on the First Epistle of John: 1 John 4:4-12", trans. H. Browne, in *Nicene and Post-Nicene Fathers*, 1st series, vol. 7, ed. Philip Schaff (Buffalo, NY: Christian Literature Publishing, 1888), rev. and ed. Kevin Knight. http://www.newadvent.org/fathers/170207.htm.에서 확인할 수 있다.

18 Mattison, *Introducing Moral Theology*, 292.

19 Thomas Aquinas, *Summa Theologiae* I - II, Q. 62, Art. 3.

20 C. S. Lewis, *The Screwtape Letters, Mere Christianity, Surprised by Joy* (New York: Quality Paperback Book Club, 1992), 102.

21 Augustine, *On Christian Teaching*, ed. R. P. H. Green (Oxford: Oxford World's Classics, 1999), 76.

22 Augustine, *On Christian Teaching*, 21.

23 Leo Tolstoy, *The Death of Ivan Ilych*, trans. Louise and Aylmer Maude (Grand Rapids: Generic NL Freebook, 1886), 256.

24 Tolstoy, *Death of Ivan Ilych*, 267.

25 Tolstoy, *Death of Ivan Ilych*, 266.

26 Tolstoy, *Death of Ivan Ilych*, 255.

27 Elaine A. Robinson, *These Three: The Theological Virtues of Faith, Hope, Love* (Eugene, OR: Wipf and Stock, 2010), 134.

28 C. S. Lewis, *The Four Loves* (New York: Harcourt Brace Jovanovich, 1960), 87-89. (《네 가지 사랑》, 이종태 옮김, 홍성사)

29 Tolstoy, *Death of Ivan Ilych*, 248.

30 Tolstoy, *Death of Ivan Ilych*, 267.

31 Tolstoy, *Death of Ivan Ilych*, 269.

32 Tolstoy, *Death of Ivan Ilych*, 257.

33 Tolstoy, *Death of Ivan Ilych*, 259.

34 Tolstoy, *Death of Ivan Ilych*, 260.

35 Tolstoy, *Death of Ivan Ilych*, 261.

36 Tolstoy, *Death of Ivan Ilych*, 261.

37 Tolstoy, *Death of Ivan Ilych*, 298.

38 Tolstoy, *Death of Ivan Ilych*, 270.

39 Tolstoy, *Death of Ivan Ilych*, 283.

40 Tolstoy, *Death of Ivan Ilych*, 286.

41 Tolstoy, *Death of Ivan Ilych*, 276.

42 Martha Nussbaum, *Poetic Justice: The Literary Imagination and Public Life* (Boston: Beacon, 1997). (《시적 정의》, 박용준 옮김, 궁리)

43 Robinson, *These Three*, 143.

44 Paul Bloom, *Against Empathy: The Case for Rational Compassion* (New York: Ecco, 2016). (《공감의 배신》, 이은진 옮김, 시공사)

45 Robinson, *These Three*, 144.

46 Spiegel, *How to Be Good*, 199.

47 Tolstoy, *Death of Ivan Ilych*, 253.

48 Tolstoy, *Death of Ivan Ilych*, 280.

49 Tolstoy, *Death of Ivan Ilych*, 285.

50 Shakespeare, Sonnet 73, in *Norton Anthology of English Literature*, 7th, ed., ed. M. H. Abrams (New York: Norton, 2003), 1:1035.

51 Augustine, *Soliloquies* 1, trans. C. C. Starbuck, in *Nicene and Post-Nicene Fathers*, vol. 7. http://www.newadvent.org/fathers/170301.htm.에서 확인할 수 있다.

52 Tolstoy, *Death of Ivan Ilych*, 286.

53 Tolstoy, *Death of Ivan Ilych*, 271.

54 Tolstoy, *Death of Ivan Ilych*, 283.

55 Tolstoy, *Death of Ivan Ilych*, 284.

56 Tolstoy, *Death of Ivan Ilych*, 286.

57 Benedict XVI, *Caritas in Veritate*, June 29, 2009, para. 5, http://w2.vatican.va/content/benedict-xvi/en/encyclicals/documents/hf_ben-xvi_enc_20090629_caritas-in-veritate.html.

58 Benedict XVI, *Caritas in Veritate*, para. 3.

59 Flannery O'Connor, *Mystery and Manners* (New York: Farrar, Straus and Giroux, 1993), 227.

60 Tolstoy, *Death of Ivan Ilych*, 300.

61 Tolstoy, *Death of Ivan Ilych*, 294-95.

62 Tolstoy, *Death of Ivan Ilych*, 299.

63 Tolstoy, *Death of Ivan Ilych*, 302.

64 John Wesley, "Sermon 149: On Love", in *The Works of John Wesley*, vol. 4, *Sermons, IV*, 115-151, ed. Albert C. Outler (Nashville: Abingdon, 1987), 386.

8. 정결: 이디스 워튼의 《이선 프롬》

1 C. S. Lewis, *The Screwtape Letters, Mere Christianity, Surprised by Joy* (New York: Quality Paperback Book Club, 1992), 75.

2 Augustine, *Confessions*, trans. R. S. Pine-Coffin (London: Penguin, 1961), 169.

3 Percy Bysshe Shelley, *The Poetical Woks* (London: MacMillan, 1907), 34.

4 Aldous Huxley, *Eyeless in Gaza* (New York: Harper and Brothers, 1936), 289.

5 Augustine, *City of God*, trans. Henry Bettenson (London: Penguin Classics, 1984), 27.

6 이것은 강간과 폭행의 경우에 대단히 중요한 구분이다. 강간과 폭행의 피해자는 자신이 더럽혀졌다고 느끼기 때문이다.

7 Rebecca Konyndyk DeYoung, *Glittering Vices: A New Look at the Seven Deadly Sins* (Grand Rapids: Brazos, 2009), 178.

8 Lauren F. Winner, *Real Sex: The Naked Truth about Chastity* (Grand Rapids: Brazos, 2006), 126. (《순결에 대한 솔직한 이야기》, 이정옥 옮김, 평민사)

9 Winner, *Real Sex*, 126.

10 Chesterton, "A Piece of Chalk", *Daily News*, November 4, 1905, https://www.chesterton.org/a-piece-of-chalk.에서 확인할 수 있다.

11 Edith Wharton, *Ethan Frome* (New York: Scribner, 1979), 4.

12 Wharton, *Ethan Frome*, 3.

13 Wharton, *Ethan Frome*, 11.

14 Konyndyk DeYoung, *Glittering Vices*, 162.

15 David Allen, "The Lust of the Flesh, the Lust of the Eyes, and the Pride of Life—1 John 2:16", *Dr. David Allen*, April 30, 2015, http://drdavidlallen.com/bible/the-lust-of-the-flesh-the-lust-of-the-eyes-and-the-pride-of-life-1-john-216.

16 Wharton, *Ethan Frome*, 27.

17 Wharton, *Ethan Frome*, 72.

18 Wharton, *Ethan Frome*, 30.

19 Wharton, *Ethan Frome*, 31.

20 Wharton, *Ethan Frome*, 33-34.

21 Wharton, *Ethan Frome*, 57.

22 Wharton, *Ethan Frome*, 33-34.

23 Allen, "Lust of the Flesh."

24 Wharton, *Ethan Frome*, 17.

25 Wharton, *Ethan Frome*, 33.

26 Wharton, *Ethan Frome*, 46-47.

27 Wharton, *Ethan Frome*, 124.

28 Wharton, *Ethan Frome*, 130-31.

29 Wharton, *Ethan Frome*, 146-47.

30 Wharton, *Ethan Frome*, 35-36.

31 Hara Estroff Marano and Shirley Glass, "Shattered Vows", *Psychology Today*, July 1, 1998, https://www.psychologytoday.com/articles/199807/shattered-vows.

32 Wharton, *Ethan Frome*, 35-36.

33 Colleen McClusky, "Lust and Chastity", in *Virtues and Their Vices*, ed. Kevin Timpe and Craig A. Boyd (Oxford: Oxford University Press, 2014), 116.

34 Winner, *Real Sex*, 34.

35 Wharton, *Ethan Frome*, 116.

36 Wharton, *Ethan Frome*, 72.

37 Wharton, *Ethan Frome*, 108.

38 Wharton, *Ethan Frome*, 114.

39 Pope John Paul II , *Love and Responsibility* (San Francisco: Ignatius, 1993), 171.

40 "Chaste", *Online Etymology Dictionary*, 2017년 10월 19일 접속, http://www.etymonline.com/index.php?term=chaste.

41 Daniel Goleman, "Long-Married Couples Do Look Alike, Study Finds", *New York Times*,

August 11, 1987, http://www.nytimes.com/1987/08/11/science/long-marriedcouples-do-look-alike-study-finds.html.

42 Wharton, *Ethan Frome*, 188.

43 Wharton, *Ethan Frome*, 71.

44 Konyndyk DeYoung, *Glittering Vices*, 177.

45 Frederick Buechner, *Wishful Thinking: A Seeker's ABC* (San Francisco: Harper-Collins, 1993), 107.

46 "Yes, Using Facebook May Be Making You More Lonely", *Fox News Health*, March 7, 2017, http://www.foxnews.com/health/2017/03/07/yes-using-facebook-may-be-making-more-lonely.html.

47 Wharton, *Ethan Frome*, 142-43.

48 Winner, *Real Sex*, 52.

49 Winner, *Real Sex*, 57.

50 Winner, *Real Sex*, 69-70.

9. 부지런함: 존 번연의 《천로역정》

1 "The Joke", Carnegie Hall, April 19, 2016, https://www.carnegiehall.org/Blog/2016/04/The-Joke.

2 "Diligence", *Online Etymology Dictionary*, 2017년 10월 19일 접속, http://www.etymonline.com/index.php?term=diligence.

3 Thomas Aquinas, *Summa Theologiae* II - II, Q. 35, Art. 1, in *Summa Theologiae of St. Thomas Aquinas*, 2nd and rev. ed., 1920, Fathers of the English Dominican Province 옮김, http://www.newadvent.org/summa.에서 확인할 수 있다.

4 Peter Kreeft, *Back to Virtue* (San Francisco: Ignatius, 1992), 153.

5 Kreeft, *Back to Virtue*, 154.

6 W. R. Owens, introduction to *The Pilgrim's Progress*, by John Bunyan (Oxford: Oxford World's Classics, 2003), xvii.

7 Bunyan, *Pilgrim's Progress*, 58.

8 Bunyan, *Pilgrim's Progress*, 58-59.

9 C. S. Lewis, "The Vision of John Bunyan", in *The Pilgrim's Progress: A Selection of Critical Essays*, ed. Roger Sharrock (London: MacMillan, 1976), 197.

10 C. S. Lewis, *The Discarded Image* (Cambridge: Cambridge University Press), 1994. (《폐기된 이미지》, 홍종락 옮김, 비아토르)

11 J. Paul Hunter, "Metaphor, Type, Emblem, and the Pilgrim 'Allegory'", in *The Pilgrim's Progress*, ed. Cynthia Wall (New York: Norton, 2009), 408-9.

10. 인내: 제인 오스틴의 《설득》

1 "Patience", *Online Etymology Dictionary*, 2017년 10월 19일 접속, http://www.etymonline.com/index.php?term=patience.

2 N. T. Wright, *After You Believe: Why Christian Character Matters* (San Francisco: HarperOne, 2012), 249. (《그리스도인의 미덕》, 홍병룡 옮김, 포이에마)

3 Zac Cogley, "A Study of Virtuous and Vicious Anger", in *Virtues and Their Vices*, ed. Kevin Timpe and Craig A. Boyd (Oxford: Oxford University Press, 2014), 99.

4 Gilbert Ryle, "Jane Austen and the Moralists", in *Critical Essays on Jane Austen*, ed. B. C. Southam (London: Routledge & Kegan Paul, 1968), 106-22.

5 Jane Austen, *Persuasion*, ed. William Galperin (New York: Pearson, 2008), 103.

6 C. S. Lewis, "A Note on Jane Austen", in *Selected Literary Essays* (Cambridge: Cambridge University Press, 1969), 175-79.

7 Lewis, "A Note on Jane Austen", 182.

8 Austen, *Persuasion*, 16.

9 Lewis, "A Note on Jane Austen", 179-80.

10 Austen, *Persuasion*, 100.

11 Austen, *Persuasion*, 101.

12 Austen, *Persuasion*, 31.

13 Austen, *Persuasion*, 175.

14 Austen, *Persuasion*, 242.

15 Austen, *Persuasion*, 240.

16 Augustine, "On Patience", trans. H. Browne, in *Nicene and Post-Nicene Fathers*, 1st series, vol.3, ed. Philip Schaff (Buffalo, NY: Christian Literature Publishing, 1887), rev. and ed. Kevin Knight. http://www.newadvent.org/fathers/1315.htm.에서 확인할 수 있다.

17 Austen, *Persuasion*, 180-81.

18 Augustine, "On Patience."

19 Austen, *Persuasion*, 17.

20 Austen, *Persuasion*, 116.

21 Austen, *Persuasion*, 84.

22 Austen, *Persuasion*, 97.

23 Alasdair MacIntyre, *After Virtue: A Study in Moral Theory*, 3rd ed. (Notre Dame, IN: University of Notre Dame Press, 2007), 240.

24 Lewis, "A Note on Jane Austen", 185.

25 MacIntyre, *After Virtue*, 240.

26 Lewis, "A Note on Jane Austen", 185.

27 MacIntyre, *After Virtue*, 243.

28 MacIntyre, *After Virtue*, 241.

29 MacIntyre, *After Virtue*, 242.

30 Wright, *After You Believe*, 249.

31 James S. Spiegel, "The Virtue of Patience", *Christian Bible Studies*, *Christianity Today*, February 23, 2010, http://www.christianitytoday.com/biblestudies/articles/spiritualformation/virtue-of-patience.html.

32 MacIntyre, *After Virtue*, 243.

33 Wright, *After You Believe*, 250.

34 Wright, *After You Believe*, 249.

35 Augustine, "On Patience."

36 Thomas Aquinas, *Summa Theologiae* II - II, Q. 136, Art. 2, in *Summa Theologiae of St. Thomas Aquinas*, 2nd and rev. ed., 1920, Fathers of the English Dominican Province 옮김, http://www.newadvent.org/summa.에서 확인할 수 있다.

11. 친절: 조지 손더스의 〈12월 10일〉

1 "Memorial Page for Sadie L. Riggs", Geisel Funeral Homes and Crematory, 2017년 10월 21일 접속, http://www.geiselfuneral.com/notices/Sadie-Riggs.

2 Adam Phillips and Barbara Taylor, *On Kindness* (New York: Picador, 2010), 9.

3 Phillips and Taylor, *On Kindness*, 10.

4 "Nice", *Online Etymology Dictionary*, 2017년 10월 21일 접속, http://www.etymonline.com/index.php?term=nice.

5 H. W. Fowler, *A Dictionary of Modern Usage*, 2nd ed. (Oxford: Oxford University Press, 1965), 391.

6 Augustine, *City of God*, trans. Henry Bettenson (London: Penguin Classics, 1972), 851.

7 Thomas Aquinas, *Summa Theologiae* II - II, Q. 36, Art. 1, in *Summa Theologiae of St. Thomas Aquinas*, 2nd and rev. ed., 1920, Fathers of the English Dominican Province 옮김, http://www.newadvent.org/summa.에서 확인할 수 있다.

8 "George Saunders's Humor", *The New Yorker*, June 19, 2014, http://www.newyorker.com/ books/page-turner/george-saunderss-humor.

9 "George Saunders's Humor."

10 "George Saunders's Humor."

11 Joel Lovell, "George Saunders's Advice to Graduates", The 6th Floor (blog), *New York Times*, July 31, 2013, https://6thfloor.blogs.nytimes.com/2013/07/31/george-saunderss-advice-to-graduates.

12 Philips and Taylor, *On Kindness*, 12.

13 George Saunders, "Tenth of December", in *Tenth of December* (New York: Random House, 2013), 221.

14 Saunders, "Tenth of December", 224.

15 Saunders, "Tenth of December", 232.

16 Saunders, "Tenth of December", 222.

17 Saunders, "Tenth of December", 227.

18 Saunders, "Tenth of December", 233.

19 Saunders, "Tenth of December", 225.

20 Saunders, "Tenth of December", 233.

21 Saunders, "Tenth of December", 234.

22 Saunders, "Tenth of December", 237.

23 Saunders, "Tenth of December", 240.

24 Saunders, "Tenth of December", 244.

25 Saunders, "Tenth of December", 246.

26 Saunders, "Tenth of December", 248.

27 Saunders, "Tenth of December", 249.

28 Saunders, "Tenth of December", 251.

29 Phillips and Taylor, *On Kindness*, 13.

30 Phillips and Taylor, *On Kindness*, 8.

31 Saunders, "Tenth of December", 251.

32 Phillips and Taylor, *On Kindness*, 12.

33 Phillips and Taylor, *On Kindness*, 5.

34 Phillips and Taylor, *On Kindness*, 11.

35 Saunders, "Tenth of December", 248-49.

12. 겸손: 플래너리 오코너의 〈계시〉〈오르는 것은 모두 한데 모인다〉

1 Flannery O'Connor, "Revelation", in *The Complete Stories* (New York: Farrar, Straus and Giroux, 1971), 490.

2 Thomas Aquinas, *Summa Theologiae* II - II, Q. 162, Art. 1, in *Summa Theologiae of St. Thomas Aquinas*, 2nd and rev. ed., 1920, Fathers of the English Dominican Province 옮김, http://www.newadvent.org/summa.에서 확인할 수 있다.

3 Thomas Aquinas, *Summa Theologiae* II - II, Q. 162, Art. 7.

4 Gregory the Great, *Morals on the Book of Job* 34.47, http://www.lectionarycentral.com/gregorymoraliainindex.html.에서 확인할 수 있다.

5 John Chrysostom, "Homily 30 on the Acts of the Apostles", trans. J. Walker, J. Sheppard, and H. Browne, in *Nicene and Post-Nicene Fathers*, 1st series, vol. 11, ed. Philip Schaff (Buffalo, NY: Christian Literature Publishing, 1889), rev. and ed. Kevin Knight. http://www.newadvent.org/fathers/210130.htm.에서 확인할 수 있다.

6 Peter Kreeft, *Back to Virtue* (San Francisco: Ignatius, 1992), 103.

7 Augustine, "Letter 118 (A.D. 410)", trans. J. G. Cunningham, in *Nicene and Post-Nicene-Fathers*, 1st series, vol. 1, ed. Philip Schaff (Buffalo, NY: Christian Literature Publishing, 1887), rev. and ed. Kevin Knight. http://www.newadvent.org/fathers/1102118.htm.에서 확인할 수 있다.

8 Jane Austen, *Pride and Prejudice* (New York: Bantam, 1981), 35.

9 Eugene Peterson, *Christ Plays in Ten Thousand Places: A Conversation in Spiritual Theology* (Grand Rapids: Eerdmans, 2005), 76. (《현실, 하나님의 세계》, 양혜원·이종태 옮김, IVP)

10 O'Connor, "Revelation", 493.

11 Karl Clifton-Soderstrom, *The Cardinal and the Deadly: Reimagining the Seven Virtues and Seven Vices* (Eugene, OR: Cascade, 2015), 25.

12 Josef Pieper, *The Four Cardinal Virtues* (Notre Dame, IN: University of Notre Dame Press, 1966), 189.

13 O'Connor, "Revelation", 497.

14 O'Connor, "Revelation", 497.

15 O'Connor, "Revelation", 499.

16 O'Connor, "Revelation", 499.

17 Flannery O'Connor, *Mystery and Manners* (New York: Farrar, Straus and Giroux, 1993), 34.

18 O'Connor, "Revelation", 500.

19 O'Connor, "Revelation", 506.

20 O'Connor, "Revelation", 508.

21 O'Connor, "Revelation", 508.

22 O'Connor, "Revelation", 509.

23 James S. Spiegel, *How to Be Good in a World Gone Bad* (Grand Rapids: Kregel, 2004), 38.

24 Simone Weil, *Waiting for God* (New York: Harper Perennial Classics, 2009), 73. (《신을 기다리며》, 이세진 옮김, 이제이북스)

25 Weil, *Waiting for God*, 68.

26 O'Connor, "Revelation", 490.

27 Kreeft, *Back to Virtue*, 102.

28 Weil, *Waiting for God*, 67-68.

29 Spiegel, *How to Be Good*, 39.

30 Flannery O'Connor, quoted in Brad Gooch, *Flannery: A Life of Flannery O'Connor* (New York: Back Bay Books, 2009), 30.

31 O'Connor, quoted in Gooch, *Flannery*, 31.

32 Spiegel, *How to Be Good*, 33.

33 Kreeft, *Back to Virtue*, 100.

34 Spiegel, *How to Be Good*, 30, 37.

35 Craig A. Boyd, "Pride and Humility: Tempering the Desire for Excellence", in *Virtues and Their Vices*, ed. Kevin Timpe and Craig A. Boyd (Oxford: Oxford University Press, 2014), 259-60.

36 Flannery O'Connor, "Everything That Rises Must Converge", in *The Complete Stories* (New York: Farrar, Straus and Giroux, 1971), 411.

37 O'Connor, "Everything That Rises", 407-8.

38 O'Connor, "Everything That Rises", 409.

39 O'Connor, "Everything That Rises", 412.

40 O'Connor, "Everything That Rises", 414-15.

41 O'Connor, "Everything That Rises", 419.

42 André Comte-Sponville, *A Small Treatise on the Great Virtues: The Use of Philosophy in Everyday Life* (New York: Picador, 2002), 147.

43 Kreeft, *Back to Virtue*, 103.

44 O'Connor, "Everything That Rises", 420.

45 Boyd, "Pride and Humility", 260.

46 Spiegel, *How to Be Good*, 36.

47 Hannah Anderson, *Humble Roots* (Chicago: Moody, 2016), 111. (《겸손한 뿌리》, 김지호 옮김, 도서출판100)

48 O'Connor, *Mystery and Manners*, 35.

49 O'Connor, *Mystery and Manners*, 81.

50 Flannery O'Connor, *A Prayer Journal* (New York: Farrar, Straus and Giroux, 2013), 38. (《플래너리 오코너의 기도 일기》, 양혜원 옮김, IVP)

덕과 소설,
이야기와 캐릭터의 절묘한 만남 _ **홍종락**

딸아이는 영화의 줄거리나 주요 정보를 공개하는 '스포일러'를 끔찍이 싫어한다. 어린 시절, 아이는 끝도 없이 이야기를 요구했고, 나는 기억과 창작과 표절을 총동원하여 옛날이야기와 소설로 버티다 못해 영화 줄거리까지 끌어다 썼다. 결국, 그로 인해 두고두고 원망을 들어야 했다. 철없는 아빠가 아이를 즐겁게 해 주겠다는 좋은 의도로 그랬다고 말하기엔 너무 많은 영화를 써먹었다. 지금 와선 왜 그랬나 싶지만, 지금도 불쑥 그러다가 지적을 받곤 한다. 하여간에 미안하게 생각한다.

사실 나도 스포일러를 싫어한다. 영화 내용을 모르고 볼수록 더 재미있고(장르조차 모르면 더 좋다. 전혀 사전 정보 없이 봤다가 정말 깜짝 놀라며 즐겁게 봤던 영화로는 〈식스 센스〉, 〈매트릭스〉가 있다. 제작진이 시청자를 놀래 주려고 작정하고 덤벼든 드라마 〈눈이 부시게〉도 여기 추가할 수 있겠다) 내용을 미리 조금이라도 알게 되면 김이 새서 보고 싶은 마음이 많이 약해진다. 그런데 모든 사람이 다 그런 건 아니라는 사실을 얼마 전에 알게 되었다.

스포일러를 반기는(!) 사람들이 있었다. 내용을 모르고 볼 때 겪게 되는 두근두근하고 심장이 오그라드는 느낌이 너무 싫다는 이들이었다. 그네들은 내용을 알고 보면 느긋한 마음으로 영화 자체에 몰두해서 볼 수 있다고. '저 캐릭터는 누구 편일까?' 궁금해하고 '앞으로 어떻게 될까' 가슴 졸이며 이야기의 전개를 즐기는 것이 영화 감상이 주는 재미의 핵심이라고 생각했는데, 그런 것이 그네들에게는 오히려 감상의 방해물이었다. 그들은 '이런 내용이야. 이렇게 돼' 하며 이야기의 세부 내용을 들을수록 '너무 재미있겠다!', '아, 보고 싶어!' 그러는 것이었다. 마치 맛있는 음식 이야기를 들으면 직접 먹어 보고 싶고, 좋은 여행 경험담을 들으면 직접 가 보고 싶은 거랑 비슷한 반응이었다.

말하자면, 딸아이와 나는 추리소설이나 퍼즐 맞추기의 프레임으로 영화를 본다면, 그네들은 일종의 체험이라는 프레임으로 영화를 대하는 것 같다. 그들에게 '스포일러'는 보는 재미를 망쳐 놓는 몹쓸 것이 아니라 말 그대로 친절한 사전 정보였다. 스포일러를 반기는 이 새로운 인간군의 발견은 내게 신선한 충격이었다. 내겐 너무나 당연한 것이 어떤 이들에게는 그렇지 않을 수 있다는 작은 깨달음은 '내가 아직도 사람을 잘 모르는구나' 하는 겸손한 마음을 안겨 주었다.

스포일러를 옹호하며

저자도 도입에서 밝혔다시피 이 책에는 여러 문학작품에 대한 스포일러가 가득하다. 그런데 스포일러가 말 그대로 재미를 망치는, 설명과 해설을 위한 필요악 정도에 불과한가, 하면 그렇지도 않다. 영국의 영문학자이자 판타지 작가 C. S. 루이스가 《이야기에 관하여》에서 한 말을 일종의 스포일러 옹호론으로 읽을 수 있을 것 같다. 그는 '사건이나 주인공이 어떻게 될까?'에만 집중하다 보면 수많은 내용과 중요한 대목들을 놓치고 만다고 지적한다. 줄거리를 따라가는 데 급급한 첫 번째 읽기를 그는 초행길에 비유한다. 길을 잃지 않고 목적지에 제대로 가는가에만 집중하는 사람이 주위에 있는 좋은 것들을 제대로 즐길 수 있을 리 없다. 길을 알아야 나무도 꽃도 주위 풍경도 눈에 들어오는 법이다. 그렇다면 작품을 진짜 감상할 수 있는 독서는 두 번째 읽기부터 시작된다고 하겠다. 스포일러 또한 그것을 도무지 참을 수 없어 하는 이들은 어쩔 수 없다 해도, 적어도 어떤 이들에게는 느긋하게 주위를 둘러보며 책을 제대로 감상할 수 있게 해 주는 친절한 안내가 될 수도 있을 것이다.

첫 번째 읽기는 앞으로 계속 읽을 책인지 확인하기 위한 과정이라고 할 수도 있겠다. 여러 번 읽을 가치가 없는 책(주로 문학을 염두에 둔 말로 기억한다)은 한 번 읽을 가치도 없다고 했던 누군가의 말도 같은 맥락에서 받아들일 수 있을 것이다. C. S. 루이스는 자신의 경험상 여러 번 읽은 책만 도움이 되었다고 말했는데, 그렇다면 한 번 읽고 모든 것을 이해하고 일거에 많은 것을 얻어 내기를 기대했던 나는 그동안 너무 많은 것을 바란 것이 아닌지 생각하게 되었다.

어쨌든 읽어 보지 않고는 두고두고 읽을 가치가 있는 책인지 알 수 없는 노릇이니 그 부분을 확인하기 위해서라도 한 번은 읽어 보는 수밖에 없을 것이다. 그래서 이 책이 제공해 주는 것과 같은 독서 목록이 귀중하다. 이 정도면 이 책의 장점으로 넘어갈 수 있을 것 같다.

키워드가 바로 키

좋은 문학서들을 소개하는 것이 이 책의 큰 매력이라는 점은 길게 논할 것도 없다. 저자는 덕을 이야기하려는 자신의 목적을 위해 어쩌면 그럴까 싶을 만큼 딱 맞는 책을 가져온다. 숱한 책을 읽고 소화한 저자의 데이터베이스에서만 나올 수 있는 탁월한 선택. 좋은 독서 목록이 생겼다면 읽을 일만 남은 셈이다.

이 책은 덕에 대한 친절하고 깊이 있고 흥미진진한 안내서이다. 저자의 설명이 충실하다 못해 꾹꾹 눌러 담은 고봉밥처럼 느껴질 때도 있는데, 그럴 무렵이면 어김없이 소설 이야기로 접어들어 그때까지 했던 논의가 생생한 캐릭터와 사연을 만나 생명력을 얻는다. 덕에 대해 깊이 있는 설명과 이야기의 역동성이 결합했으니, 기본 덕, 신학적 덕, 천국의 덕을 깊이 이해하고 새기기에 이만한 기회도 없다.

저자가 뽑은 목록에 들어 있는 책들은 그 자체로도 놓치기 아까운 흥미진진한 책들이지만, 열두 가지 덕을 보여 주는 본보기로 문학작품들을 소개하는 저자의 해설을 따라가면 책을 읽는 재미가 몇 배로 커진다. 이 책이 다룬 책들 중 일부라도 읽었다면, 작품을 꿰는 저자의 키워드 설정과 설명과 통찰이 얼마나 훌륭한지 실감할 수 있을 것이다. 예를 들면, 묵시록 소설 《로드》를 읽고 먹먹함을 느끼던 나는 '소망의 덕'이라는 키워드로 이야기를 꿰어내는 저자의 솜씨에 감탄했고, 책에 숨겨져 있던 더 깊은 층위를 들여다볼 수 있었다. 키워드keyword가 주어지는 것은 말 그대로 그 작품을 여는 열쇠key를 받는 것과 같다는 것을 알게 되었다.

주관적인 이 책 사용 안내서

여기서 다뤄지는 열두 권의 소설을 안 읽고도 이 책을 충분히 즐길 수 있다. 저자가 책을 잘 소개하고 적절한 인용을 제시하여 이해에 무리가 없도록 배려했기 때문이다. 어떻게 아느냐고? 번역 파트너인 아내가 그렇게 재미있게 작업하는 것을 보았기 때문이다.

책에 소개된 작품들이 다행히 다 우리말로 번역이 잘되어 있었다. 그 작품들을 번역하고 펴낸 분들의 노고라는 어깨에 올라서서 작업할 수 있었던 것을 감사하게 여긴다. 내가 읽고 참고한 번역서는 다음과 같다. 내가 읽은 경험을 바탕으로 분량이 짧은 순으로 순서를 매긴다. 대부분의 책, 특히 앞에 소개한 책들은 쉽게 읽을 수 있을 것이다.

《12월 10일》, 박아람 옮김, 알에이치코리아.

《플래너리 오코너》, 고정아 옮김, 현대문학.

《이반 일리치의 죽음》, 동완 옮김, 신원문화사.

《이선 프롬》, 손영미 옮김, 문예출판사.

《위대한 개츠비》, 김석희 옮김, 열림원.

《로드》, 정영목 옮김, 문학동네.

《침묵》, 공문혜 옮김, 홍성사.

《두 도시 이야기》, 이은정 옮김, 펭귄클래식코리아.

《천로역정》, 최종훈 옮김, 포이에마.

《설득》, 원영선·전신화 옮김, 문학동네.

《허클베리 핀의 모험》, 김욱동 옮김, 민음사.

《톰 존스의 모험》, 최홍규 옮김, 동서문화사(재미있지만 분량의 압박이 만만찮다!).

〈12월 10일〉은 조지 손더스의 단편들이 실려 있는 책의 마지막에 자리하고 있다. 이 소설을 소개받은 것만으로도 이 책을 접한 것이 가치가 있다 싶을 만큼 아름다운 소설이다. 앞으로 계속해서 다시 읽게 될 것 같다. 오코너의 단편집 《플래너리 오코너》에는 〈계시〉, 〈오르는 것은 모두 한데 모인다〉뿐 아니라 그녀의 단편이 다 실려 있다. 나머지 단편 중에서 딱 한 편만 추천해야 한다면 〈좋은 사람은 찾기 힘들다〉를 권하고 싶다. (오코너의 이야기는 마음의 준비를 좀 하고 읽어야 한다. 처음에는 생경하고 충격적으로만 다가오는 이야기 속에서 실낱같은 희망의 빛줄기를 보는 재미를 알게 될 것이다!)

이 책이 나누는 삭품늘을 완녹한 상태로 번역에 들어간 덕분에 저자의 키워드, 해설, 통찰의 가치를 제대로 만끽할 수 있었다. 내가 보지 못했던 것을 꿰뚫어 보는 저자의 예리함은 인간에 대한 따뜻한 시선과 공존하고, 진리에 대한 단단한 확신과 인간 죄성에 대한 깊은 인식은 인간의 약함에 대한 연민과 함께한다. 더욱이 여기 나온 대부분의 작품들에 대해 길거나 짧게 독후감을 쓸 기회가 있었던 터라, 내가 읽어 낸 부분과 저자가 주목한 측면이 차이를 보일 때 둘을 비교하는 재미도 쏠쏠했다.

그 과정에서 '덕'이라는 키워드로 문학작품들을 꿰어 낸 이 책의 특징을 다시금 떠올리게 되었다. 저자는 곳곳에서 훌륭한 통찰력을 보여 주지만, 덕이라는 키워드로 문학작품들을 다루었기 때문에 각 작품에서 뚜렷이 드러난 측면과 오히려 다루어질 수 없는 측면들도 있다(물론 그런 적절한 선택과 집중은 불가피한 것인 동시에 장점이라 할 것이다). 이를테면 나는 《이선 프롬》이 유혹과 실패의 이야기일 뿐 아니라 은혜의 이야기, 실낱같은 소망의 이야기라고 읽었다. 이선의 선택이 가져온 비극이 절망만은 아니라고, 그것은 이선, 지나, 매티 모두에게 '두 번째 기회'를 제공했으며 그것이 독자에게 주는 또 하나의 중요한 메시지라고 파악했다. 물론 이 두 가지 읽기는 상호배타적이지 않고 보완적이라고 생각한다.

독자들도 이 책을 통해 역자가 맛보았던 것과 같은 즐겁고 보람찬 배움과 만남, 사색의 시간을 가지면 좋겠다. 덕과 소설, 이야기와 캐릭터의 향연으로 오신 것을 환영한다.